本书编委会

主　　任：练知轩　徐启源

副 主 任：陈伙金　林　山

编　　委：陈水娣　黄文山　林秀玉　刘小敏

　　　　　郭志杰　单　南　王　坚　何　玲

　　　　　李铁生　曾建梅　王春燕

本卷主编：黄文山

选　　编：王春燕

福州闽都文化研究会
闽都文化丛书

榕荫花雨

《闽都文化》精选本·风物卷

福州闽都文化研究会　编

海峡出版发行集团
THE STRAITS PUBLISHING & DISTRIBUTING GROUP

海峡文艺出版社
Haixia Literature & Art Publishing House

图书在版编目(CIP)数据

榕荫花雨:《闽都文化》精选本.风物卷/福州闽都文化研究会编.--福州:海峡文艺出版社,2021.7(2021.9重印)
（闽都文化丛书）
ISBN 978-7-5550-2681-5

Ⅰ.①榕… Ⅱ.①福… Ⅲ.①地方文化－介绍－福州 Ⅳ.①G127.571

中国版本图书馆 CIP 数据核字(2021)第 137921 号

榕荫花雨

—— 《闽都文化》精选本·风物卷

	福州闽都文化研究会 编
责任编辑	任心宇
出版发行	海峡文艺出版社
经　销	福建新华发行(集团)有限责任公司
社　址	福州市东水路 76 号 14 层　　邮编　350001
发 行 部	0591－87536797
印　刷	福州凯达印务有限公司　　邮编　350008
地　址	福州市金山红江路 2 号浦上工业园 B 区 47 号楼
开　本	787 毫米×1092 毫米　1/16
字　数	230 千字
印　张	15.5
版　次	2021 年 7 月第 1 版
印　次	2021 年 9 月第 2 次印刷
书　号	ISBN 978-7-5550-2681-5
定　价	56.00 元

如发现印装质量问题,请寄承印厂调换

前　言

福州，史称闽都，别称榕城。枕山襟海，钟灵毓秀。秀美的山川、悠远的历史、温润的气候、丰饶的物产以及多姿多彩的民俗民风，让这片东南福地光彩夺目，令人向往。

榕树是福州的市树。宋代，福州太守张伯玉倡导大规模植榕。"满城绿荫，暑不张盖"是这座东南文化名城令世人羡慕的风景。至今，百年以上的古榕尚存600多株。茉莉花是福州的市花，"蕊含千岭水云气，香带一江风雨声"，是茉莉独具的风韵。每当茉莉花上市，天香满城；而以茉莉花窨制的福州花茶，更是享誉中外。寿山石为四大国石之一。乾坤造物，美石通灵，一代代人工巧匠，让寿山石雕成为"天遣瑰宝"。脱胎漆器、软木画、花灯，还有风味独特的道道美食，流淌在古街旧巷里的五彩民俗，这些都构成了一幅幅奇异的画卷，让人徜徉不尽。

由闽都文化研究会主办的《闽都文化》期刊自2012年改版以来，坚持忠于历史、贴近社会、面向大众，努力打造一本具有文化广度、历史厚度、学术深度和文学色彩的新型文化刊物，做到栏目多样、内容丰富、版面活泼、图文并茂、雅俗共赏，受到读者的普遍欢迎。春种秋收，瓜果绵延。编辑出版一套《闽都文化》精选本，以便查阅和珍藏，是许多读者的需求，也纳入编委会的出版计划。自2019年开始，由编辑部按专题分卷陆续选编出版。第一本为《左海风流——〈闽都文化〉精选本·人物卷》，第二本为《闽都记忆——〈闽都文化〉精选本·纪事卷》，第三本即本书《榕荫花雨——〈闽都文化〉精选本·风物卷》。

目　　录

一座城市的绿树繁花

涧　水

　　人类在漫长的进化历程中，对于远古森林的眷念如影随形，从来不曾消失。即使已经聚居于城镇，即便蜗居一方陋室，阳台栽花天台种菜，哪怕书桌旁的一小盆花草，也在潜意识中默默指示着何方是我们的出发之地、那些丰富食物的来源与遮风避雨的栖身之处。

　　于是城市有了园林有了绿化。绿达意，花解语。那些树那些花，在人类的精神丛林中繁茂生长，演绎着无法取代的相依相恋。

　　每一座城市都有属于自己的绿树繁花。更何况我们所在的城市，地处东南沿海，亚热带季风气候带来那么充足的阳光和雨水，肥沃的土壤养育出千余种植物，使得这座城市四季如春，连别称都连带着树族的浓荫。

　　福州，别号榕城。省会城市的别名与植物相关者有几个，广州的花城、成都的蓉城、洛阳的牡丹花都……再就是福州的榕城。

一

　　说到福州，榕是绕不过的，连同那位"编户植榕"的太守张伯玉。家喻户晓的故事是，宋代福州太守张伯玉倡导百姓广植榕树，使福州"满城绿荫，暑不张盖"。一说"编户植榕"后福州有了榕城的别称，但又有人考证，"榕城"一词最早出现在《全唐诗》中。福清人翁承赞受命从京都到福州代唐昭宗宣布册封王审知为琅琊王，王审知在南台山下新丰市堤为其饯行，翁承赞即席写下《甲子岁衔命到家至榕城册封次日闽王降旌旗于新丰市堤饯别》一诗，说明"榕城"别称唐末已使用。

　　别号出自何年何代自有专家学者探讨，榕作为树的存在，无疑早已庇

荫着闽都居民。文人墨客的咏叹自古至今不胜枚举。仙家道人们也纷纷与榕结缘乃至羽化树下，在他们从人演变为神的过程中，这种冠大叶茂的常绿乔木曾经起过无可替代的重要作用。

比如照天君。

不同的版本，但都与榕有关。比较喜欢传说中那个名唤照天柱的唐朝僧人，刚强而又仗义，云游时常在榕树下坐禅。外军来犯南门，照天柱将红灯笼高挂于榕树提醒当地居民逃离，自己却坐在大榕树下羽化。平安返回的百姓们从此便在榕树上挂起红灯并且修建了照天君宫，千百年来一直香火兴旺。

闽都兴盛的榕树家族中，百年以上的古榕尚存600多株。森林公园内那株千年古榕是榕界的美男子，每每被当作城市象征展现于画册影像。还有裴仙宫内"榕城第一古榕"、南门兜标识榕、双抛桥畔连理榕、西郊"百骑将军"榕、"十三太保"榕……每株古榕背后都站立着一段传说与往事，被编织进城市悠远而又厚重的历史。

在这座城市的美丽织锦中当然不仅仅只有榕树。柳杉王、樟树王、千年铁树、宋代荔枝……近千株古树和它们的子孙被这方水土滋养得生机盎然。

有哪个榕城人的精神田园，不曾被浓浓的绿荫掩映？

童年的记忆，与树是紧密相连的。几年前曾写过一篇文章《那些树那些书那些人》，文章开篇如是："在我记忆的橱窗里，那些荫蔽了童年小脚丫子的绿树繁花，至今仍以一派鲜活的姿态，逗留在历历往事的展示之中。白玉兰、小叶桉、蜡梅、碧桃、木瓜、无花果……曾经有那么多绿意盎然的生命扎根在大院。"

深烙在记忆中的还有当年杨桥路的法国梧桐，枝干光滑落叶沙沙响，不知为啥反正走在树下快乐就环绕着我。街道的扩建让这种雅号悬铃木的法兰西美人销声匿迹，它似乎退出了榕城行道树的队列。

行道树是愈益增多，时下二环以内就有10万多株（其中榕树约3万株）且品种丰富。2012年，福州市园林局曾将"专家推荐福州市绿化主要常用树种"在网上发布，呼吁市民提意见或推荐树种。在那张推荐表中，行道树、乔木、开花乔木、花灌木、地被、藤本、背景树共80多种，分别应用于不同的路段、绿地、公园。其中行道树就有杧果、香樟、垂枝榕、枫香、秋枫、麻楝、大叶榕、洋紫荆、羊蹄甲、腊肠树、栾树、美人树、盆架木等十几种。那么多的树，或枝叶繁茂，或花团锦簇，静立于闽都的大小街道，遮阳挡雨，养眼怡情，想起来就满心欢喜。尤其榕树，早与这方土地的居民们水乳交融，已然成为精神的象征，当之无愧地被选为市树。

一个小插曲。前些年曾有人提出疑问：现代化城市建设中，须根发达的榕树会不会对建筑形成影响，会不会对路基、管网造成破坏？古城遇到了新问题。与时俱进的科学规划是，部分榕树移植到景区、公园，新建主干道上尽量减少榕树栽植，一些新建的宽50米以上的大道则栽植新品种榕树。

数万株的榕树正与我们共同演绎着历史，传承着文化，它们需要充足的地盘呼吸与伸展。所以反过来想一想，在城市建设的推进过程中，是否应该尽量多地留足空间，让千百年来相伴相随的榕树，让所有繁衍于斯的树族，永远存在于我们的生活之中？

二

市花茉莉。

那么朴素不起眼的花儿，只用一缕洁白的芬芳便俘获了人心，更因为与茶的联手而所向披靡。冰心先生一句"茉莉花茶不但具有茶特有的清香，还带有馥郁的茉莉花香"，赞美了花与茶，更蕴含着对家乡的深情片片。

茉莉其实是舶来品，大约在汉朝从印度、巴基斯坦一带引入华夏东南。温暖湿润的福州是茉莉花的福地，种植的数量多质量好，在中国名列前茅。

花的种子随季风随洋流随人的行走在世界传播，当然还有树还有草。传说中曾经有一株榕树小苗被海船带到澎湖，300多年后长成当地独一无二的"通梁古榕"。沧桑的老树，不知是否有时会想念海峡彼岸的兄弟姐妹？

在与世界的交流中迁移到福州最有趣的植物名叫"嗨菜"，当然是本地话。

清朝时期一位牧师不经意的路过，使鼓岭这方清凉宜夏的山头渐渐成

为外国人避暑别墅的聚合之地。山高路陡供给不易，就有人带来菜种播撒于庭前屋后，其中便有这与韭菜貌似的植物。本地村民不知其名，想想外国人碰面时每每"嗨"地招呼一声，就权当作了它的名字。"嗨菜"从此扎根于斯，至今仍可从小贩摊上买到，口感颇清爽。

不久前一位园林工程师给晚报来电，提议将三角梅作为与茉莉花并列的福州市花。三角梅的身世被公之于众，它原产巴西，最初又叫"南美紫茉莉"，属紫茉莉科植物，广义上亦属茉莉家族。那位钟情三角梅的园林工程师以为，两种茉莉强强联手，从花期、色彩等各方面互补，"这样'有福之州'的城市美景，不正是'海纳百川、有容乃大'城市精神的一种体现吗？"

读过福州市园林局发布的一篇论文《福州园林植物文化的挖掘与传承》，作者与那位工程师同名同姓，揣摩或是同一人。林林总总，文章言及福州古园林建筑融入的文化植物元素、与赏景赏花相关联的特有文化、灵气与故事兼具的古树名木、植物的象征意义等。最感兴趣的莫过于有关民俗植物的章节，菖蒲、无患子、蒲葵、黄荆、鼠曲草、艳山姜……浓浓淡淡，勾连起缕缕回忆。

比如艳山姜，"自古以来就是重要的民俗植物，福州人用其叶枕垫糕粿，包粽子"，方言"鬼若"（粿叶）貌似竹子的家伙莫非就是它？

着实喜欢这种姜科植物独特的清香，几年前挖来一小株栽植于阳台花盆，有时会从叶片扯下一小块，揉碎了凑近鼻子闻香，"粿"的味道就一丝丝飘进心田，仿佛又回到童年跟着外婆做年糕。推磨、铺粿叶、倒米浆、添柴，笼屉渐渐散发出年糕的香味，催化剂就是名唤艳山姜的粿叶。也曾去郊外采摘做清明粿的菠菠草。披着白绒毛的小叶子顶着簇簇黄色小花，学名不知为啥叫作鼠曲草。清明时节将菠菠菜榨汁渗入糯米浆揉成粿皮，包裹上枣泥、豆沙或者萝卜丝什么的制成清明粿，用来祭祀祖先互赠亲友。这种做法不知是否福州特有？绿粿皮点上红点好看又好吃，据说旧时一些人家还备有雕刻精致的印模，上面刻着氏族堂号。

还得转回头说花。花好须得人种，这些年福州着实种了不少花。灌木和地被植物簇拥着各色时花，一些花艺小品在街头静悄悄绽放。南江滨堤外公园的花海最是轰动，秋日里那一片黄灿灿的向日葵吸引了无数爱花人前往。猛然间的联想是凡·高，近3万平方米的向日葵如火如荼，会不会比这位荷兰后印象派画家的笔下风景更热烈？那些跟随父母前往的孩童们，日后会不会诞生一位伟大的艺术家？向日葵之后是油菜花，还有波斯菊、百日草、薰衣草、矢车菊等众多角色，或交相辉映或轮番登场，10万平方米的土地将营造一片四季花海。不能不提的还有西湖的菊花、鼓山的梅花、森林公园的樱花……三角梅也盛装登场了。天桥、立交桥、高架桥，一下子涌现出那么多三角梅，灿若云霞倾泻而下，彩带般盘桓在城市腰间，美不胜收。

当然啦，要撼动茉莉市花的独尊地位着实不易，悠远文化的缔结绝非一朝一夕。但草木有情，应感知福州的襟怀，有容乃大自容得下百花齐放。又或者说，恰恰是春夏秋冬怒放的百花，愈益熏陶出一方居民的宽容博大？

三

人类对花草树木的眷恋如此深切，煞费苦心荟萃精华于园林便是明证。当那些姹紫嫣红从皇家贵族的后院移植到面向大众的公园，所有被收纳的曼妙吸引着都市人停下匆匆脚步。

人总是要前往一座公园，遛遛腿脚、晒晒精神什么的。小时候似乎只有西湖，春游或者秋游，荡起了双桨小船儿轻轻漂荡在水中。开凿于公元282年的福州西湖自然是好的，但市区可去之处似乎少了些，据说中华人民共和国成立时福州仅剩西湖公园、南公园、林森公园（原仓山跑马场）三个公园。

这些年，好像一下子，冒出了那么多公园，身边的金鸡山公园便是其一。眼瞅着这座公园诞生、成长，如今女大十八变，出落得花容月貌。

20世纪80年代末单位刚搬到东门金鸡山，附近多是菜地，公园是后来才有的。没有公园之前，常常溜进单位对面一家疗养院，依山而建的院内有石板路可以登攀。林密草长，沿途可见一些荒坟，若干墓碑分明标刻着清朝年代。后来知道，金鸡山颇多自汉至清的古墓葬，20世纪90年代曾出土一尊造型古朴的西汉匏壶，眼下珍藏于市博物馆。

大约在冬季，香港回归的1997年，金鸡山公园建成并正式开放，附近

居民从此享上一份清幽之福。与人相仿，公园亦各有个性与特色，金鸡山公园胜在野趣天然。青山环抱树木苍郁，闹市不远有此幽境，实属难得。林子密了就有鸟，树梢鸣叫的小家伙多了去，曾在坡地草丛瞧见五六只山鸡快乐追逐，还有一只貌似白鹇的鸟儿，拖着长长的漂亮尾巴在闲逛。

山巅曾有栖云庵，但那座"寂静可憩"的古庵早已湮没。2004年山头上始建照天君宫，原先在南门的照天君神位移至此处，那个羽化于榕树下的唐朝僧人住进了金碧辉煌的大殿。如今这已经是榕城香火最旺的庙宇之一，正应了"山不在高，有仙则名"这句话，每逢初一十五，进香的人络绎不绝。

比照天君早两年搬迁到金鸡山的是魏杰，这位热心鼓山十八景开发的清代名士原先居住在东门，新家旧宅相距不远。新建的魏杰故居纪念馆白墙青瓦，绿竹环绕，约千株红梅冬日里烂漫怒放，更有桂花与红梅夹拥石径，两种花香调制出浓郁芬芳，一路香味扑鼻。这般儒雅清隽的居所，我猜想魏杰一定相当喜欢，但他老人家总是闭门谢客，或许悄悄躲在屋内吟诗作画？

疗养院内的石板山路早已不再攀爬，老胳膊老腿的，不宜频频登山磨损膝关节，公园里缓缓而上的水泥马路成为最佳选择。来公园的自然不仅是锻炼的老人，孩子们最喜欢在南门口广场的金鸡群雕旁戏耍，摄影发烧友钟情花草树木，曾见过一位年轻人，拿着录音机追捕鸟鸣。

公园是整治收拾得越来越俊俏，路也越来越好，水泥马路已改铺柏油，1000多米长的环山栈道亦在蛇年建成。听说以后木栈道会延伸到鼓岭，还将建设一条跨过晋安河、六一路的空中廊道，将金鸡山公园与温泉公园连接起来。

温泉公园也是常去的，并不远。家门口近在咫尺的还有晋安河公园。

可以去的公园越来越多。1984年到2013年，福州大大小小的公园从7个增加到74个，仅2013年就新修和改造公园15个，增加道路绿地面积100万平方米。

其中有座公园名称西河。绿地间榕荫下有尊雕像，扶锄而立者，正是宋朝太守张伯玉。

年前，有朋自美国返乡。

他自小在福州生长，后来去北京念大学，之后留学彼岸、成家立业，故乡便只是偶尔返回了。这次他似乎感叹颇多，连称福州变化挺大，尤其是绿化。平日没啥感觉，听他这么一说四下打量，果然处处树木花草。

不由得走进园林局寻访。二层楼一间办公室墙上，张贴着大幅福州城区图，园林局的"新闻官"曾主任指点着，细细道来。这一带土地拆迁后没有建商品房而是开辟为公园，那一片烂滩涂突击100多天改造为花海；这是二环景观带绿化花化初见成效，那是三环景观廊道将栽植成片林木；这些小山可以建设公园，那些内河两岸还将继续绿化……

依山傍水，闽江穿城而过，市区100多条内河纵横交错，50多座山体星罗棋布，没有任何一座城池比福州更具备成为园林之城的优越条件。在修筑宜居福地的不懈努力中，一如悠远年代的承诺，植物朋友们依然与人类居民相携而行。微风吹过，若仔细聆听，你会搜索到花丛绿叶间热切的低语，关于空气、阳光与美丽生态，雾霾四起之际它们在努力支撑一方纯净天空。

2003年福州已被命名为"国家园林城市"，清新的空气质量在全国亦位列前茅，但前路依然漫长。再三地交代，曾主任说你一定得写下：城市绿化靠大家，希望人人"手下留情，脚下留情，车下留情"。

那些处处"留情"的路人甲乙，那些热心建议的普通市民，那些辛勤耕耘的园林人，那些还空间以山水园林的规划者……或许后世人也会再建一座雕塑，因了这满城葱郁的绿树繁花。

榕城说榕

邱泰斌

树源·名缘

史书载，汉高祖五年（前202），越王勾践后裔无诸被封为闽越王，在福州冶山周围建起了福建第一座城郭——冶城王都。古人记载曰"冶山旧有古榕，传为汉时物"。由此可见，榕树2000多年前就在闽都与福建第一座城郭一起扎根，一起发展壮大了。

唐朝之前，野生野长的榕树在福州城外水乡泽国已经繁衍生长得十分茂盛，以至于唐代诗人、户部员外郎陈翊登上城楼时，映入眼帘的是"沙墟阴欲暮""孤径回榕岸"。

榕树的原产地无从考证。但有史可查的是，在福州触目可见，那种气根发达、束须飘拂的榕树——小叶榕（俗名白榕），其自然起源与栽培历史为全国之最，至少近1300年。

福州的榕树是如何起源的呢？

纵观榕城，古榕往往与道教联姻，榕树奇观往往与飞榕结缘。

飞榕大多为骑墙榕，如"全闽第一江山"的"编网榕"、唐宋遗传物"龙墙榕"、净慈古榕等。骑墙榕往往是由小鸟衔籽，或由鸟食种果，在墙头、岩壁等处悄悄发芽，根沿着墙头、岩缝的两边向下伸长，直至扎入地下。有了大地的滋养，榕树便益发繁茂。

晋朝便已久负盛名的道教圣地——于山风景区有一棵飞榕。它生长在悬崖峭壁之上，为求生存，根尖竟然凿破岩石，伸到岩石下的土壤中吸取水分和养料，并伸下气根抱住岩石，稳住自己日趋庞大的身躯，从而形成盘根网布、树冠横空出世的奇观。榕树不知日月长。世人只知道清道光年间曾有人在树下的平台大摆寿宴，并在岩壁上刻下了一个字径达2.22米的"寿"字，给世人留下了活的文物寿岩榕。

世人存疑的是，福州何时有榕城之名呢？

这几乎成为学术界长期以来争论的焦点，众说纷纭。

2003年首届中国（福州）榕树节，专家学者们一致公认，榕城得名，最早见之于福州文人、五代官员翁承瓒的诗句中。

翁承瓒，福唐（今福清）人，工诗，唐天复四年（904）以右拾遗户部员外郎受诏回故乡册封王审知。当翁公离开福州时，王审知亲自送他至新丰堤（今福州台江区）饯别。翁公恋乡情浓，有感而发，临别作诗："登庸楼上方停乐，新市堤边又举杯。正是离情伤远别，忽闻台旨许重来。此身替与交亲好，今日还将简册回。争得长房犹在世，缩教地近钓龙台。"诗题为《甲子岁，衔命到家，至榕城册封，次日，闽王降旌旗于新丰市堤饯别》。

榕城之名，就这么一叫叫了1000多年。

榕荫·福荫

榕树属于热带、亚热带树种，性喜暖热湿润。据研究认为，环境水分、空气湿度是制约榕树生长速度与长势优劣的重要因素，海拔高度也制约着它的垂直生长分布。榕树在福州以南为多，以北为少，离城北上百里之外更为罕见，有"榕不过剑"（剑即今福建南平市）之说。浙赣以南有榕树，如温州市树为小叶榕，但没有福州种植的多且老。

唐天复年间（901-903），闽王王审知扩城为罗城，城内除贵族官吏居住外，百姓也开始进城按规定地段建筑房屋，初步形成后来"三坊七巷"的雏形。后梁开平三年（908），王审知筑夹城，把屏山、乌山、于山括入新城，使此后城内植榕拥有了广阔的土地和广泛的民众基础。在建城的同时，王审知发动民众整治城内外河道，使内外水道与江海相通，海轮可以乘潮入城，为榕树的生长提供了水利之便。

唐末宋初，福州以屏山为主，"严禁采樵"，保护城市外围植被，因此罗城南关"箫管从柳荫榕叶中出"。北宋太平兴国二年（977），城内天然榕

树茂盛，已有榕城美称。

福州人工植榕，自唐宋元明清、民国至中华人民共和国，蔚成薪火传承的政风民俗。

宋代是福州历史上植榕的鼎盛时期。中国著名方志学家宋梁克家的淳熙《三山志》，记载下福州宋代对榕树情有独钟的6位知州：王逵、蔡襄、张伯玉、程师孟、黄裳、梁克家。这些地方官员不但倡导民众植榕，且率先手植。

大书法家、植物学家蔡襄曾先后两次知福州，贡献卓著。北宋庆历四年（1044）第一次知福州时，蔡公大力倡导兴修水利，也为榕树提供了充沛的水资源。嘉祐元年（1056）第二次知福州时，他发动子民于福建东南700里古道两旁大量植榕，开创了官方有计划、有组织进行人工种植榕树的先河。后人歌颂之："夹道松（闽人称榕为松），大义渡至漳东，问谁栽之我蔡公。岁久广荫如云浓……行人六月不知暑，千古万古长清风。"

在福州历史上，大力提倡植榕的莫过于太守张伯玉。宋治平二年（1065），多学博识、善饮能诗的"张百杯""张百篇"张伯玉知福州。张公是建安（今建瓯）人，这时年过花甲，已垂垂老矣（大约死于1070年），大约知道这次可能是自己仕途的最后一站了，应该给福建乡亲给自己给历史留下些什么。经过一番调查研究，他发动19.7万余户的福州市民"通衢编户榕沟六尺外植榕"，并亲自在衙门前两侧各种下两棵榕树，以致绿荫满城，榕城盛名日炽。"三年清知府，十万绿榕树"。谈到榕树与榕城，世人只知有伯玉，而不知有他人。

榕树，是榕城的乡土生态骨干树种。如今榕树散布于全城各个区域和城市重要记忆点，拥有5万株之巨，城市行道树50%以上为榕属。特别是榕城的江河湖池，几乎所有的水边或多或少都种有榕树。榕城民居代表、历史上名流荟萃之地的朱紫坊河沿，有古榕名榕三四十株；城门镇溪边村也有30多株榕树临河而生。榕城拥有古榕名榕不少于千株（含未普查存档），且全国著名的有多株，有的列入世界园艺史，有的列入中华名木名录。全世界290多个国家、地区以及全中国近700座城市，虽说印度国树菩提亦被归入桑科榕属，中国温州、台北等城市市树亦为榕树，但福州是以榕树缘名并最著名的城市。

榕树最具灵性人性，最能造福庇荫乡人，世人称之为榕荫。宋丞相、福建乡亲李纲赞之"垂一方之美荫，来万里之清风"。冰心感叹："故乡的'绿'，最使我倾倒……其实最伟大的还是榕树。"千百年来，榕城人世代生活繁衍在榕荫、福荫之中。人们常借榕荫遮风避雨、休憩、纳凉和公演聚会。如福州森林公园那棵传为千龄的榕树王，冠幅1300多平方米，树下可容纳千人乘凉。来到榕荫下，靠近榕树根，把酒临风，仿佛天地人浑然一体，物我相触，荣辱皆忘。国家级风景名胜区、全国汉传佛教重点寺庙——福州石鼓名山涌泉寺大殿，现保存有"榕荫护城"匾，见证着茂盛榕荫造福榕城的史实和景观。泰山榕，位于仓山区城门镇林浦村泰山庙前，这儿曾是南宋末代皇帝端宗的临时行宫旧址，明代曾出过明代经史文学家林瀚一家三代五尚书、七科八进士的传奇家族。古庙绿榕，闽江支流廉江从庙门前流过，游人至此每每精神为之一振。又如一级名榕"中国塔榕"（左公榕），位于台湾海峡西岸的马尾罗星塔（外国人称之为中国塔）公园内，相传为左宗棠1866年7月手植，是马尾船政文化、马江海战等的历史见证。

榕树之美，叶如乌云，须如美髯，其根尤为强大且千姿百态。你看，榕城随处可见的榕树，榕须随风飘荡，榕根盘根错节。那些多且深的根，在地下有树根，在空中有气根，气根触地，根又生根，根深蒂固，博大精深，生命永恒。无怪乎，世人形容榕城为"三山骨、闽水魂、榕树根"。而且，榕树"盘桓诘曲"，"众丑备，百怪形"，榕城人字榕、屋形榕、门字榕、跨河榕、榕抱樟、榕抱松、双龙（榕）戏凤（枫）、甲天下榕等，堪称榕树奇观，观赏价值极高，构成了榕城一道靓丽的风景线。更有多姿多彩的榕树盆景，如今已成为榕树产业的一支生力军，正走向神州大地以至五洲四海。

乡魂·乡愁

榕树横跨于历史的长河之上，千丝万缕的发达根须，紧紧系住榕城人的心。往往一棵树，历经几个朝代，烙印下许多经典与传说。如"全闽第一江山"大庙山编网榕与闽越王无诸，十八学士榕与唐国公程咬金，700里驿道植榕与蔡襄，榕树王与张伯玉，宋帝泰山榕与南宋皇帝端宗，百骑将军榕与明抗倭名将、兵部尚书张经，思儿亭榕与民族英雄戚继光，思贤亭榕与放眼看世界第一人、民族英雄林则徐。还有许多写下有关榕树名文的名人，如翁承瓒（唐）、陈翌（唐）、程师孟（宋）、李纲（宋）、陆游（宋）、谢肇制（明）等。

福州市人民政府附近、闹市中心南门兜环岛那棵古榕，福建省人民政府门口、古华林寺前的各自一株古榕，是屹立在闽省闽都父老乡亲和游子眼中的榕城标识，心中的故乡图腾。当年"十年动乱"中，省人民政府门口那株古榕保护良好，而南门兜环岛那株古榕被毁。父老乡亲、游子羁旅莫不为之痛心疾首，一俟国门初开，一株古榕就在侨胞游子乡音殷殷、乡情切切中得以从别处移植至南门兜环岛中。千百年来，榕城百姓尊榕若神，相沿成习。有人大摆筵席，为古榕名榕祝寿；有人将古榕群敬称为"十三太保"，并为其建榕庵榕亭；有人给榕神建宫庙，其中最多的是在榕荫下建泗洲的文佛小庙，特别是旧社会地位低下的妇女对由唐代中原携带入闽的泗洲神焚香膜拜。福州属地闽侯县南通镇苏坂村还专门建有一座榕荫桥，以祈敬桥两端的千年古榕。榕城百姓特别信仰敬拜的是，历史上数代为省政府所在地的省府路附近肃威路裴仙宫内那棵"榕城第一古榕"神。传说，宋英宗年间，浙江绍兴人周简洁任闽浙总督署师爷（幕僚），生前辅政多施恩于民，皈依道教后羽化于都署内大榕树旁，众信徒就在这棵大榕树旁建起仙爷楼，以祈保佑桑梓。影响遍及"闽疆"和中国台湾、香港以及东南亚，为迄今为止已知的全省胸围最大的古榕，仙风道骨，曾被中央电视台《走遍中国》等栏目摄入镜头。

一方水土养一方人。千百年来榕树以其父亲般的宽阔胸襟、母亲般的博爱柔情，滋养哺育榕树之邦，形成独特的榕树文化和榕树精神。左海伟人林则徐，是中国开眼看世界的第一人，"海纳百川，有容乃大"正是福州文化思想所蕴含的精神特质；"中国盗火者"、近代启蒙思想家严复，翻译《天演论》，传播"物竞天择，适者生存"，发扬了榕树不屈不挠、顽强拼搏、开拓进取的精神；马来西亚"新福州之父"黄乃裳，以榕树的拓展精神，率领福州十邑同乡漂洋过海赴砂拉越诗巫，披荆斩棘，创建了一个现代化的城市——"新福州"……

1985年，福州市人民代表大会常委会将榕树定为福州市树；1997年，福建省人民代表大会第八届第34次会议将榕树定为福建省树。

哦，有福之州，榕树之邦！

天香满城

秋　斋

　　你知道吗？我诗意栖居的故乡南国福州，有一种花儿叫茉莉，人们称其绽放天香。有福之州是一座茉莉花之都，又是世界茉莉花茶发源地。

一

　　福州，地处东南沿海，为福建省会、国家历史文化名城、海丝名城、台湾海峡西岸首府。福州建城于汉高帝六年（前202），至今已历2200多年。茉莉传至福州据说早于西汉，几乎伴着福州城诞生。茉莉种养需要大热、大肥、大水。而福州恰如投怀送抱，环境得天独厚。它地处闽江入海口盆地，福建母亲河闽江穿城而过，盆地中心冲积平原为沙壤土，肥力高，水分足，扦插茉莉易成活；盆地四周山地海拔多在600～1000米之间，日照短，多散射光，云雾缭绕，十分利于茶树生长。古人充分利用自然资源，两岸水边植茉莉，山上种茶树，加上昼夜温差大，孕育出了中国香气最为独特、成分最为丰富的茉莉花品种。正如福州民谣所传唱，"闽边江口是奴家，君若闲时来吃茶。土墙木扇青瓦屋，门前一田茉莉花"。

　　时至大宋，香疗普及。中医充分认识香气与茶的保健功效，引发香茶热。人们发现茉莉有着安神、解抑郁、中和下气的功效，因此福州等地便开始窨制茉莉花茶。明代茉莉花茶加工工艺有了较大发展。明郑和七下西洋，于福州伺风时，曾采购大量的福州茉莉花茶，带到各国进行贸易交流。至清咸丰年间，由于福州对外交流地位显要，兼之慈禧太后对茉莉花尤为宠爱，遂使茉莉花茶渐成贡茶，名扬天下。福州花商欧阳家族等抓住商机，提炼花精等茉莉副产品，广受追捧。

茉莉花茶是用烘干的茶叶，与含苞待放的茉莉鲜花混合窨制而成，九窨成茶。福州所产的茉莉花清香，窨制的茉莉花茶品质夺魁。乡贤冰心曾赞叹："中国是世界上最早发现茶，利用茶的国家，是茶的故乡。我的故乡福建既是茶乡，又是茉莉花茶的故乡"，"一杯浅橙色的明亮的茉莉花茶，茶香和花香融合在一起，给人们带来了春天的气息。"（《茶的故乡和我故乡的茉莉花茶》）

二

早在200多年前，我国就流传江南民间小调《茉莉花》。清乾隆年间出版的戏曲剧本集《缀白球》第六集卷一《花鼓》中记下这首民歌唱词——"好一朵茉莉花，好一朵茉莉花，满园的花开赛不过它，本待要，采一朵戴，又恐怕看花的骂"，后来词曲虽有变化，但风骨依旧。

《茉莉花》之歌也是最早传到国外的一首中国民歌、世界名歌。英国驻华大使的秘书、英国地理学家约翰·巴罗于1804年出版了一本《中国旅行》。这本书中特别提到《茉莉花》"似乎是全中国最流行的歌曲"。由于《中国旅行》一书的巨大影响，1864～1937年间欧美出版的多种歌曲选本和音乐史著述里都引用了《茉莉花》，其中影响最大的是意大利作曲家普契尼创作的歌剧《图兰多特》中的男声齐唱，它的浓郁的中国风，曾使全球亿万听众迷恋不已。

美国人萨拉罗斯写的《茶叶大盗——改变世界史的中国茶》说："许多中国人相信茶叶是神话人物——中国医药和农业的创造者神农氏发现的。神农氏斜躺在一片山茶树的树荫之下，一片闪亮的有光泽的叶子掉进了他那个盛着开水的杯子里，那片薄而柔软的叶子立刻激起了一阵阵浅绿色的涟漪。"于是神农氏发现了茶叶。萨拉罗斯称之为儒家之说。

中国是茶文化的发祥地，有长期的饮茶记录。据载，原本世界上只有中国有茶。美国人萨拉罗斯说，中国控制世界茶叶市场曾达两个世纪之久（17～18世纪200年间）。其中福州茉莉则是花种进来，花茶出去。

回溯历史，中国茶叶为欧洲人所认识和享用大概始于16世纪来华的欧洲耶稣会士。之后因缘巧合，风云际会，中国茶改变了世界史。

大家知道，世界史上有个美国独立战争，其意义非凡，影响深远。而美国独立战争的导火索是什么？众人可能并非皆知，实际上为中国茶！

18世纪中国茶风靡全英。英国东印度公司与荷兰东印度公司因争夺中国茶，代表英国和荷兰两度开战。1773年英国东印度公司装载着342箱中国茶（当然包括茉莉花茶）开进波士顿港，企图低价倾销，打压当地私茶。12月16日晚发生了美国"波士顿倾茶事件"（BostonTeapartYy），引爆了持续8年（1775年4月19日～1783年9月3日）之久的美国独立战争。这是世界史上第一次大规模的殖民地争取民族独立的战争，并由此诞生了世界主要强国之一的美利坚合众国。

中国茶还引发了鸦片战争，福州因此成为五口通商口岸之一，蔚成世界茶港、世界名港。当年在福州南台岛闽江水域不到一平方公里的泛船浦一带，曾设立闽海关（洋关），17个国家在此设驻领事馆，各类中国茶叶特别是福州茉莉花茶源源不断地从这里走向世界，畅销欧美、日本、澳大利亚、南非和东南亚等地。1860～1886年福州茶叶输出始终居于全国茶叶输出之首。至20世纪30年代茉莉花茶曾成为中国销量最大的茶叶品种。马尾"中国塔"下成为国际茶港运茶出口起点。当时，在欧洲人眼里，"福建"即为茶叶代名词，而茶文化则为闽都文化核心。"福州两珍宝——北（峰）石（寿山石）南（台岛）花（茉莉花）"。

对于中国茶，知者饮者嗜者无过于欧洲，而英国人又情有独钟，捷足先登。英国人把茶叶亲切地称呼为香草。到了18世纪，英国举国上自贵族，下至仆人，乃至乞丐，喝茶普及，嗜茶如命，尤其是女人，"一日无茶则滞，三日无茶则病"。英人曾如此描述中国茶的神妙："茶童送进书屋来时，房间里立即弥漫着沁人心脾的芳香。一杯茶落肚后，整个身心得到了极好的慰藉。绵绵细雨中散步归来，一杯热茶所提供的温馨美妙难以形容。"（《傲慢与偏见》）除却茉莉花茶，还有哪种茶能有如此芳香呢？

三

1985年春，经福州市第八届人大第十二次会议决定：福州市树为榕树，市花为茉莉。市树市花，一绿一白，一大一小，一阳一阴，天然绝配。

茉莉花是福州市花，茉莉花茶是福州特产之一，很多福州人从小就爱喝茉莉花茶，哪怕背井离乡远涉重洋也未能忘怀。福州茉莉充满着青春活力。近年福州茉莉花种植有了长足发展，而由茉莉花窨制而成的茉莉花茶，其质量冠于全国，久负盛名，早已成为一大产业，远销世界上20多个国家和地区，年创汇20多亿元，并成为外事礼茶国茶花茶类唯一入选的中国名茶。2011年10月，福州被国际茶叶委员会定为"世界茉莉花茶发源地"，2012年10月福州茉莉花茶又被该组织评为世界名茶。而2012年4月29日17时31分，在文明古国意大利罗马，福州茉莉花种植与茶文化系统迎来了其辉煌荣耀的时刻——被联合国粮农组织列入"全球重要农业文化遗产"，即活的农业化石。2014年，文化部认定福州茶业世家欧阳康和欧阳天年父子家族为中国茉莉花茶窨制工艺传承谱系始祖。而早在2003年间，福建春伦茶业集团有限公司傅家兄弟的茉莉花茶就在国际茶文化节上获五星级茶王称号，2两产品竟拍卖出了8.6万元天价。

"好一朵茉莉花"！目前，福州已经着手规划实施大面积种植茉莉花，通过花田、花海的形式，打造具有震撼力的茉莉花景观，擦亮福州茉莉花名片，营造一座"闽江两岸茉莉香，白鹭秋水立沙洲"的生态优美、芳香四溢的海丝茉莉花城。

花与茶的邂逅

欧阳芬

盛夏来临，又到了茉莉花香飘满城的季节。茉莉花是福州人生活中不可或缺的一部分，它是市花，既是福州名片，又是福州人的精神象征。明朝沈宛君曾写："梅花宜冷君宜热，一样香魂两样看。"茉莉花与花茶是福州人的根文化，2200年的岁月，它们早已渗透到了这个有福之州的血液与灵魂里，融入闽都千年的古韵之中。

一、花与茶邂逅，千古因缘

世界上只有希腊雅典与福建福州把茉莉花列为市花，福州是中国最早种植茉莉花的城市之一。茉莉花在古书中记载有白茉莉、珠玉茉莉、千叶茉莉和绿茉莉等，按花冠层数则分为单瓣、双瓣、多瓣等品种。本文所讲的茉莉花指的是福州独有的品种——长乐单瓣茉莉花（与现在市面上花茶生产所用的广东品种双瓣花有着天壤之别），花苞形似珍珠，花冠单层，花瓣较少8～11枚，多为8、9枚，花开似小荷花。茉莉花香气淡雅悠长，所窨制的花茶香气清幽，馥郁芬芳，鲜灵持久，满口富有茉莉鲜花与冰糖之甜，茶味醇厚，满屋生香，被誉为春天的味道。

茉莉花自西汉开始就在福州安家落户了。福州素有东南佛国之称，茉莉花因其佛文化和香气而冠绝天下。福州的地理环境、气候特征、土壤特点特别适宜于单瓣茉莉花种植。最早是种在长乐桃坑一带，该地区沙质土壤偏酸性，肥沃疏松、土层深厚，通气排水性能好，昼夜温差较大，适宜单瓣茉莉花生长，所产花品质优良。每年5～11月茉莉花季时，成千上万亩莉莉花竞相吐香，雪白如画，香飘满城，形成"山塘日日花城市，园客家家雪满田"的壮丽景观。

陆羽《茶经》写道："茶者，南方之嘉木也。"福建是中国茶叶的主要产区之一，也是历代制茶技艺变化发展过程的重要地区。绿茶是福建最早生产、历史最悠久的茶类，唐、宋、元、明诸代均为蒸青绿茶，以蒸气杀青，制止茶叶发酵，保持绿色。最早的研膏茶属蒸青末茶，继而生产蒸、榨、研、造的腊面茶、龙团凤饼等饼茶或团茶，属蒸青片茶。明朝改蒸青散茶。之后以炒代蒸，逐步演变为炒揉、炒干的炒青绿花和炒揉、烘干的烘青绿茶两大类，一直延续到现在。福建绿茶口感醇正、顺口清甜、纯而不淡。福州是中国最早贡茶的地区之一，方山露芽、鼓山柏岩茶均是唐14个贡茶之一。北宋名臣蔡襄曾两任福州知府，被福州人奉为茶祖。他所著的《茶录》详细记载了古代制茶、品茶的经验。福州茉莉花茶始于宋，成于明，盛于清，它的发展经历了焙团茶、点茶、泡茶三个阶段。清同治年间，茉莉花茶开始采用机械制茶。

福州是茉莉花茶发源地，在数百年历史中，其品质一直未被超越。每年清明前后采茶，端午节后摘花。福州茉莉花花香淡雅，悠远绵长，并不浓烈，绿茶偏寒性，而茉莉花则是温性植物，当茉莉花的香气被优质烘青绿茶吸收后，茶性也更加温和。窨制出的花茶外形秀美，毫峰显露，香气清幽，鲜灵持久，泡饮鲜醇爽口，汤色黄绿明亮，叶底匀嫩晶绿，经久耐泡。福州茉莉花含有顺式茉莉酮、顺—3—乙烯醇等十余种其他产地茉莉花所没有的化学成分，使福州茉莉花茶具有独特的韵味。

花茶是我国独特的一种茶类，福州茉莉花茶据考证始于南宋，那时进贡皇帝的"龙凤茶"，便加入一种叫"龙脑"的香料，以助茶香。南宋赵希鹄的《调燮类编》就有用木樨、玫瑰、茉莉熏茶的记载。

到了明代时有了较大发展。明顾元庆《茶谱》记载，一种是莲花茶，莲花茶是在太阳未出时将半含的莲花拨开，放入一撮细茶，清晨摘茶，倾出茶叶，用纸包茶焙干，接连数次制成。而另一种香花熏茶，是用茉莉花、玉兰花、珠兰花、水圭、树兰花、桂花、玫瑰花、柚花和栀子花等半含半放花蕊连同茶叶一同放入罐中，一层花一层茶，装满为止，再用箬叶扎好，入锅制作，然后取出放冷，放火上焙干而成。这是早期花茶制作方法，与现代工艺的茉莉花茶完全不同。

二、长乐欧阳家族传奇

长乐是个神奇的地方，从长乐向东，闽江入海口有宽阔平静的水面。15世纪，郑和七下西洋，驻泊福州长乐太平港数月到一年，招募水手，修造船舶，补充物资，伺风开洋；董奉出生在长乐青山村，与东汉同期的谯郡华佗、南阳张仲景并称为"建安三神医"；和青山村遥遥相望的是唐代高僧怀海出生地：沙京村，怀海发起的教规改革确立了禅宗的历史地位；欧阳家的老宅位于桃坑村，与龙怀海禅师的龙泉寺仅一墙之隔，药、禅、花、茶均在一个地方，非常神奇。欧阳康家族从长乐靠种花、种茶发家，现代工艺茉莉花茶制作源于咸丰年间，由福州长乐欧阳家族发明，家族的茉莉花窨制做得风生水起，引来茉莉鼻烟和茉莉花茶北上。

欧阳家族是欧阳修后裔，明正德年间从花农与茶农开始发家的，与花、茶打交道近500年，族徽就是一朵美丽的茉莉花。2014年12月国务院正式批准文化部确定的第四批国家级非物质文化遗产代表性项目名录（共计153项）和国家级非物质文化遗产代表性项目名录扩展项目名录（共计153项）并予公布。中国福州茉莉花茶制作技艺（福州茉莉花茶窨制工艺）榜上有名，文化部认定欧阳康和欧阳天年父子家族为中国茉莉花茶窨制工艺传承谱系的始祖。2015年10月中华人民共和国第一届青年运动会的主火炬图案设计源于欧阳家老宅墙上花岗石砌的八片花瓣单瓣茉莉花。

福州茉莉花茶始制与鼻烟壶灌香有关，据《闽海过帆》冻梨著《谈茉莉花茶》一文中言：鼻烟壶在清代官场极为流行，上等鼻烟壶须加香料。福州之长乐盛产单瓣茉莉花，时外埠商人多运鼻烟壶至长乐欧阳家，以茉莉花熏制，芬馥称绝。慈禧太后喜欢茉莉花的清香，有时头上会缀以茉莉花，官员不能戴花，就想用鼻烟来代替，鼻烟壶在清代官场极为流行，上等鼻烟须加香料，京官盛行以香花熏窨制作鼻烟。欧阳家以茉莉花熏制，芬馥称绝。北京鼻烟商"汪正大号"积极为官员与上层人士服务，他仰慕欧阳家花与茶之名，将鼻烟壶运抵福州，要求欧阳家代为加工。

欧阳家掌门人欧阳长芝（欧阳康父亲）与一位法国商人是好朋友，当时这个法国人来中国时就住在欧阳家中，他提议欧阳家把茉莉花精油萃取出来用在香水领域。欧阳家经过反复实验，埋头钻研了几个月时间，终于发明了脂肪冷吸法（脂吸法），把精油提取出来，至今福州老艺人手工提炼茉莉花精油仍沿用此方法。

提取的是茉莉花的头香，因为头香花散发的是最自然的香气。找来猪油板，把它加热，把新鲜茉莉压在两层猪油脂肪之间，这样层层叠叠的，放置24小时后，更换花瓣。如此工序反复40多次，使脂肪中的花油达到饱和状态，最后用做酒的蒸馏法，将花精油从油脂中提取出来，做成茉莉浸膏或粉状，与烟粉相结合，放入鼻烟壶内。由于花费人力、时间甚多，从茉莉花中提炼出来的花膏量少，故价格昂贵。欧阳家用茉莉花提炼精油、浸膏来灌香鼻烟壶，从而进入清朝皇室。

而提炼后剩余的茉莉花又舍不得浪费扔掉，欧阳家人想，若以茉莉花熏茶，亦可成为佳品。茉莉花茶类型独特，花茶闻香不见花，采用茉莉花苞与茶坯拌合，窨制而成。窨制工艺是茶香与花香的融合。经多次窨制花茶，形成了一系列复杂的制作工艺：茶胚处理、鲜花养护、茶花拼和→堆窨→通花→收堆→起花→烘焙→冷却→转窨或提花→匀堆装箱等，共九九八十一道工序。至今为止，福州茉莉花茶复杂的窨制过程是唯一一个没有被外国人掌握的茶叶制作工艺。

欧阳家当时在台湾有分号，把长乐单瓣茉莉花移栽至台湾，经过多年培育，又移植回长乐与当地品种进行杂交，产生现代俗称"台湾种"的单瓣茉莉花。将此花与优质烘青绿茶熏制，研制出香气淡雅清幽、馥郁芬芳、鲜灵持久、具有冰糖甜、春天味道的独特韵味福州茉莉花茶。

茉莉花茶又称"香片"，此语源于北京，当时鼻烟壶熏香后为香壶，茶经茉莉花熏香后则称香片。当时北京茶商多在福州设茶庄收茶，寄往北京，获得好评。于是各地茶商也在福州熏制茉莉花茶，甚至出现福州地区绿茶不够制作，让安徽黄山、江西婺源、庐山等地的绿茶汇合到福州，制作成茉莉花茶后再转销世界。福州成了全国茉莉花茶生产中心，民国二十二年（1933）全盛时期产量达7500吨。福州茉莉花茶北上到江浙一带，在当地引起强烈反响，当地纷纷引种茉莉花，从此福州茉莉花茶一统天下。

据家中老人讲，闻名世界的英国的茶叶袋泡茶的包装发明也与欧阳家有关。中法马江战役期间，法军侵占欧阳家停靠在马尾的茶船，船上装满了茶叶，士兵累时就躺在茶叶上休息，茶叶多被压碎、变味。欧阳家心疼茶叶，重金将其回购，重新烘焙，为了让碎茶能销出去，将碎茶进行小袋包装分销，因而发明了最早期的袋泡茶。外国士兵将其带回了欧洲，大受欢迎，一种新型的茶叶包装从此诞生。

三、昔年茶港

清代中后期，在福州形成庞大的茶叶经营网络，不同经销形式的茶庄组合在一起，统称为"帮"，多集中于台江上下杭、苍霞洲一带，现台江"茶道"即当时装运茶叶的码头。如专门采办茶叶有"芽茶帮"，名"恒远堂"，由欧阳家族控制，号称"茶帮之王"，专门采办全国各地绿茶及白茶；专营销售有"福长兴帮"（欧阳家控制）和"下生顺号""福泉帮"。当时福州、汉口、九江并称中国三大茶市，闽茶一部分通过武夷山分水关到江西铅山，再分三条路线：一条是船载到鄱阳湖转往广州经香港进入英国；另一条到上海、天津、青岛、烟台、营口；还有一条是船载到鄱阳湖，转湖北入河南到山西，过沙漠到达俄国边境，转销各国。美国传教士卢公明在1853年《中国人的社会生活》中写道："福州已经大踏步地成为中国最重要的领事港之一。"

很多人认为鸦片战争实际上是"茶叶战争"，这场因贸易而起的战争让列强看到了中国守内虚外，羸弱可欺，最终演变成一场工商业对农业的殖民战争。福州城处在这场战争的前沿，后被辟为五口通商口岸。由于洋行经营茶叶逐年增多，咸丰十一年（1861），福州泛船浦设立闽海关。1859年，茶叶出口量4659万磅，成为中国最大的茶叶出口市场。在西欧语言的茶叶发音中，荷兰语的THEE、德语的TEE、英语的TEA、法语的THÉ等均译自福州、泉州发音。福州话的"茶"发音为da，泉州为dia，福建话中d和t同音，故最早对西欧进行茶叶贸易的福州、泉州发音成为英语TEA等的由来，当时，福州茶、福州塔（马尾罗星塔）成为代表整个中国的重要标志。

世界六大茶类中，乌龙茶、茉莉花茶、红茶、白茶都发源于闽江流域，福州成为世界最大的茶叶港口。咸丰三年（1853），清政府开放福建茶市，茶叶贸易成为福州出口贸易的支柱，占90%以上。到咸丰十年（1860），茶叶出口达400万磅，占全国茶叶出口总额的35%。咸丰十一年（1861）五月，英国在泛船浦设立闽海关（洋关），各地茶叶云集福州，经闽海关输往欧美各国。1872年，俄国人在福州泛船浦开办阜昌茶厂，福州与汉口成为中国历史上最早开始机械制茶的地区。1860年至1886年，福州茶叶输出始终居全国茶叶输出的首位。《申报》称："福州之南台地方，为省会精华之区，洋行、茶行密如栉比，其买办多广东人，自道咸以来，操是术者皆起家巨万。"

1844年英国首次在福州设领事馆始，在福州仓山区这个面积不过1平方公里的区域内，先后有17个国家设驻领事馆，各类茶叶特别是福州茉莉花茶也从福州这个美丽的茶都走向世界，畅销欧美、日本、澳大利亚、南非和东南亚等地。到20世纪30年代茉莉花茶成为中国销量最大的茶叶品种。日本曾经是茉莉花茶最大的进口国，花茶集花、茶、香于一体，日本将茶道、花道统称为雅道，琉球的早点至今仍配有福州小点心和茉莉花茶。茉莉花茶一直是国家的外事礼茶。美国前国务卿基辛格在回忆录中说："毛泽东身旁的茶几上总堆着书，只剩下一个放茉莉花茶茶杯的地方。"

四、天香满城

茉莉花是西域经印度传来的舶来品，茶是中国的文化符号。就像花与茶的结合一样，福州人面向蓝海的气魄自古就有。近代以严复、林则徐、徐继畬为代表的闽都文化人，带动着晚清思想从封闭走向开放。

福州人从小就爱喝茉莉花茶，茉莉芬芳与茶相互交融，百转千回，凝聚了老福州人对于茉莉花茶的芬芳记忆。古代文人骚客喜欢花的洁白、玉骨冰肌、淡雅幽香，与淡泊名利的生活态度相类。南宋福建状元王十朋曾作诗："没利名嘉花亦嘉，远从佛国到中华。老来耻逐蝇头利，故向禅房觅此花。"以"没利"喻己，表明不事权贵的节操。而泡温泉、喝茉莉花茶、听评话和伬唱是老福州人的生活习惯。一到夏季三五朋友聚在一起，一把老藤椅，一壶茉莉花茶，一边喝茶，一边聊天，或听几段民间故事，享尽人间快乐。冰心在《还乡杂记》中说："我所到过的亚、非、欧、美各国都见到辛苦创业的福建侨民……在他们家里、店里，吃着福州菜，喝着茉莉花茶，使我觉得作为一个福建人是四海有家的。"茉莉花与花茶永远是世界各地的福州人记忆里故乡的味道。

从茉莉花茶的意境说起

何少川

有赞茉莉花："天赋仙姿，玉骨冰肌。"（宋·姚述尧《行香子·茉莉花》）有颂佳茗："骨清肉腻和且正。"（宋·苏东坡《和钱安道惠寄建茶》）一为"天香"，一为"佳人"，两相拥抱孕育出茉莉花茶珍品灿然。我以为，茉莉花茶既有茶的馨韵，又有花的馥郁，它素洁，它清新，它自然天成香飘四溢，其意境高远雅致。在"春伦茉莉花茶文创园"，我们细心观摩体验，能够得到这种高雅意境的感悟。

"春伦茉莉花茶文创园"，位于历史文化名城福州市南部，系琼花玉岛——南台岛的核心组成部分。

深秋，阳光明媚的一个上午，我们探访"春伦茉莉花茶文创园"。该园创建于2010年，占地面积约40亩，由传统工艺展示与体验区、文化博物馆、茉莉花育种资源圃、茶创意品茗体验区等组成。整座园区设计别具一格，融入我国古典园林造园理念，再现闽都文化、茉莉情缘，表达茉莉花茶"融合"的主题。它集文化、创意、休闲、体验、娱乐为一体，是国家级AAA旅游景区，被授予"全国休闲农业与乡村旅游示范点"称号，还被评为"福建省中小学质量教育社会实践基地"。

随着三声洪亮的锣声在"传统工艺展示与体验区"响起，茉莉花茶技艺传承大师张子建开始向观众演绎茉莉花制作的全过程。他一边操作一边讲解，"平（平面筛选）、抖（震动抖筛）、蹚（改型切断）、拜（风力选别）、烘（干燥烘焙）、窨（花吐香茶吸香）、提（增强香气鲜灵度）"，七大工艺一道一道地前后衔接，一招一式稔熟而畅朗，让人看得真切，艺术化的表演更显生动活泼。这只是一个浓缩的简约表演，可想而知真实生活中的茉

莉花茶窨制，既要抢季节时辰，又要一丝不苟地操作，制茶人的劳作十分辛苦，他们的敬业精神值得赞赏。当茉莉花茶制成后，我们看到只剩茶叶没有花蕊存在，茉莉花把香气奉献给茶叶，本体枯萎成干花退出，其体现出的自我牺牲品格无比高尚。

内容丰富的"文化博物馆"，展示各茶类加工工艺模具。众多图片和文字说明，介绍中国茶史、茉莉花茶溯源和窨制工艺、保健功效，以及产品畅销海内外的状况等，脉络清晰地突显千年茉莉花"远道而来""宿根闽都""芯心相窨""香飘四海"四个主题。福州是茉莉花茶发源地，已成为世界茶界的共识。2014年4月，福州茉莉花茶入选全球重要农业文化遗产。茉莉花茶问世，是福州人智慧创造的结晶，在中国茶族中增添了新成员，使茶族更加丰富多样，为人类做出了贡献。作为舶来品的茉莉花，与中国本土的茶叶凝结于茉莉花茶一身，可以说是珠联璧合，受世人所称道。我以为，由此可以得到启示：世界各地的互相融通交流，能够创造出人间更多美好的宝物。

阳光照射下的"茉莉花育种资源圃"，亮丽而清新。我们来的不是盛花季节，只见有零星细小花蕾点缀在绿丛之中。但连丛成片的花圃，依然绿油油地展现了勃勃生机。据介绍，花圃里现有20多种来自不同国家和地区茉莉花的品种，包括引进的越南茉莉、缅甸多瓣茉莉、印度茉莉、老挝多瓣茉莉、千重茉莉、串茉莉、双色茉莉、传统双瓣茉莉、马来西亚单瓣茉莉、绒茉莉、狮子头茉莉，以及我国台湾金茉莉等一些罕见的茉莉花品种。我们想象，当季节已到，这些茉莉花一起绽放，色彩纷呈，香气四溢，我们不由得会惊叹天工雕琢的神妙，从而心生对大自然的敬畏之情。

"茶创意品茗体验区"，在室内一排长桌上，摆满一罐罐茉莉花茶创意产品。有茉莉龙芽、茉莉正山小种、茉莉铁观音、茉莉白茶、茉莉大红袍、茉莉普洱，"非常6+1"系列茶品。把六种名茶与茉莉花"心芯相窨"，成就了一款款茶品细腻、饱满、多变的风味。在此，我们可以品尝不同茶韵的美妙，领略创新给茶界带来的内涵不断丰富的新气象。在室外绿树环绕的场地中，我们观赏了《海丝茉莉情》的茶艺表演。表演者一男一女，男的代表茶，女的代表茉莉花，寓意阴阳结合、和谐共生的理念，可说是匠心独运。

"春伦茉莉花茶文创园",是福建春伦集团为传承茉莉花茶制作技艺这一全球重要农业文化遗产,彰显茉莉花与茉莉花茶文化,实现旅游功能、产业功能与城市功能的有机联动,精心策划建成的。

成立于1985年的福建春伦集团,为傅天龙、傅天甫兄弟所创办。春伦集团有着生产茉莉花茶家族的渊源。清朝咸丰年间,祖辈生活在乌龙江边和城门山上的傅家,抓住当时福州茶叶市场鼎盛的契机,在城门设立茉莉花生产基地,办起一家以生产销售茉莉花茶为主,日杂用品为辅的百货商号——"生春源",开启了崭新的家族事业。傅天龙、傅天甫兄弟是"生春源"第六代传承人,通过传承创新,适应现代社会的需要,将企业更名为春伦集团,并保留"生春源"作为子公司品牌。"春伦"有特殊的文化内涵:春天呈现的是勃勃生机的景象,意味着事业充满了希望;商道不仅遵循伦理道德,而且把诚信作为立身不败之本。从对集团的命名,看出傅家兄弟不同寻常的抱负和追求。

"以复兴福州茉莉花茶产业为己任,让中国茶及茶文化走向世界",这是春伦集团确定的神圣使命。我曾与傅天龙交谈,他说他种过茉莉花,小时候学过制茶,又有家族生产经营的背景,对发源地在福州的茉莉花茶有着深厚的感情。他从小生长在农村,亲身感受到茉莉花茶产业关系到千家万户茶农和花农的生计。他说:"茉莉花茶是福州人创造的无价之宝,不能在我们这辈人手中丢失!"春伦集团创立后,生产经营上有过盛势有过颓势,有成功也有失败。傅天龙、傅天甫不管碰到怎样情况,都不放弃茉莉花茶事业。集团在多地建立茶叶和茉莉花的生产基地,在北方设专卖店。特别是时序到了2000年,茉莉花茶销售进入寒冬,遭遇前所未有的困境,许多人邀请他开办房地产公司,那可是来钱快的行业。生产经营茉莉花茶确实既辛苦又有风险。但是,傅家兄弟不为诱惑所动,仍然心无旁骛地坚定履行既定的使命,专注做好茉莉花茶产业,努力去追求自己的理想。

"信誉为灵魂,质量是生命,以人为本,科技为先",这是春伦集团奉行的核心价值观。

1998年发生过这样一件事:傅天龙与青岛一家客户签订了一笔限时到

货的茉莉花茶供销合同。但是从3月开始，中华大地遭受了历史罕见的洪水灾害，福建、浙江、江西、湖南、湖北等众多地方，公路被淹没，铁路被冲垮。这突如其来的自然灾害让傅天龙措手不及，他三天两头跑福州火车站探听能否托运的消息，可是毫无结果。供货期限已经逼近，傅天龙心急火燎，只得求助航空公司，经过多次交涉，终于按时把货托运上。用飞机空运，仅运费就得多花十几万元。有人说傅天龙傻，从来没听过有空运茶叶的，那是亏本的生意。但傅天龙认为，诚信收获的价值更大，无法用金钱计算。据说，当青岛客户到机场接货时，感动得流下了眼泪。傅天龙常对集团的员工说："诚信是一个人的立身之本，作为一个企业经营者，实现诚信不是账面上的盈利那么简单。诚信的价值无可估量，做不了这一条，就无法经营企业。"

创立30多年来，春伦集团始终坚持质量第一的要求，致力于福州茉莉花茶的复兴和民族品牌的打造。1996年，国家对茶叶等农产品质量加强检测，春伦收购绿茶没有设备进行检测，生产的一款茉莉花茶农药超标被通报。傅天龙引以为戒，决定全面加强管理，对收购的茶叶及时送检，同时逐步建立起自己的生产基地，规范生产程序。一个时期，茉莉花茶市场出现混乱，傅天龙积极向政府和有关部门建议成立产业联盟，对茉莉花茶产业进行规范。2003年至今，"春伦"牌茶业在各大展销会上屡次荣获金奖、畅销产品奖等，先后获颁国家农产品加工技术研发茉莉花茶专业分中心、中国茉莉花茶标准样制定秘书长单位、中国驰名商标、"世界最具影响力品牌"企业，以及"福州市政府质量奖"和"福建省政府质量奖"。"春伦"茉莉花茶，成为用户质量信得过的茶叶，一些重要会议和单位把它作为指定用茶或礼茶。

我多次与傅天龙长时间地交谈，往往是我问他说。他说起茉莉花茶滔滔不绝，话语顺畅，激情满怀。我笑着称赞他是一位口才流利的演说家。身旁的人附和道：他是成功人士，经常被人请去参加座谈会或讲座，话事业，说人生，谈茉莉花茶，天长日久，把口才锻炼了出来。傅天龙向我谈立业传承、产品质量、社会责任，再就是科技创意了。春伦集团设立院士工作站，长期与中国农业大学、福建农林大学、国家杭州茶叶研究所等多家科研单位建立合作关系。积极开展闽台农业交流，联合推进、共同建设山地有机茶可溯源制度。集团建立的原料基地，采用科学管理和先进生产技术，每道工序都采用数字化管理和无尘化生产。傅天龙的创意，在于提升茉莉花茶品质和多样性。为了制作"茉莉针王"极品，茶胚全部挑选肥壮的芽头，窨花时把通常的"三窨一提"工序，做到"九窨一提"，使香气鲜灵持久，口味滋润甘爽，成为"厦门金砖会议"上出现的茉莉花茶的"头牌"。茉莉花茶的问世，本就是中国茶史上一次创意的结果。我们在"春伦茉莉花茶文创园"看到的"非常6+1"系列茶品，无疑也是别出心裁的创意产品。

当今，福建春伦集团业务，涉及茶品、化妆品、服饰、文化、旅游、电子商务等多个领域。拥有绿色茶园基地4.2万亩，茉莉花生态种植基地0.7万亩，年生产量约3600吨，惠及10万农民。集团主动承担精准扶贫的任务，热心公益事业。集团在法国成立分公司，让福州茉莉花茶香飘法兰西，还采用福州茉莉花茶与葡萄酒置换形式，深化与法国波尔多诺菲酒庄的合作。"春伦"牌系列产品，畅销我国华东、西南、西北、北京、天津、香港、澳门和台湾等地，出口至美国、俄罗斯、日本等国家和东南亚。

作为春伦集团党委书记、董事长的傅天龙努力进取，得到党、政府以及社会各方面的充分肯定。他被推选为省、市党代会代表和省、市人大代表，享受国务院特殊津贴，被评为福州茉莉花茶传统工艺传承大师，荣获优秀中国特色社会主义事业建设者、全国优秀茶叶科技创新企业家、中国茉莉花茶产业杰出贡献奖等近百项国家、省、市、区授予的荣誉称号。

人们赞扬春伦集团成绩斐然，傅家兄弟贡献很大，傅天龙却谦逊地对我说："如今恰逢好时代，如果没有党和政府创造发展企业的有利机遇，我们将一事无成。"他以茉莉花茶的传承发展作为例证：1985年福州就将茉莉花定为市花；2008年2月，福州茉莉花茶正式被国家工商行政管理总局标准局核准为"地理标志证明商标"；市有关部门曾开展"恢复与重塑福州茉莉花茶产业研究"，出台振兴茉莉花茶五大举措；2009年2月，国家质量监督检验检疫总局审查和认定福州茉莉花茶为"国家地理标志保护产品"；仓山区人民政府也加大对茶叶加工龙头企业扶植力度；许多领导关心"春伦"，帮助"春伦"解决困难，等等。这些都为茶企创造发展的空间，促进茉莉花茶产业兴盛。

将传统茉莉花茶生产引入标准化、无菌化、规模化、产业化的创新之路，傅天龙带领企业，实现了从小微企业向国家农业产业化龙头企业跨越。进入新时代，长期受茉莉花茶拒浊扬清熏陶的"春伦"，一定能迈出矫健步伐，勇往直前，去构筑更加美好的未来！

八面飘香福州茶

李治莹

在秋日柔柔晨光、缕缕和风中，沏上一壶既有果香又有花香的福州花茶，抿上一口，油然想起两度出任福州太守的北宋茶学家蔡襄的名句："好茶争相品，盖因品质珍。"诗人所言极是。福州茶风自古鼎盛，千百年绵延至今，我久居于这福天福地的花茶故乡，甚是福气。看眼前茶杯里袅袅升腾的花茶香气，又从记忆之海中荡出一小朵浪花：半个多世纪前，家父从橱柜里取出一盒茶，开启后，一时间满屋皆香；家父笑眯眯地一个深呼吸，乐陶陶地说，香呀，福州来的呢……那年月，我还只是个少年，却烙上了福州的茶沏香这么个印象。后来，数十年辗转在福州，常常品福州的茶，茶香也就香了个悠长。

大中国的一个"茶"字，在高天阔地风采了千年，武夷山大红袍在天涯海角"红"了千年，福州的花茶则在天南地北"香"了千年。说千年，又岂止千年？悠悠岁月，韶华春秋，百年千载的福州，何时断了这茶香？回望历史上的福州，多少茶农在周边的山山岭岭上广为植茶，又有多少能工巧匠精于制茶。早在唐代，福州茶人就在茶行业上制作出精品名茶。唐代陆羽的《茶经》，就多次提及福州的"方山茶"，而方山就是今日的闽侯尚干镇。据史料称，从唐朝始，帝王们都喜欢福州的方山露芽茶，进贡朝廷的茶中还有福州的蜡面茶。天祐二年（905），唐哀帝向福建宣布停贡橄榄子诏书中有这一句："每年但供进蜡面茶外，不要进奉橄榄子，永为常例。"蜡面茶应该就是用鼓山半岩茶加工而成的一种团茶。《小草斋诗话》言道："鼓山半岩茶，色香风味，旧人评为闽中第一，不让虎丘、龙井也。"半岩茶产在福州鼓山喝水岩附近的茶园里，许是傍岩石而生的茶叶，生命力

强盛了，也就特别有茶味。相传闽王王审知十分重视福州茶的生产，屡屡把罪犯集中到鼓山种茶，由涌泉寺僧人负责监管。犯人多了，还把种茶面积扩至鼓岭的茶洋一带，制作出色香味俱全的鼓山半岩茶，贵为贡茶中的上品。

中国是茶的故乡，福州则是花茶的故乡。早在清咸丰年间，榕城内外的山岭上就广为种植好茶；采摘后在烘青绿茶内加入桂花、玫瑰、茉莉花、玉兰花、柚子花等，让花香裹茶。或许是茉莉花叶色翠绿、花色洁白、香味浓厚，人见人爱，时闻时香，制茶人多以此花入茶。年深日久了，饮茶人就以茉莉花茶作为福州茶的代表，念念于怀，品赏于心。据福州花茶行家言，单是茉莉花茶，就有明前绿、银毫、春风茉莉花茶等十几种。但凡喜饮花茶者大多好于茉莉花茶，因其条索紧细匀整、花香浓烈持久、汤色黄绿明亮、茶汤醇厚显香、叶底嫩匀柔软、滋味醇厚鲜爽而高看一等。

嫩绿的茶叶绽开于春雨中，得天地之气；高洁的茉莉花绽放于艳阳下，取明朗之光。茶叶有翠绿之美，茉莉花更有洁白之美，美美与共，凝聚为有独特色香味的茉莉花茶，再以鼓山清泉水沸腾后冲泡之，上善之茶矣。据文献记载，福州茉莉花茶的源头可追溯至2000年前的汉代。把茉莉花香与茶香交织在一起，是福州人的一种发明、一种智慧的创造。2014年，在意大利罗马举行的联合国粮农组织全球重要农业遗产理事会和研讨会上，福州茉莉花种植与茶文化系统入选"全球重要农业文化遗产"，实至名归呢！

据史料载，福州于明朝清代、特别是咸丰年间就大批量制作花茶，至18世纪末、19世纪初，业已鼎盛，年产花茶数十万担。专业制作花茶的茶厂和经营花茶的茶商，遍布福州城的东南西北。因世人钟情于花茶，福州茶商大户层出迭现，如福胜春、庆春、建春等茶行，在当时曾名声鼎沸。

在那年代，一座并不阔大的福州城，就拥有近百家的花茶厂店。花茶茶香八闽的同时，也香出了大江南北，再香飘海角天涯。常年输出的花茶不少于20万担，1929年高达35万担。茉莉花盛产之季，日达2万担。花茶的输出之所以长盛不衰，得益于福州陆路与海路的通达。流芳清幽的花茶借港口穿江越海，畅销于南洋和欧美等40多个国家，其数量占全国出口量的一半以上。

　　鸦片战争后，作为中国五口通商口岸之一的福州，不仅守望着本土的花茶出口，且还担当起江苏、浙江、安徽等省市的中转站，舟车以至成群结队的骡马，一路风雨阳光地从四面八方将茶运抵福州港，窨花加工后再转口海运至域外。至于本省各地，特别是闽北各县的茶叶、武夷大红袍等名茶的输送，更是义不容辞。福州港海纳百川、有容乃大，成为各地名茶聚散的福地。在年年岁岁的输送过程中，茶与茶的互相交流甚至相互引种，应是一种常情。福州鼓山涌泉寺立有一方清代留下的石碑，碑文中就提及这里那里相连、此茶彼茶皆香之内容。这也印证了福州作为知名港口，广纳各地香茶，从而互为借鉴、互补长短以求出彩之历史。从福州市博物馆展出的画面，可在视觉中还原那段历史，借以印证当时福州茶和闽省各地的茶输出海外的盛况。在那个年代，的确是相当令人震撼的。码头上，茶叶堆如山高、铺似茶毯；搬运装船人在码头和船之间往返穿梭；起航时，万船齐发、千帆竞逐、百舸争流，宏伟之气势排山倒海，蔚为壮观。

　　福州自古茶香浩荡，以"茶"为名的地方甚多，比方靠近我蜗居的杨桥中路上，有一大片称为茶园山新村的民居，当年我女儿就读的茶园山小学也坐落其中。或许古时此地就是一座茶山，想必山不会太高，丘陵式的，却方圆百亩，青幽幽一大片，绿茵茵一整座山。邻近火车北站有一片民居称茶园新村，必是古时的一方茶园，倘若那块地与茶无关，"茶园"二字断不会天长地久地延续下来。台江方向南起洋头口、北至南门兜的茶亭街，明代就是福州的南郊，有关茶的典故就多了。说是有一位僧人化缘为南来北往的路人建一凉亭，且烹茶施舍。后来，此地成为上任、赶考、驿递之要道，久而久之，竟然茶肆林立，还建起茶亭庵。年复一年，因茶馆茶店众多，便渐渐地形成了一条街，街两旁木屋毗连、店铺鳞次栉比。据说，旧时还有座茶亭桥，东侧有"一团轩"、西侧有"若春"，都是知名茶馆。看看，故事叠起的茶亭街，千百年来就如此茶香四溢，何等令人向往！又说在清朝的时候，而今靠近东街口的省府路，人们叫的是"茶厅"。再转转福州当今晋安区福新东路的茶会、茶园路……由此可见，在福州城以"茶"相称的地名真不少。顾名思义，古今福州茶在人们心目中占有重要位置。

福州人喜好那一口茶，无论笑谈琴棋书画的文人雅士，抑或是迫于养家糊口的挑夫苦力，茶是不能少的。只是饮茶的地点不同，饮法也各不相同。文人贵胄落座的是三坊七巷、上下杭，或是雅致的各方茶亭。饮的是小杯，或以青瓷小盏品茗，以示文雅、矜持。而出大力、流大汗的干活务工之人，则在码头上、闽江边、渠边地头，围着木桶里的茶水，端起大碗舀上一碗，仰起脖子一饮而尽。甚至以水瓢打上茶，咕咕噜地猛喝，既消渴又解乏，大呼快哉。福州人喝大碗茶时用什么配茶呢？要么是橄榄光饼，要么什么都不要，一碗花茶入喉，便也谈笑风生了。福州市博物馆展出的古代茶具，大多为碗，那一个个弥漫着古时风云的茶碗，或许就盛过一碗又一碗的香茶水，畅怀过一位又一位的福州先人？

福州人看重那一壶壶茶。历史上福州人喝茶和在温泉里泡汤是并重的。去泡汤时捎带上一小撮茉莉花茶，在汤头泡得脸红耳赤、浑身热气腾腾之时，歇息在躺椅上，一口口抿着清香之茶，虽然不是神仙却快活得赛过神仙。在旧时，福州人喜在茶摊、泡汤、讲书场、十番音乐会上饮茶。一手茶、一手扇，眼瞧台上，双耳倾听，摇头晃脑地得意。还有念念于怀的茶摊。据史料记载，昔日的福州城，于东街口、三坊七巷一带都设有茶摊。在茶摊内，无贵贱之分，官人与平民共福，打工者和文化人同坐，曲艺表演或吟诗赋词并举。与茶结缘的福州人，认为茶也能治病，比方说解酒化浊之类，就把去药铺买药，说成去买茶。当时的药店也就附和人们的喜好，在店里摆设个茶壶，且还正儿八经地卖茶，把自己的药店雅称为茶店。福州人茶之情结，就如此这般千百年地交织在一起。我是闽西客家人，小时候得个风寒感冒什么的，大人们便说去"点茶"，话语中把"点茶"二字说得格外柔和，得病的人听了，似乎要喝的是香茶，并不是苦涩涩的药，所以没有半点的恐惧感。客家人面对病患者说点茶，化痛苦为吉祥，与福州人生了病去"买茶"，含义是一样的。

福州城区的茶风茶韵飘逸于茶楼酒肆、千家万户，绵延千载。而似乎呼唤一声听得清、伸出手也仿佛摸得着的周边各县各地，也都各有茶香，且还精品层出。

福清西部的东张镇，有座海拔1200多米的岚湖山，因山高多云雾，缭绕出翠绿绿的茶山。高山出好茶，让经济发达、城乡大美的福清锦上添花。后来，许是为了与祈梦名山石竹山结缘，妙在其中地衍生出"石竹梦茶"，同样脍炙人口于世。福清镜洋镇仙井岩一带，还有一片千百亩的有机茶基地，茶山与春夏秋冬各自随同季节绽放的樱花、银杏、紫薇、桂花、紫玉兰等同山共岭，让仙井岩产出的茶别有妙韵。长乐近在市区西侧的泮野村，尖峰山麓与首石山遥相呼应，又因上洞江、下洞江在村前交汇，故有"泮野水两头涨"之称。村前双江碧水、玉带环腰，村后峰峦高耸、群山起伏，在这么一个风景这边独好之地，天赐一片野生茶树林。制茶方家以此制作出香气浓郁、滋味甜爽的红茶，在中国茶业学会举办的"中华杯"全国名优茶比赛中收获一等奖，一举成名了。再有玉田、罗联两乡镇于半个多世纪前开垦种植的数万亩茶园，所采摘的茶叶也都各有其香。

连江县历史上拥有十几处颇具规模的茶山，分布于长龙、丹阳等各乡镇。特别是素有"云上茶乡"美誉的长龙镇，因座座茶山山高雾重，也就云雾山中频出名茶了。长龙镇400多年的种茶史，研制出一种"鹿池茶"，此茶因外形浑圆光滑、银灰色泽、香气持久而知名于海内外。早在一个多世纪前，鹿池绿茶就喜获国际巴拿马银奖，在后来的100多年中，又先后在国内外多次得奖。罗源知名度甚高的"七境茶"，有不少的典故。就一个茶名，也有其解。据传，古时罗源以"境"划分村庄，七境也就是程洋、长弯、施濡、西竹、延洋、寿桥、洪洋等7个村的合称。五六百米的海拔，有恰到好处的温度、不可多得的原生植被，茂林修竹围裹着茶园，让原本香高、口爽、色翠，俗称为罗源绿、罗源尖子的好茶，就以"七境茶"享盛名于世。出自罗源中房镇沙坂村的"榕春早"，因为是春天里最早抽芽的，阳春三月初就可面市，市场先机非它莫属。

森林覆盖率76.8%的永泰县，早已成为省城福州的后花园，后花园里茶叶丰盛，令人欢欣鼓舞。该县县域地势高峻，乡村深处特别是山岭之上，缭绕着如梦如幻的云雾。放眼山间，缓坡绵延，崖隙土壤深厚且肥沃，茶树在此蓬勃，似乎理所当然。不无夸张地说，永泰无乡不种茶。绿茶农产品地理标志保护地域，涵盖全县20多个乡镇。正因为茶产业长盛不衰，永泰矢志为长期养在深闺人未识的茶产业撩开面纱，把距今有800多年历史

的"姬岩茶"和有300多年历史的"藤山茶"产业，呈于大千世界。还在同安镇占柄村卢峰茶园举办春茶开采节，把古老的祭茶仪式与传统的采茶舞、喊山歌也都亮了出去。

闽清西南部边远的上莲乡街中村，名为街中却根本无街，高高在上，千米海拔，群山耸立，洁净的空气沁人心脾。如此地利，茶园里的茶树自当流芳吐翠，以此茶叶制作出的水仙、肉桂、梅占、百瑞香等，也就叫人击掌。

大福州地区，四面八方都可闻茶香，就连仅有200多平方公里的马尾区，同样在寸土寸金的地上种茶。作为福州的水上门户、军商要港，曾有一批又一批的各国商人或海员登岸，大多喜好一口中国茶。于是，早年的马尾茶农就以此"天时地利人和"种茶，不种则已，种就种好。茶农们选择与石鼓名山劳崄峰对峙的双溪里一片山上精耕植茶，伫立此山，眼前有茶之青翠油绿，眺远则见海之浩瀚，胜地矣。产出的茶，大多供给国外茶商或来自天南地北的海员，但凡获得者，通常都会说自己得到了福州茶。据传因此山上种的茶，多为外国人所取，沾了洋气，茶农们就把那片茶山称作"茶洋山"。

……

福州与周边的各种茶，犹似茶叶之万花筒，转过来花影缤纷，转过去色彩斑斓，是一方琳琅满目的茶世界。当时的福州花茶，如同一圆明月居中，周边各地的茶，又仿佛月亮之旁的星星，闪闪烁烁，众星拱月，景象大美。大福州地区的茶，千百年种下的茶树，根深而叶茂，千百年后的今天，在老茶树上摘新叶，每一片叶都饱含着千百年的晨雾暮露，养人呵！沏一壶茶，在缥缈的茶雾上，回望千百年，意象中的那情那景，迷蒙迷离，亦真亦幻。

品着手中的福州茶，回首展望福州的茶，千思万绪。在秋日悠然的阳光中，又回味年少时家父从橱柜内取茶时说的那一句：香呀，福州来的呢……

残垣落寂清幽在　梦里花落知多少

——榕城四大古园林断章

扣　子

"一径抱幽山，居然城市间"。两年前，第一次误入福州朱紫坊芙蓉园，看到园林旧景，十分惊喜，并由此产生探索福州古园林的念头。

福州民间有"四大园林"之说，但这不过是流传许久的一个说法，目前还没有任何史料明确定义"福州四大园林"究竟是哪4座。在文史专家和"老福州"们的指引下，我一一走访了隐藏在福州闹市里的芙蓉园、双骖园、环碧轩、半野轩这4座被广为认同的私家名园。

这些有着典雅名字的园子，仅从字面看，便给人以无尽想象……

芙蓉园：两位宰相级人物住过的园子

走进榕城东南朱紫坊花园弄，绕过嵌入碎石贝壳的旧墙，芙蓉园默默地伫立在眼前。剥落的墙面，腐朽的木门，已经很难让人追忆起当年这里的风光，一切都渐渐消逝在历史的尘烟中。

"现在园子正在修复重建，已经禁止游人参观了。过段时间，都修复好，再来吧！"尘土飞扬中，一位操着外地口音的保安，这样拦住了我。

透过门缝向里望，只见一间间残破的木屋、漂满枯叶的池水、清冷的石桥和残破的假山，当年的小桥流水、曲径通幽，都已成为久远的回忆。

芙蓉园里留有太多故事。它的历任主人都赫赫有名。有史记载的第一任主人，是宋代相当于副宰相的参知政事陈铧，此后是明代显赫的地方官谢汝韶，后来还有明朝末年内阁首辅叶向高……

老福州人一说到芙蓉园，嘴边总会蹦出一句："那可是两位宰相住过的

园子啊！"

但真正让芙蓉园声名鹊起的，是清朝曾任湖南布政使的福州人龚易图。从龚易图的第四代孙子——90多岁的龚钧智口中，我们得知了其祖先龚易图当年修葺芙蓉园的"大手笔"。

虽然龚易图修葺芙蓉园时，并没有如明朝宰相叶向高一样，为造太湖石假山，在民间留下"石头入城撞坏南城门"的传说，但他在芙蓉园内精心打造的武陵别墅和芙蓉别岛，却着实让这座园林成为清末福州园林的一大亮点。

龚钧智告知，芙蓉园从宋代至他们龚家时，其基本结构还保存完好，整个园林充分利用了空间，即使在十分狭小的地方，也很别致地盖起了亭、阁等建筑，园内各种建筑十分齐全且不显拥挤。虽然早在龚钧智出生之前，龚家人与芙蓉园就脱离了"关系"，但说起自己的祖先曾为这座园林"增光添彩"付出的心血，龚家后人依旧会对这座自己从未居住过一天的园林别具一番情愫。

离龚易图整治芙蓉园的清代光绪年间过了半个多世纪，春馨颜料店的老板柯桂藩购买了这座已经衰老的园林正座。艰难的修园正处于抗日战争时期，他下水打捞因日军飞机投弹而震落水中的假山石时受寒，并最终死于肺病。

"文革"时芙蓉园不可避免地遭受冲击，1969年扩建五一广场，福州体育场周边居民迁入，园内的藏书楼、白云精舍、仙爷楼被隔成一间间小屋安置百姓；大院东南角的岁寒亭被围成小屋堆放杂物；假山洞成了鸡鸭寮……20世纪70年代后期，为了修复西湖园林，芙蓉园的假山石一块块被撬起运往西湖，让你仅能靠残留的边角与老福州人的解说，来追寻当年的奇石嶙峋。

站在芙蓉园外听老福州们一声声惋叹芳踪难觅，欣慰的是修复已经开始，这座建于宋代的古园林，很快将恢复往日光彩。

双骖园：昔日藏书甲于闽

出自福州晚清园林家龚易图之手的，除了正在修复的芙蓉园，还有双骖园与环碧轩。

双骖园曾坐落在榕城乌山西南麓，今乌石山省气象局院内。走进省气象局院内，几棵葳蕤挺拔的大树格外引人注目。如果告诉你，就在这几棵古荔枝树守护的地方，有座曾经名扬一时的双骖园，你一定会怀疑自己的眼睛，或者疑惑厚重史料中的记载。

探访双骖园这天的傍晚，遇到的好几位白发苍苍的老者，一听我们问双骖园，个个头摇得如拨浪鼓一般。80多岁的张老伯，摇着大蒲扇，站在昏暗的路灯下回忆他在这个地方几十年来见过的风景。尼姑庵、观音庙，甚至一棵夭折的小香樟都能从记忆里翻出来，但他唯独想不起、也没有听说过，在这乌山西南麓曾有一座藏书甲于闽省的双骖园。

但对"老福州"郑子端而言，聊起这座已无迹可寻的园子，却又能道出不少美丽的传说。关于双骖园名字的由来有个民间传说。据说建造双骖园的龚易图是个美男子，因长相俊美曾被京城的达官显贵传召。从福州到京城道路崎岖，为能及时进京，龚易图特意挑选了两匹快马，马不停蹄及时到达了京城。为感谢这两匹骏马，返回福州后他在乌山修建的园林内将马儿们供奉了起来，"双骖"成为园内的宝贝，后来便有了"双骖园"之说。当然也看到另外的提法："双骖园"典出《诗经·郑风·大叔于田》"两骖如舞，两骖雁行，两骖如手"，龚易图将此园命名"双骖"，意为以书会友，奇文共赏，达到学识俱佳。

双骖园的命名是否真与两匹骏马有关无从考证，但此园当年拥有的藏书之多之精，却着实一度名扬榕城乃至闽省。福州拥有众多的藏书家，龚易图即为著名的藏书家之一，他在双骖园收藏有数万卷古籍，其中不乏宋刻、元明清善本。林纾曾以"白云朝夕异，明月古今同"题福州双骖园。

环碧轩：闻名八闽的三山旧馆

环碧轩，又名三山旧馆，位于北后街西湖畔（今西湖宾馆所在地），曾占地40多亩，是清末以来福州最大的私家园林，园林胜景甲于闽省。至今，我们还能从西湖宾馆内探寻到它的几分古朴、幽深与神秘旧迹。

龚易图与三山旧馆之所以闻名整个八闽，据说与龚家后代的一段奋斗

史不无关系，这段历史一度成为坊间教育孩童用功读书的成功案例。

龚易图出生后，因父亲早逝，家道中落，祖屋被典押给了邻居。当时的龚家度日艰难，曾有亲友劝这对孤儿寡母卖断房产，这使年幼的龚易图深感凄凉。他自此勤勉读书，二十出头就中了进士，任官后不仅赎回了祖传的池馆，还将祖居扩地，增筑园庭精舍。

兴建池馆时，龚易图精心设计规划，大兴土木，尽转弯曲之致，极朱垩丹漆之华，擅亭榭花木之胜，令该园林一时"胜景甲于闽省"。园子修建好之后，龚易图为园林题名"三山旧馆"，意思是不忘旧。因为四周都是绿树碧水，龚易图将池子旁边的一座房子称为"环碧轩"。之后，环碧轩就成了这座龚家宅院的代称。

曾在这座园林里度过欢乐童年时光的龚钧智老人，笑着告诉我，他还记得当年在接待外宾的外花厅——花四照厅的宽广天井上，吃着荔枝在石板栏前赏鱼的愉悦。要说这座园林最引以为傲的，是龚易图的长媳杨韵芬，参考环碧轩的园林设计，照着《红楼梦》里的描述制作出了大观园的模型。这位嫁入龚家的江南媳妇，进入环碧轩生活后，欣赏这座园林之美，不知哪天起了兴致，也学公公勾画起了自己心中的园林。于是，一座华美精巧的大观园模型就这样出来了。

据龚家后人讲述，这座在环碧轩里完成的"大观园"模型，制成后曾在环碧轩的大通楼含晶庐中展出供亲友观赏，1935年曾从福州运到天津公开展出，1937年又运至上海展出，盛极一时。只可惜"8·13"日寇侵沪，模型毁于炮火。

1952年，环碧轩被征为省政府招待所，1953年又改为"省人委交际处"。几十年间，经过多次的修建、扩建并改名，昔日的环碧轩成为今日的西湖宾馆，园内原有建筑仅留下一座白洋楼，且因多次改造不复原先模样。曾经甲于闽省的环碧轩，仅留下一些依稀残存的细节……

半野轩：藏于闹市之中的清幽庭院

在福州北大路与华林路交叉路口处，有一座还能依稀辨认出园林格局的旧园——半野轩。

半野轩位于古北门下古埕，原为福州最早的寺庙——晋代绍因寺旧址。据考证，清初，萨氏入闽第九世祖萨容，步入仕途之后，携家眷，迁居于北门下古埕，将乾元寺旧址辟为别墅，沿用他在京师的寓所名称"半野轩"，意为身在朝廷而心系四方百姓。

这座与西湖宾馆大门隔街相望的古园林，清乾隆年间，便归吴氏所有，因此也被后人称为吴园。至光绪年间，吴继篯继承祖业，开始大兴半野轩，将其扩建成为享誉榕城的园林。吴家世代人才辈出：吴继篯的长子是陈衍的女婿、工诗善书的吴铎；次子是世界著名的生物化学家、1948年当选为中央研究院首批院士的吴宪；当今日本棋圣吴清源乃是吴继篯的侄儿。

20世纪30年代，吴继篯破产之后，不得不卖掉40多亩半野轩的三分之二，余下的三分之一后来也转成福建信托地产有限公司私园。抗日战争结束后，民国政要刘建绪、朱绍良、陈绍宽，以及中华人民共和国开国将领皮定均、熊兆仁、龙飞虎、程世清等人，先后都曾在这里居住过。

家住半野轩旁80多岁的丁老伯，回忆起曾经的名园，总会下意识地竖起大拇指，慨叹这儿接纳过的历史风流人物之多，园内的景致倒是极少赞美。他只是唏嘘，这座私家园林从前可不是平民百姓随便可以进去观赏的。中华人民共和国成立后，丁老才常进这座院子来逗鸟、喝茶、聊天，他说："以前住在这里的人，都喜好养鸟，茶余饭后，这些人都会带着自己心爱的鸟，在园中散步。"

只是，等普通百姓都能转进拱门入园后，这座古园林沿水塘的小径已不见"两旁数十株梅花夹道，红白相间，石凳石几布置井然"，也不见"绕池建亭台楼阁，花木香艳，山石玲珑"……

在丁老伯的带领下，终于在北大路最北端见到了半野轩。

走进一个空旷的停车场，绕过一堵残破的垣墙，映入眼帘的景致，让人有种"柳暗花明又一村"的惊喜。当年园林的遗迹，除了尚存鱼池数亩，还有一座石构钓鲈桥、一座石柱五角亭、一方上有吴继篯题刻的假山石，以及古树和少许木构游廊。

方形长池，足有十余亩，碧水悠荡，给人一种"一碧未尽，万籁无声"之感；低垂的古榕，绵绵不绝地伸向广池中央，仿佛见证了这里曾经发生过的一切；位于庭院内的五角亭，让人禁不住想在此歇息，品几杯清茶，而石柱上留下的诗句，似乎也在诉说着庭院昔日的胜景：古朴的青砖墙、精致的红木窗，四周有芬芳的奇花异草和葱郁的名树所映衬；池水中央，几只停歇的候鸟，在水中静默而立，仿若要引人跌回到久远的岁月。

"夏天最热的时候，你走到凉亭来，就能感觉阵阵清凉扑面而来！"在这座古园内一家会所上班的外地小伙子，得意地对我们说。

丁老却叹息道，那是因为外地人不懂得这座园林曾经有多美！"不曾知道美人当年有多美，又怎会惋惜她的迟暮？"伤感的同时老人又奢望，半野轩尚存的美丽还能多保存几年，让更多的人领略个中韵味……

福州有石贵胜玉

余斯伟

清康熙名士高兆《观石录》载："宋时故有坑，官取造器，居民苦之，辇至巨石塞取坑，乃罢贡。"说明宋时，人们争相开采精美的寿山珉石以作贡品。他记述道："谢在杭布政常称之，品艾绿第一。"谢在杭即谢肇淛，为明万历进士，官广西右布政使。万历四十年（1612），他和舅舅、好友陈鸣鹤三人一起游览外三山，作《游寿山九峰芙蓉诸山记》，并有《寿山石》诗记叙寿山石，可知明时榕城人对寿山石的热爱程度。

清朝福州人玩石十分风靡。高兆写道，入清以来，福州的"名流学士，怀瑾握瑜，穷日达旦，讲论辨识，锦囊玉案，横陈斋馆"。福州人玩石之风气也感染了来福州宦游的许多外地文人。其中，最为有名的是浙江萧山人毛奇龄。他曾任翰林院检讨、明史馆纂修官等职，人称西河先生，著书甚富，尤好说经，为清初大学者。他于康熙二十六年（1687）三月曾客寓福州开元寺。自云："予入闽最晚，不敢妄觊下品，然私心欲得上品一观而不得。"他对寿山石产生浓厚兴趣，并寻得数十枚珍品，赏玩研究，见友人高兆《观石录》后，写了《后观石录》。两文被国人誉为"双璧"。他在文中记述闽人追寻寿山石疯狂至"山为之空，近则入山无一石矣"，还提出"以田坑为第一，水坑次之，山坑又次之"的欣赏鉴识标准，记述闽人为田黄石"辄转相传玩，顾视珍惜，虽盛势强力不能夺。石益鲜，价值益腾，而作伪者纷纷日出，至有假他山之石以乱真者"。

在福州人的心目中，寿山石是块神性的珉石，它的石质脂润凝结至正至纯，它的石色七彩流光、晶莹透亮，它的纹理斑驳琳琅，无奇不有。它产在离城仅40公里的寿山重峦覆涧之中，相传是女娲补天时遗下的神灵之

石，具有造福人间的神力，是帝王贵胄、文人百姓共同倾慕的"石帝""石后"，是"君子"的化身，具有人间最美的"仁、义、智、勇、洁"之品格。尤其是寿山石中的极品田黄石，被明清帝王尊为皇权象征、社稷之器，其石质有着"细、结、润、腻、温、凝"之赞誉。

在福州，"乾隆一梦，情钟福寿田"的故事家喻户晓。清朝历代皇帝都用田黄石来雕刻印玺。乾隆对田黄石尤为钟爱。传说一次南巡，乾隆在行宫里梦见朱元璋提了大笔，在一张黄纸上写了"福、寿、田"三个大字后，向他扔了一块石头。乾隆大惊醒来，原来是南柯一梦。于是，传旨随行群臣圆梦。众臣七嘴八舌，说东道西，乾隆都听不进。最后一个老太监说："此乃天意所归。"乾隆问："为何说是天意所归？"太监说："奴才是福州人。福州城北寿山产有田黄石，它浑身黄色，出在田中，应了'福、寿、田'三字。前朝明太祖朱元璋曾用田黄石雕刻御玺。如今朱元璋把这块宝石扔给了你，正说明你稳坐龙椅上了！"乾隆听罢大喜，从此每年祭天都要供奉田黄石，而且还选用田黄石雕刻乾隆田黄三链章。而"福寿田丰"则成为清朝盛世的好兆头。

自宋代以来，寿山石成为朝贡品。所以来闽官员多是千方百计寻觅好石进贡给帝王贵胄。自然田黄石更是身价倍增，当时就有"一两田黄三两金"之说。

清末民初，中国的印章文化十分发达，为了顺应潮流，福州寿山石雕技艺发展极快，并形成了西门和东门两大流派。尤以西门派的林清卿最为突出。他承继了杨（玉璇）、周（尚均）之法，将西门派浅浮雕的雕技加以改进创新，巧妙地将国画的画韵融进了浅浮雕的印体雕刻之中，形成一种独具魅力的寿山石薄意技法。这种薄意有效地保存了寿山石的自然石形、质地、色彩、纹理，巧妙地运用印石上的"瑕疵"，掩饰了印石裂格等缺陷，让章体之上的图案显得更加自然生动、画意盎然。而更奇的是，当人们将章体的四面图像拓印下之后，这些图像竟然连成一体，成为一幅奇妙美丽的国画。它既有传统中国字画拓片的意味，又有着一种前所未有的雕刻韵味。这种技法惊动了国人，寿山石薄意印章被人竞相购买，出现了"洛阳纸贵"的市场浪潮。

寿山石是亿万年前火山熔浆冷却结晶的产物，它的形成与当时的山体环境以及后期的山体压力、地下水和围岩等因素有着直接的关系，所以就是在同一个矿洞中，那不同围岩中产出的寿山石也有上、下、优、劣及色彩纹路、石质纯度不同之差异。根据儒家评判标准，玩石者们现在一般认为"细、结、温、润、凝、腻"是寿山石优劣之基本标准，当然还公认"物以稀为贵"的田黄石、水坑石和荔枝冻等部分山坑石可列在好石之首。

入清以来，闽人认为好石的色彩与纯洁度十分重要。即好石应是正色与纯色。中国人崇尚正统，崇尚"五行正色"，认为纯正的青、红、黄、白、黑最为尊贵，可用于"贤教化、道德仁义"。清顺治进士、康熙时任刑部尚书的王士祯，在《香祖笔记》上曾评："闽寿山石出，质温柔、宜镌刻。而五色相映，光彩四射，红如靺鞨，黄如蒸栗，白如珂雪，时竟尚之。价与灯光石相埒。"说的就是清人认为色正、色纯、洁净无瑕之寿山石当为好石。

在现代，人们对石质、石色纯洁度要求放宽了，认为有两种或多种色彩的纯度和细嫩度好的山坑石，均可列入好石之列。因为色彩丰富的山坑石，可为石雕艺人带来更多的艺术想象和腾挪雕琢的创作空间。

福州是历史文化名城，其文化积淀深厚。福州先民在新石器时代已开始使用寿山石器了。中华人民共和国成立后，在多座南朝古墓里出土了用寿山石雕刻的明器石猪。在寿山村，唐时僧人们在高山开石的和尚洞现在依然存在。宋时，厚葬习俗推动了福州寿山石雕业的发展，寿山石雕与瓷器、纸扎等成为当时冥器业的重要组成部分。元、明、清时，中国进入了石章时代，天生丽质、柔而易攻的寿山石更成为中国印章用材中的佼佼者。福州海上丝绸之路的开辟，更使得寿山石雕业日渐兴盛。

自古以来，福州地域的历史人文环境，对这种使用当地石材生产的寿山石雕刻品一直有着巨大的影响。石雕艺人们顺应福州人的生活需求和审美追求，制作生产了众多以地域"福"文化为内容的石雕作品。东、西门派艺人们在众多圆雕、浮雕、钮雕、透雕等工艺品上，除展现福州人对"福、禄、寿、喜、财"的"五福"文化的追求外，还将福州本地的历史典故、戏剧故事、民间信仰、佛神道仙、科举孝道、民间传说等内容呈现在自己的

作品之中，以适应福州人对真、善、美，对和谐、圆满生活的向往与祈盼。福州人热爱家乡，常称榕城为"有福之州"。所以，在寿山石雕作品中，以"福"直接冠名的比比皆是。

林则徐尤喜家乡的寿山石印章。现在福州市博物馆收藏有他的名字章"臣林则徐""少穆"和闲章"长君子心""身行万里半天下""大富贵亦寿考"5枚。据说他还亲自篆刻"宠辱皆忘章"带在身边，与老友邓廷桢共勉。民国国民政府主席林森回福州办事，还特意到总督后街"青芝田"购买"艾绿石"。女作家冰心对家乡寿山石情有独钟，曾请篆刻家周哲文篆刻印章"谢公最小偏怜女"。1983年，冰心托回福州的亲人捎回两方寿山石印章，请篆刻家陈石刻闲章，收到闲章后，特意从北京寄来三册《冰心文集》并亲笔题签致谢。

古往今来，许多外省文人和印人对寿山石非常推崇，他们纷纷赋诗吟赞寿山石。清康熙大诗人王士禛与朱彝尊并称诗坛"南朱北王"，两人俱是奇石收藏大家。朱彝尊见到寿山石后爱不释手，发出惊叹："剖之玫瑰具五色，他山之石皆卑凡。"同为浙江人的进士、诗人查慎行，也写有《寿山田石砚屏歌》，道："天遣瑰宝出闽中。"赞颂艳丽精美的寿山石："银河中倾泻激水，灌顶倒擢崔嵬峰。寒光通透月两面，高势喷涌云千重。长擎夜烧烛焰红，表里映彻疑中空。"

自古以来，名人文人喜爱寿山石。他们为精美的石头注入了深厚的文化内涵，使这种质朴的天然珉石绽放出前所未有的文化光彩。

"客有试墨翰林，挥毫文囿，画出炊烟，吟成锦绣。"这是清代何青芝《寿山石图章赋》开篇之唱，诗人道出了当时文人雅士赏玩寿山石图章的情景。他们自己拟写印文题款，自己在方圆扁平、大小不一的寿山石图章上雕刻，发挥着会画、能书、善吟的才华。他们舞文弄墨，将急就的"新笺""行款"，或配以丹砂，或"文新雕乎篆籀"，或相互探讨修改，"随绢素以咸宜"，"直待吟题得意，教陪珠玉行间"；而后，自己提刀篆刻"字摹蝌篆"，将"垂露之文""月晕双钩""簪花之格"镌刻在印石之上，那"游刃之从容""钮压螭文，待分肌而擘画"的高超诗书画印艺术，直令"南宫学士心醉他山"，"东阁诗人名留片石"。接着，再用自己刻就的印章沾上红红的印泥"浓钤蝴蝶之图"，"焕乎其有文章"。最后，将自己整治好的"绿晶艾叶，红擘瓜瓤，苹婆雏碧，杏子凝黄，腻剪桃之骨，津生翡翠之肪"的各式图章，与珊瑚笔架、玳瑁书床等文房秘宝放置一起把玩珍藏，从中领略"石刻成章，自益三生之摹"的文雅情趣。

明末清初，"购以囊金、珍如拱璧"的文化人推动了中国印石文化的蓬勃发展，这时的石章造型、雕刻技法、表现形式，以及对印石的选择、鉴识、保养、收藏等方面都是任何时代难以比肩的。在清康熙、雍正、乾隆等帝王的推崇之下，南方出产寿山石、青田石、鸡血石等印石的省份，先后形成了多个篆刻艺术流派，主要有文彭的吴门派、何震的皖派、丁敬的浙派、程邃的歙派、黄士陵的黟山派、邓石如的邓派、赵之谦的赵派和陈子奋的闽派等。他们将古印文、镜铭、陶砖、石刻、碑版列为研究对象，将古文、金文、碑版上的古代文字引入篆刻创作，追求古拙多变、多元化的篆刻意趣，有力地推动了篆刻艺术的发展。

中国传统印章雕刻可分为上部印台、底部印面和中间印体三大部分。印台雕刻技法主要有纽雕、博古、线刻等，印面篆刻的文字多采用篆文，也有籀文、金文等，近代也采用行、楷、隶、草等书体汉字篆刻。印体行款篆刻字数长短不一，书体变化较多。清末民初，印体修饰雕刻更加讲究，出现了以林清卿为代表的薄意技法，同时，印纽部分的雕刻也更加精致了。尤其是颜色丰富的寿山石、青田石等石章上的取俏技术有了很大的发展，由各地艺人加工而成的印纽丰富多彩、五光十色，印章的纽雕技艺的美术性和欣赏性有了极大的提高。

中华人民共和国成立以来，福州的寿山石雕的纽雕艺术有了极大的发展，出现了以中国工艺美术大师周宝庭为代表的艺术大家。他将"十年动乱"中被焚的《古兽百图》重新雕刻成印章或古兽摆件，将福州寿山石纽雕艺术的最高境界展现在人们眼前，从而轰动了中国艺坛。

寿山石艳丽温润，柔而易攻，在元明时期成为中国人最抢手的印石名材，文人在石章上篆刻之风盛行。继明代篆刻大家文彭之后，何震、苏宣、汪关、朱简等在强调师法秦汉宋元的同时，在刀法、篆法上融入个人风格，形成了各具特色的流派。清代中期，金石考据学风行，更多的文人参与印

章篆刻的创造，技法日渐丰富，出现了丁敬的浙派、邓石如的皖派，其切刀刻印的方法和书法入印的风格对以后的印坛产生了直接深远的影响。

福州是寿山石的故乡。清至民国，大量石美价廉的寿山石进入全国各地市场，各省印人广泛采用寿山石治印。清时，周亮工的《印人传》载：闽省篆刻者17人，有莆田派、漳浦派、林鹤田派及无入派篆刻印人之分。民国张宗果著有《闽中印人传》，收入篆刻名家多达47人。现代，潘主兰著有《近代印人录》、马国权著有《近代印人传》。林乾良《福建印人传》记载的福建印人多达413名。1900年以前出生者，如黄葆成、郭则豫、陈子奋等，共30家；中期系1900-1939年间出生者，如潘主兰、周哲文、谢义耕、郑孝禹等，共128家；近期指1940年至1969年出生者，如林健、石开、陈兆育、傅永强等，共146家。

陈子奋（1898-1976），字意芗，福建长乐人。为闽派篆刻家代表人物。《近代印人传》载："子奋先生之篆刻，其成就不亚于国画。生平治印，以数千计。早岁刻有《水浒人物》《百将》《百美》及《剑侠》之印谱，晚年复成《百花》《爱国诗人》《画中九友》《地支图》等谱，均获时贤推许。"诗人陈衍评其印曰："融冶、皖、浙二派于一炉，而追慕秦汉，瘁心力以赴之，故其笔力苍劲深厚，骎骎乎淹有完白、冬心之长焉。"大画家徐悲鸿曾以《伯乐相马图》赠陈子奋。在题记中记云："戊辰夏尽，乃识陈先生意芗，年未三十，已认篆名其家，为余治'游于艺''长成页颔亦何伤''天下为公'诸章，雄奇遒劲，腕力横绝，盱衡此世，罕得其匹也。"又致其函示印云："足下于印，固无所不可……当代印人，精巧若若钱瘦铁、丁佛言、汤临泽等，亦时有精作，而雄浑则无过于兄者。"

子奋先生著有《颐谖楼印话》《寿山石小志》《甲骨文集联》《籀文汇联》《古钱币文字类纂》，为中国印界所推崇。

潘主兰（1909-2001），福州人。2001年6月荣获国家书法专业学术奖"书法兰亭成就奖"。

潘主兰先生年未弱冠就跻身诗坛。1943年成为南社社员。他坚持诗须流露真情，须济社利民，指出："非关风化吟，虽工究何补？"他一生撰写过多首赞颂寿山石及其雕刻艺术的诗词，都被广泛传唱。他的《寿山石》"吾州特产图书石，斑驳纷呈溯寿山。倘使南宫在今日，来时拜倒不思还"被镌刻在寿山村都成坑山的矿洞口崖石上。

潘主兰书法，以甲骨文为最，"其一种清刚、流畅而又活泼、不羁之韵趣，为他家所不及。其他如钟鼎、小篆等，虽有而不多见。又从汉碑、汉印，悟出一路方块形篆。虽不及齐白石之奇肆，而古朴华滋固不多让焉。楷书、行书则端严、典雅，的系学人笔墨。晚年之作益现自家面目，纯任自然如八大，绝无烟火气。"潘主兰甲骨文四长卷曾入选中国印学博物馆之诗展。

周哲文（1916-2001），福州人。幼家贫，14岁投军，司笔墨事，开始与刻刀、印石为伍。他曾与西南联大董作宾、沈从文、林图南执经问道。曾访徐悲鸿，以印相赠。曾与乔大壮、熊耀球、马万里、唐醉石、马公愚、韩登安、潘天寿等书画篆刻家结交，切磋篆印之艺。

高茶禅曾评周哲文治印之艺："周君使刀如笔，若其排比章法，自创一格。挪移增减，咸得所宜。朱白各文，尤臻神妙，骎骎乎出入秦汉。"

寿山读石记

吴丹艳

寿山石是一本大书

寿山、芙蓉山和九峰山被称为福州的"外三山"，山高都在海拔1000米左右。山山相接，连绵几十里，其中寿山和芙蓉山更是以盛产璞石而闻名天下。

从广义上说，寿山和芙蓉山所产的可雕刻璞石都称为"寿山石"，其特点是七彩流光，柔而易攻。据地质学家研究，它的形成是在距今约2亿3000万年到2亿7000万年前的一次火山喷发，喷涌的岩浆伴有大量酸性气体、液体，分解了岩石中的长石类矿物质，排除钾、钠、钙等杂质后，残留下来的较为稳定的硅、铝质溶胶体，或重新结晶成矿，或沿着周围岩石的裂隙沉淀晶化，从而形成了现在我们看到的寿山石矿。

寿山由许多连绵起伏的大山组成，诸如旗山、柳岭、猴柴山、旗降山、黄巢山、高山、坑头占山、都成坑山、栲栳山、狮头山、芙蓉山、峨眉山、加良山等，此外还有许多没有命名的小山。车沿着公路行驶，可以看到山上有许多矿洞，有旧的，也有新的。在坑头占山"石王亭"的旁边就有一个坑洞，清澈的山泉漫到了洞口，但洞却是往水底下延伸而去。这是一个典型的"水坑"矿洞，所产的矿石质晶莹、性纯洁、色娇妍，称为"晶石"或"冻石"，诸如水晶冻、鳝鱼冻、牛角冻、天蓝冻、桃花冻、玛瑙冻、环冻、坑头冻、冻油石等，都是寿山石中的上品。但因为矿石长年沉浸在水坑中，不便开采，令人望洞兴叹。

水洞的附近有一个"山坑"洞，旧洞已废，却依然可以让人一睹矿洞的风采。我们在洞里看到了细细的寿山石矿脉，莹莹发亮，夹在岩石的缝中，宛如一块大饼夹着一层冰糖的馅。哦，我恍然大悟，原来2亿多年前寿山石就是这样被怀抱在岩石的母体里。因为这层的"矿线"太小了，石农们先是发现了这样的"矿线"，然后顺着"矿线"再找到较大的"矿脉"，才大有收获。

寿山石观光洞

寿山村的东南面有一座大山，称都成坑山，产有晶莹的都成坑石，为寿山石家族中的佼佼者。宋《三山志》云："宋时故有坑。"指的就是都成坑，说明早在北宋时期，就已经有人在山里挖坑凿石了。因此宋代黄榦有《寿山》诗曰："石为文多招斧凿，寺因野烧转荧煌。"北宋之后，寿山村石农不断在山里挖洞耕石，在凿取美丽寿山石的同时，也造就了一座又一座无比辉煌灿烂的地下宫殿。前些年，寿山村的石农们想到，要是能把寿山石原洞大白于天下，不是一个很好的旅游景观吗？于是"寿山原洞观光线"亮相于世。

汽车沿着山侧盘旋而上，半山腰有亭翼然，称"望远亭"，有联曰："寿山石头常登榜，地下宫里早生辉。"转过望远亭，观光洞就蓦然扑入眼帘。

这个洞称"琪源洞"，便是"琪源洞都成坑石"的产地。琪源洞原来是古代已经采过的一穴废洞。1947年有个叫黄琪源的石农，因为避雨躲在废洞里，忽然一阵电闪雷鸣，洞穴里闪闪发光。黄琪源恍然大悟：这不是他苦苦寻觅的寿山石脉线的折光吗？第二天便率领全家男女到洞里去，而后是盈月不出。

一个多月后，寿山村有了条爆炸性新闻：黄琪源在废洞里挖到了为数可观的精美寿山石。福州的寿山石贩们争相抢购，让黄琪源扎扎实实地发了一笔大财。自此废洞不废，被称为"琪源洞"。有趣的是在清理古洞开发观光线时，还发现有许多优质的都成坑石，其中一块重达200多斤，纯白色，价值人民币四五十万元。还有一块稍薄，但面积比前者还大，红白相间，精美绝伦，其价值自然就更高了。

琪源洞足可以让一个高个子的人挺着腰走路。现在的琪源洞经过整修，

已经同坤银洞、元和洞等洞洞相通了，总长四五百米，左弯右转，斗折蛇行，忽上忽下，有无限的野趣。有一个洞是垂直向下延伸的，虽然已经用栅栏围了起来，但隔着栅栏往下看，仍然令人毛骨悚然。真难以想象，当年的石农们是如何站在轱辘上下去凿石取宝的。

在观光洞里走走停停。往前看，有灯光星星点点；回头望，走过的路却迷迷蒙蒙。身边有数不清的脉线在熠熠闪光。更有趣的是脚下用寿山石渣铺垫的路，偶然还有一两块寿山石的真品。弯腰一探，果然是一块100多克重的乳白色的都成坑石，令人好不高兴！

美丽的田黄溪

到寿山自然是不能不到寿山溪，它是孕育田黄石的温床。田黄石被称为"石王""石帝""天下第一石"，据统计，清代帝王用的印玺中有三分之一是用田黄石刻成的，如乾隆皇帝的"三链章"等。

寿山溪是一条美丽的小溪，源于高山的北麓，经寿山村，然后东流到连江潘度溪汇敖江入海。其中从高山北麓的坑头到寿山村里的结门潭一段约8公里的溪流以及溪流两岸的田地里，产有田黄石，因此被称为"田黄溪"。"田黄溪"分上坂、中坂、下坂和碓下坂。上坂所产田黄石色淡而质灵；中坂（至铁头岭）所产田黄石色浓质嫩，品质最佳；下坂（坑头、贝叠两溪汇合处之下游）所产田黄石色如桐油，质地凝腻；碓下坂（靠近碓下）田中偶有田石，质多硬而粗，色泽暗。

古代寿山石研究专家说，田黄石无根而璞、无脉可寻。也就是说，田黄石没有固定的矿体，而是游离母矿单独存在的掘性独石。因此我们有理由认为田黄石的母矿就在坑头上面的高山石矿。高山是寿山村的主轴山，产有30多个品种石，质量高，藏量大，开采早，其中有"掘性高山石"，肌理有萝卜纹，极似田黄石。掘性高山石，其实就是田黄石，不过没有田黄石那样炉火纯青罢了！

从高山石成为田黄石要经过非常长时间的磨炼。可以想象，高山石的母矿受时间和风雨的洗礼而崩溃、游离为碎块，滚入山坳或溪流，再经过长时间的滚爬搬迁和酸化，在山坳里的就成为"掘性高山石"，滚到溪里去的就成为田黄石。"掘性高山石"在寿山溪里受水流的冲击，不断去杂质，剩下的就是最纯真的矿石，再经过石头和石头之间不断的碰击以及水流的磨炼和泥土的酸化，就变成浑圆、无棱角、有萝卜纹、黄皮肤的田黄石了。每当山洪暴发，这些田黄石又被冲到溪流两岸的水田里，或深或浅地埋在黄泥土里，从此"养在深闺无人识"，日积月累，受到土壤的酸化更彻底，因此颜色和质量更为上乘。

由于田黄石的珍贵，自古就有"一两田黄三两金"的说法。摆在面前的现实是：田黄石愈来愈少了。有趣的是在田黄溪上坂的溪段，离坑头山300多米的地方有两亩水田，被认为是田黄石"未被开垦的处女地"。原因在于，20世纪70年代寿山村实行种田责任制，这两亩地分给第四生产队农民黄日财作为责任田。队委会决定，只能种田，不能采石。黄日财遵守诺言，于是这两亩水田里的田黄石在30年左右的时间里，未曾被采掘过，成为还可能有田黄石的最后两亩神圣宝地。

田黄溪水成年累月汩汩地流着。我们挽起裤管，到溪里摸起田黄石。溪水清澈透明，无遮无拦，一眼就可以看到溪水底下那像小片肥皂一般的鹅卵石，但一捞起来，却不见得通灵透彻。虽不是田黄石，但我们却总感到似乎有一种田黄味。

寿山石文化街和中国寿山石馆

寿山村有寿山石货栈：前村售图章石，后村售砚石。清代高兆的《观石录》载："好事家，伐石于山者凡三月矣。日数十夫，穴山穿洞，摧崖为谷，逶路之间，列肆置侩……"以后渐渐集中到后村，有五六十家。寿山街的寿山石商铺多前铺后坊。前面卖自然石或是粗加工原石，五彩斑斓，玲珑满目。后面是寿山石头粗加工的工场，常是锯声霍霍，凿声当当。近年寿山村被建为"寿山石文化村"，整治街面，仿古装修，古色古香，因称"寿山古街"。有100多号的铺子，多有雅致的店名，诸如翠石斋、珉石玉、品石阁、万石屋等。商号里有已经雕制成的工艺珍品，也有未加雕饰的原石，琳琅满目，令人流连忘返。更能让人陶醉的是这里的价格都出奇地便宜，特别是原石。于是我们争相倾囊而购，回去后好有个凭窗拥几、怡神读石的机会。

转过文化街，我们最后落脚在中国寿山石馆。这座建成于2001年的展览馆，主体建筑面积3200平方米，白色的外墙和红色的屋顶醒人眼目。寿山石馆共3层。第一层介绍寿山石文化的历史，有大量的照片和文字资料，其中最令人感兴趣的是寿山石的形成过程，用庞大的沙盘来展示，万绿丛中有红色的火山岩浆在奔涌、在冲突，形象地再现2亿多年前寿山地区的地震活动。

第二层陈列的是200多个寿山品种的原石，琳琅满目。最珍贵的自然是田黄石。从田黄石、红田石、白田石、黑田石、硬田石、搁溜田石、溪管田石、金裹银田石到银裹金田石，几乎所有的田黄石家族成员一应俱全。此外现在市场上濒于绝迹的寺坪石、艾绿石和新发现的汶洋石等，在这里也能一睹其芳姿。

第三层展示了许多寿山石雕的精品，这也是寿山石馆的最精彩部分。原本是那么朴素、敦厚的石头，经过雕工的精心雕琢，显得巧夺天工，璀璨生辉。你看：一朵朵的花在招蜂引蝶，一尾尾的鱼在摆尾漫游，一座座的山高插云天，一条条瀑布万丈垂悬，一条条龙腾云驾雾，一只只鸟高鸣飞翔。还有观世音端庄肃穆，铁拐李憨态可掬，十八罗汉威武雄壮，三十六金刚怒目圆睁。当代寿山石雕刻大师郭功森的纽雕龙饰，纤细精绝，登峰造极。此外还有周宝庭的《二十八宿》、江依霖的《田黄秋韵》、冯久和的《含香蕴玉》、林发述的《醉人童真》、刘爱珠的《寻梅图》、郑明的《鲤鱼戏水》、郭祥忍的《丝瓜与蝉》等，连曾被选为中国和马达加斯加邮票图案的寿山石雕作品，我们都可以在这里见到真品。从展室里出来，我们倚着寿山馆的栏杆远望，前面便是澄碧如镜的田黄石湖，隔着湖水是田黄石中心广场。花树扶疏，绿草成茵，其间缀以飘飘的彩旗和鹅卵石铺成的甬道。好一个寿山石的大观园！

杨玉旋与明清寿山石雕

王毅霖

时间与空间是一对非常有趣的范畴，在人类文明的长河里，二者相互生发，创造了璀璨多姿的文化历史。说来有趣，缘于数千万年的某一次火山大爆发，成就了我们今天得以讨论和阐述寿山石文化的契机。

寿山石作为雕刻的历史，可考证的最早时间是在南朝，那几个南朝墓葬中出土的寿山石卧猪，造型朴拙大方，刀法简单凝练，表明距今大约1500年以前，寿山石已然成为随葬雕刻的石材，亦成为寿山石雕刻史上最早的范例。大概发展到宋代，这种随葬工艺得到广泛的普及。而作为民间艺术品并传世较多的，当是明代开始。

在寿山石雕刻艺术史上，第一位可考名字与作品的雕刻家是明末清初的杨玉璇。历史，除了宏大叙事，更多是由许多偶然性组成，除了一些被载入史册的，许多散佚的碎片往往发出同样熠熠生辉的光彩。关于杨玉璇这位古代工艺大师，除了一部分作品，以及同一时代人对其零星的艺术评价之外，可查的资料甚少，以至于许多专家学者在对其考究之时，破绽百出。当然，相比于之前的许多无名可考的工艺界英雄，又可谓幸之又幸。

大抵目前可考的文献有清初周亮工的《闽小记》《印人传》等。前者于"绝技"中载杨玉璇，言其能"一寸许三分薄玲珑准提像"。后者于卷3《张鹤千图章前》云："张鹤千日中，毗陵人，旧家子，学书不成，弃而执艺，从蒋列卿学雕刻鸟兽龟鱼之纽，比方汉人，多以牙与木为之，间出新意，颙顼蜿蜒之状，蜩蝲欲动。以予所见，海内工此技者，惟漳海杨玉璇玑，为白眉，予《闻（闽）小纪》中称为绝技，鹤千亦何让玉旋（璇）哉！鹤千篆印全抚文国博，大为三吴名彦所重，家赤贫，有欲得其手制者，伺其食阙，

则携粗粮谋之，亦遂肯为人作，若窥瓮有少粟，则又挥不顾矣。方侍御邵村语予如此。玉璇年七十余矣，此技当恐终属鹤千耳。"文中评论张鹤千印章雕纽的艺术高度及为人品性，尽管杨氏只是作为陪衬而提及，却无意间透露出重要的年龄信息。

显然，仅凭《印人传》，无法确定杨玉璇的确切出生年月，但大致的年限，不会差距过远。这位名噪一时、声溢朝野的工艺师大致生于明代末期的万历年间，而主要活动于明末清初。

关于这一寿山石工艺界的耀眼之星，家乡人显然已经淡忘日久，家族的族谱没为其空余出一个合适的位置。在其故里漳浦佛坛镇，家乡人对于这位游子，有如放飞出去又断了线的风筝一样，没有过多的音信，仅在口口相传的记忆之中，若有若无地存在相关细微信息。考据这种缘由，一个历史的大事件挺身而出，为这种信息链接的中断埋单，那即是清代康熙年间的迁界政策，在漳浦佛坛镇杨家族谱里，关于迁界前后数代先祖的记载早已散失。

一些专家甚至做出猜想，认为杨玉璇定是在迁界政策下，生计出现了问题，不得不出走于省城。猜想并非完全没有可能，但在年龄的比对之下，这种猜想显得过于牵强。显然，康熙年间的杨玉璇，已经六十几岁，在古代，接近古稀之年，可谓垂垂老矣，其艺术成就早已盛誉满天下，并争相被作为朝廷的贡品而被追捧，何来与迁界相干？

除了工艺师的具体生卒年外，我更感兴趣于其背后的艺术生态环境。回到大师生活的时代，几个醒目的名字浮出水面，明末大儒黄道周（1585-1646）、反清复明名将郑成功（1624-1662）等。二者异曲同工，前者成为时代标杆，英勇就义，殉节于一个倾倒坍塌的朝代，并作为漳浦文艺界历史以来的巨匠深受后人敬仰；后者在东南沿海呼风唤雨，对抗一个游牧民族统治的朝廷，其反抗引起的迁界政策，更使东南沿海民众刻骨铭心地记住这一名字。

历史的大事件过于耀眼，如果我们把眼光投射到相关年代的当地石雕等工艺上，可能会有另外的收获。佛坛镇岸头村为明代杨守仁所立的万石秋卿牌坊与下坑村杨守仁墓葬出土的一对花岗岩明代加禄晋爵石像，大致可以看出这一时代当地或周边石雕的艺术水平。

前者因岁月的摧蚀，残破不堪，但其中万石与秋卿等文字至今依然清晰可见。牌坊主结构为花岗岩，雕刻的构建为青石，这两种石材，都是当地盛产的矿产资源。牌坊上部一侧现今残留一麒麟透雕构件，麒麟形象奇特，细节突显，张开的长嘴更凸显雕刻者的功力，四边布以藤蔓状的云纹。这种风格，似乎有别于当时中原一带的雕刻风格。

后者因墓葬出土，保存十分完整，两个1米多高的长方形石条上各刻一高浮雕人像，形象雍容大度，年纪在中老年间，一者手奉一鹿，另一者手奉一爵，动作舒缓沉稳，衣纹飘动凝练。翻动的宽袖底部和靴上层积的袍底厚实中见灵动，真可谓匠心独运。

除了这些具体的工艺案例之外，明代晚期的漳州经济与文艺的状况，可以为这一时期盛产文艺家以及工艺大师作一说明。

明代晚期，漳州月港崛起。小范围的月港又称漳州港，指今天的海澄一带的港口，大范围的月港其实是一个港口链，包含厦门港以及漳州诸多小港口。关于当时民间海外交通贸易的盛况，漳州相关史志多有记载。仅一海澄县，下海经商与应募者，年不下数万，更何况整个漳州地区。

可考的关于平和克拉克瓷的外销，就从明代中期起，由漳浦旧镇港入海。彼时的平和县，会聚景德镇与漳州当地制瓷与绘瓷的高手，甚至因接受相当数量的海外订单而受到域外绘画风格的影响。民族资本主义的萌芽与国际文化交流在这一时代共同生发，并渗透到一方的普通民众。整个东南沿海，特别是漳州地区，都能感受这种时代的经济发展与文化自由的信息。可惜这种发展势头在强烈的朝代更替之中，急转直下，迅速走向封闭。

杨玉璇当年离开故里，走向省城，定居于福州，甚至有专家声称其当过宫廷御工。可以肯定的是，传世的杨玉璇作品，基本都与宫廷有关，其作品多作为宫廷的贡品应无多大的异议，但其人是否为宫廷御用，目前没有可考的证据。在家乡经济与文化发达与自由的晚明，离开故土，到这一语言、风俗与闽南地区格格不同的省会，想必不会仅仅是为了生计，除了艺术上的追求，朝廷和地方官宦的需求可能也是一个重要的因素。

今天，我们重新梳理这段旧故，是为寿山石文化的发展厘定一个艺术脉络的源头。这位大量为宫廷制作寿山石雕的工艺师，因其落款成为第一个可考的大师。一段时间以来，我曾致力于考究为什么寿山石雕至杨玉璇始有落款的问题，但迄今为止，未能有所建树，深感遗憾的同时，也庆幸这位同乡先贤，从闽地南端的一个海边小镇，来到省会城市，并至今让许多同行的后人所敬仰。

其之于寿山石工艺的文化价值与意义，除了工艺的精湛之外，更重要的是，见证了民间工艺师文人化的倾向。这是一种文化自觉的追求，在这里，我们看到了工匠向艺术的自觉靠拢。在民族资本主义和政治文化需求的鼓舞之下，一个简单的年号和名款，道出的是工艺师的文化自信。

福州温泉概说

萨伯森

中国是世界上多温泉国家之一，福建是中国多温泉之省，福州是福建多温泉之市。

福州温泉所含硫黄之质较多，宜于浴疗。淳熙《三山志》云："崇贤里：天德二年，占城遣其国相金氏婆罗来，道里不时，遍体疮疥，访而沐之，数日即瘳。"此是古代福州温泉为外国人用浴治病见效之明证。

古代，福州温泉之温度甚高，最热者可以煮熟食品。据《三山志》云："崇贤里：地多燠泉，味甘而性热，气如硫黄，能熟蹲鸱。"可见福州之温泉可饮疗，而且芋头亦能煮熟矣。

福州温泉，古时只凿汤井汲汤，以供洗澡之用。故有内汤井、外汤井之地名。迨宋朝，始于汤井之上建筑屋宇。《闽都记》云："温泉坊内汤井：宋嘉祐七年（1062），郡守元绛阅郡图，得其名，往观之，浚其源，砻石为井，揭宇环之。重修温室四，中有振衣亭，浣日（谨按：指旬日）一启，非衣冠不许游也。"后来逐渐增建亭榭，俨如别墅。《八闽通志》云："外汤井，俗呼官汤，堂宇亭榭俱完。"

宋代以来，不断凿井。据《竹间十日话》所载："福州府温泉十九处，闽县、侯官县，各有五处。"而《闽侯县志》分别详列，闽县范围云："温泉五。一在城中东隅，今名汤井巷，有石槽十，宋郡元绛建，中有振衣亭，后圮。一在城东门外易俗里晋安桥北，有四五窍，石凳，左、右两池。一在汤门外百步，名石槽。一在汤门外，河口，俗呼官汤，有屋覆之。一在崇贤里，数十步辄进一泉，或出河中，或出河口。"侯官县范围云："温泉五。一在八都；一在九都；一在二十四都，双髻山下，有二石池，一温一冷，名圣汤；

一在楼门外，名石壁；一在六都，宋名汤泉里，距城三十里，今有汤岭铺。"以上《闽侯县志》记载，约是清末民初之时，实际情况，后来温泉发展更多矣。

福州以温泉供人洗澡之店肆，宋时称曰"温室"。元、明时代则有浴堂、澡堂等名称，迨清初名曰"汤堂"。此时由简陋变为精致。《闽杂记》详述之，兹摘录原文一段如下："闽县井楼门外有温泉焉。居民于其处开设浴室，谓之浴堂，夏日尤多。有月新室、一清居、万安泉、六一泉等名。重轩覆榭，华丽相尚。客至任其择室，鬃盆、棐几，巾拂新洁，水之浅深唯命。浴后，茗碗啜香，菰筒漱润，亦闽游一乐事也。近来，又兼设酒馆，珍错咸具。小食、大烹，呫嗻而办。雏龄妙妓携筝琶、管笛往来伺应其间，清歌艳曲，裂石穿云，夕阳在山，赠以缠头而散。"读此，可觇当年汤堂之盛况。其所举汤堂牌号，唯万安泉、六一泉两家，日后成为300年之老铺。

《闽杂记》又云："查初白《炎天冰雪集》，有《凫山同年，邀游城东汤堂》诗云：'万壑千峰赴海疆，却从海眼发温汤。名同绣岭宁愁污，派别曹溪自有香。身外尘埃供洗涤，人间炎热变清凉。依然沂水风雩意，童冠中间著老狂。'"按：凫山为当时闽浙总督满保之别号，具见清初闽省政闲而兴雅矣。

福州汤堂，俗称汤房店。昔有趣事两则。一是"泅汤"，《竹间十日话》云："三座分三池，曰：头汤、二汤、三汤。蒙人池中，名曰泅汤。往往力疾澡死池中。"一是"汤鹞"，《竹间十日话》又说："有汤鹞乘间抢掳衣裤。福州呼抢火者为火鹞，抢汤者为汤鹞。"余谓：汤鹞二字，亦妙。

徐㶿《榕阴新检》有"梦浴温泉"一则，亦是福州温泉故事之一。兹录如下："孙赞明，武肃王时为吴江尉，尝梦浴于温泉。及赞明为福州守，途次，见飞泉汹涌，因问从者。答曰：此温泉也。方悟前梦之应。及使汲之，将浴，从者曰：此非佳者，至州有之，颇佳。赞明既入郡斋，亟取其泉而浴之。"此事徐㶿根据《吴越备史》述之。

福州汤堂逐渐增加，在民国十五年（1926）至二十五年（1936）之十载间，最为兴盛，甲于全国。略举如次（按牌号、地址分列）：福龙泉、醒春居、三山座（东街亦有三山座）、卫生泉、登春台、福华清、第一楼、聚仙泉、新新新、八角井、十礵，以上皆处于汤门外。百合公司（设备最佳）、闽山座，处于汤门兜。清于沂、天安泉、太清泉、永安泉，处于汤门街。松有泉，处于汤井巷。六一泉（清初老店）、万安泉（清初老店）、松福泉、八仙泉、旧山座、清甲池，处于井楼门外。聚温泉、宝和泉、乐天泉、三新兴记，处于水部门外王庄。亦兰亭，处于东门外。日日新、又日新、小沧浪、善其泉、又一沂、临江楼、家浴泉、三合泉、德天泉、新沂泉、金山座，处于水部门外。第一泉、聚仙泉（又一家）、南华清、仙沂泉，处于东门大街。新世界，处于妙巷。沂春亭，处于福新街（分号设洋中亭）。南星汤房，处于临江路（规模壮丽）。以上共48家。东门外尚有二三家无牌号小店。另水部门外之第三桥俱乐部（系刘氏家族花园）设有私家温泉浴室，该俱乐部设备豪华，有楼台花木之胜，所设温泉浴室寒暑咸宜。当年，达官巨贾常聚于此。福州私家著名汤堂只此一家而已。

当年，福州汤堂设备佳者，分为普通池、个人池、女个人池，普通座、特别座、女客座等，价格不同；并有理发、擦背、按摩、修脚、捏趾等为浴客服务，定价不高，而赏钱随意（赏钱俗称小彩）。

在福州汤堂最盛时，有人请余撰制楹帖，为作一联与之，句云："疾可治瘵衰化健；夏能祛暑冬攘寒。"录入《爽翁楹联剩稿》。

福州远郊之雪峰，古代亦以温泉著称。《八闽通志》云："汤泉，距雪峰院八十里，僧可遵尝作偈曰：直待苍生尘垢净，我方清冷混常流。"宋苏轼、李纲皆有和作。苏轼诗云："石龙有口口无根，龙口汤泉自吐吞。若信众生本无垢，此泉何处觅寒温。"李纲二首云："温冷泉源各自流，天教施雪峰陬。众生尘垢阿时尽，日日人间几度秋。""玉池金屋浴兰芳，千古华清第一汤。何以此泉浇病叟，不妨更入荔枝乡。"诗见《雪峰山志》。

福州旧城七城门，除四城门称东、西、南、北门之外，另三门称水部门、井楼门、汤门。以"汤"名城门，足见温泉之富足。后经地质探测，福州遂有地下"大锅炉"之称，成为著名的"温泉城市"，具有"分布广、温度高、水压大、埋藏浅"之特点。温泉分布范围：北起树兜，南至王庄，西到五一路，东达六一路。南北长约5公里，东西宽约1公里。浅水层由沙砾卵石层组成，埋深约40至65米；水温45℃至60℃；单位涌水量每秒为0.5公

升至1公升，最大达13.76公升；钻孔涌水量每日90吨；浅层中温泉开采储量一天为2万吨左右。

两三百米以下，深层高温水分布于浅层温水下部。经勘察查明，有四组断裂组成一个储热构造带，高温高压热水主要储存于第二组断裂中。福州市内有两个高温高压热中心。其一在皮革厂附近，热水孔口温度87.1℃~94.4℃，孔底温度91.3℃~103.2℃，最高水头6~11米，单孔及多孔长期自流量每秒均在15~16公升，最大19.1公升。其二在"温泉澡堂"附近，水头25~27米，孔口水温97℃，孔底水温107℃，自流量每秒14公升。可见深层比浅层水温更高，流量亦更大。

福州温泉之形成，主要由第四系浅层状中温水与基岩脉状深层高温水组成。温水之分布主要受新华夏系次一级张扭性构造所控制，地下热水主要依靠大气降水补给，沿断裂渗入地壳深处"大锅炉"加热，通过热对流、热循环而向地面运移、扩散，与冷水混合之后形成"热异常区"。

又据报载："为了解决热水水质和增大高温脉状水之储量问题，地质部门于1975年，在一地区做了两个月的冷水回灌试验。将冷水源源灌入储热地层，在深处进行热和质的交换对流，而后从排出孔流出。排出孔距灌入孔80米，排出孔的自流量从每秒5.8公升，经5小时后逐渐提高到11公升。一直保持一个月，增大水量约一倍，而且水温不下降，灌水前后排水孔水温均在92.1℃~92.3℃。另从222个水样分析结果看，通过冷水回灌，水质淡化了近50%。试验证明，用低温冷水回灌，既增大高温热水的储量，又不降低水温，还淡化了水质。此一试验揭示了福州温泉管理使用得好，是可源源不竭，造福人民。"

总之，福州温泉历史悠久，质量优良，而且储藏丰富。如果广为开发，妥为利用，除用于洗澡及治疗疾病之外，且用为科学试验及工农业生产，大有前途。如使用温泉代替锅炉烧水，便可节约大量煤炭矣。

素木之上，锦绣花开

陈美者

若给你一些松软柔韧的木块，你能做成什么呢？福州的软木画师傅们，带给人们的是艺术的惊喜。在他们的刀笔运转之下，亭台楼阁、花草树木、栈桥船舫……精美的立体国画便展示在你眼前。岸边层层叠叠的树林下，戴着草帽的小人儿在摇桨划船，岸上指尖大的楼房，还要雕出根根细致的窗棂，让人越细看越惊叹，不由得想去推开那扇小窗。老艺人在旁边一脸笑意地说，平面框画还只是传统手法，现在还有创新的半立体软木画，可以实现360度欣赏。

福州软木画这一独特的民间工艺，乃福州"三宝"之一。其表现题材十分丰富，自然美景、楼宇建筑、亭台楼榭、花鸟虫鱼等均可以入题。原料是生长于欧洲地中海周围葡萄牙、西班牙、阿拉伯等国的栓皮栎树上的内层木栓层，纹理细腻，色泽天然，柔韧有弹性，放在玻璃框内，可以保存上百年。福州的民间艺人采用圆雕、浮雕、透雕、微雕等传统技法，首创用软木制作成各种工艺品，如挂屏、屏风、大小摆件、仿宋国画等。在制作过程中，软木画师傅还会让作品中的空间层次交错，景深变化，形成立体景观，让作品更加精致耐看。软木画能于方寸框屏之中，尽显艺人精雕巧工、妙造自然的独步功夫，人们盛情赞之以"立体的画，无韵的诗"。

福州软木画始创于20世纪初，发源于福州东郊西园村。相传1914年，有人从国外带回一个类似"木画"的作品，民间艺人吴启棋等人从中受到启发，开创性地利用栓皮栎树的栓木层做原料，以刀为笔，精雕细刻，在小小画框内，立体展现出富有中国风的亭台楼阁、风景名胜，清奇、别致。20世纪50年代初，吴启棋、陈锟等人的软木画作品《天安门》《北京万寿山》

《颐和园》等，在全国屡获大奖。软木画一下进入人们的生活，大家或馈赠或收藏，兴致盎然。许多人也纷纷加入这个行业，特别是吴启棋所在的西园村，家家户户把饭桌一收拾，就是一个小作坊。在老人们的口中，至今还会怀念起当年全村大人小孩一起做软木画的盛况。那时，软木画是西园村人的重要经济来源。在整个福建，生产软木画的公司有100多家，产品远销美国、日本等地，在20世纪80年代其产值曾高达5000多万元。

虽然有过辉煌的时期，但在整体社会现代化进程加速、民间工艺趋于薄弱的大环境下，贵为国家级非物质文化遗产的福州软木画也在不可避免地式微。1995年以后，福州市工艺木画厂等多家企业先后停产。西园村人也渐渐放弃软木画，另谋生路。现在的西园村，每天早上八九点，踩着高跟鞋的、骑着摩托车的、手里抓着早餐的上班族如潮般向外涌动。只在西园村村委会后面的一个小楼里，还有一群默默坚持的本村老艺人们。这里是福州工美造型艺术有限公司，福州三坊七巷61号店"软木画之乡"的创作基地。著名工艺美术大师吴学宝先生是软木画创始人吴启棋先生之子，9岁起就开始学艺，创作出很多经典大作，其作品被多次选中用于装饰北京人民大会堂福建厅和台湾厅等，是目前软木画界唯一的一位国家级大师，现为该公司的艺术总监。在他的热心带领和悉心讲解下，笔者得以了解软木画制作的详细过程。吴老师说，软木画只能是手工制作，因为软木有很多天然纹理，人工才能避开，机器就没有办法了。这是一个精细的手工流程，从图纸设计到装框完成，多达十几道工序。厂房里，艺人们一人驾驭一个工作台，在台灯下，凝神地握着刀，刻一下对着灯光比对一下，非常认真。有人做亭子，有人做亭盖，有人做树叶，有人做树干，有人负责把木块切片，也有人负责整体布局拼合。他们大都六七十岁模样，早已为人外婆或爷爷。在工作的过程中，脸上流露出一种自足的安详。时光在刀笔中缓缓划过，偶尔有人低声说起当天的小新闻。吴学宝老师很质朴地说，我们这些人啊，一辈子做软木画，一天不做手痒。

他们身上有着老一辈艺人特有的气质，认真、耐心、安静，做了一辈子软木画，对软木画有着深厚的感情，工作不仅是工作，更是精神寄托，"做软木画很开心的"，但对此，年轻一辈却很难体会与传承。一般软木画艺人的收入为每月 2000 元左右，这对年轻人来说，收入微薄且耐不住枯燥，况且学好软木画必须有一定的美术基础。吴学宝老师谈及软木画后继乏人时，很无奈。关于这点，笔者在调查多项非物质文化遗产发展现状后，深有体会，民间工艺发展式微的根本问题都是缺少年轻继承者。因此如何培养更多的新一代大师，是软木画发展的核心问题。

为了让福州软木画这一传统工艺能够适应社会的发展，在新时期焕发出新的光彩，许多有识之士都在做不懈的努力。近年来当地政府积极搭台，举办各种博览会、招商会，甚至还有专场会，为软木画"找婆家"。福州工美造型艺术有限公司的经理欣慰地说，幸亏有这些平台，我们可以将样品带给经销商鉴赏，接下订单后再回来生产，一年也有几十万元的销售额。可见，博览会、展销会是非常有意义的，可以多搭设这样的平台，至少先保障了这一工艺的生存。然后，若能在税收政策、政府采购方面继续加以扶持关照，软木画工艺将获得更多的生存空间。此外，当地文化部门的宣传推广工作在近年也有可喜成效，如选派软木画艺人赴海外参加文化节等，通过精品展示和现场制作表演，达到了很好的推广软木画的效果。

当然，软木画要实现进一步发展，保持永久的艺术魅力，其自身应实现精品制作，重视品牌打造。2010 年 9 月，福州市传承软木画有限公司成立，将原先分散的福州工艺木画厂的退休技师召集聚合，近 30 位老艺人重新回到软木画行业。吴学宝的高足陈希炎先生，在良好师承的基础上，大胆创新，如首创锉刀法，使用大面积软木，融入历史题材等，其作品布局大气、细节精致，意境开朗雅逸，越品赏越有美意，确实是不可多得的佳作。其《祥和》一作，繁盛的榕树下，几只白鹭错落有致，悠然栖息，一派安祥瑞气。《古龙舟》深得吴学宝老师赞赏，它是以我国船政史上第一艘兵商两用船为模型创作而成，整体气势恢宏，细微之处又尽显心思，特别是船舷两边的炮台和救生船，其刀法之精妙，令人啧啧称奇。在福州市传承软木画公司里，笔者意外地见到了一位年轻的学徒。1989 年出生的林向今年刚从美术院校毕业，他接触到软木画后便爱上了这一工艺，现在正全身心地投入学习中。如果说，老一辈大师的作品向我们展示了软木画的艺术魅力，那么年轻一辈的后进则让我们看到软木画的发展前景。负责人介绍说，传承的核心是人才，因此公司正在与院校的美术系师生互动，让年轻的美术系学生到软木画生产公司来，参观了解，争取能吸引一部分新生力量加入软木画行业，培养新一代软木画大师，赋予软木画创新的灵感和理念，设计出更适合现代人生活与审美的作品。2012年，福州市传承软木画有限公司还在北京繁华地段设立旗舰店，吸引许多人探访参观。装潢时尚、摆满软木画精品的大厅里，软木画老艺人聚精会神地现场制作，旁边引颈围观者津津有味。福州软木画的艺术魅力，正徐徐展现给世人。

一段素木之上，尽见旖旎花开。艺人妙笔之下，写满锦绣河山。在多方的共同努力下，福州软木画这一清奇别致的民间工艺，必将源源传承。

闽都瓷语

涧　水

一

从步履蹒跚的蛮荒年代行走到时下当今，人类有多少秘密深藏于岁月风尘。地下陵墓、深海沉船，在解读人类发展密码的诸多元素中，幽然闪现着石器、甲骨、青铜、陶瓷……尤其中国，一个以"china"闻名于世的文明古国，陶或瓷，那些在燃烧的烈焰中涅槃重生的黏土，宛若承载民族信息不可或缺的基因，存留于万古人间。

60年前，也就是1954年的年初，距省会福州约20公里的闽侯县甘蔗镇昙石村，修堤取土的村民们发现了大量白色蛤蜊壳堆积层，随后显现的石器、陶纺轮、陶片等更提示了此间神奇。60年来先后9次考古发掘，这座长方形的低缓山丘被当作一册厚厚的古籍，逐页翻读，揭示出闽族文化的悠远渊源。那些灰坑、陶窑、壕沟，新石器时代晚期至商周的80多处墓葬，以及大批珍贵文物，刻画着3000～5500年前的沧桑，记录下"昙石山文化"一路而来的履痕。

20世纪20年代始，在河南渑池仰韶村，田野调查中相继问世的众多绘有精美装饰图案的彩陶，灿烂了整个考古界，以至于这处黄河中下游地区重要的新石器时代文化——仰韶文化，亦被称作彩陶文化。作为中国东南地区最典型的新石器文化遗存之一，福州昙石山遗址亮相于世的陶器，同样不乏令人惊叹的精品。

2012年，以"生机勃勃的海洋及海岸：资源多样性与可持续发展"为主题的世博会在韩国丽水举办，"福建活动周"期间，中国馆的海洋文化长廊橱窗向观众展示了来自福建的三件"省宝"："中华第一灯"、"海底电缆"、"福船"模型。位列第一的国家一级文物"中华第一灯"，正是来自昙石山。

那个通高28.6厘米的塔式陶壶，上装部为圆锥形柄，下装部为壶形，是全国新石器时代墓葬出土的唯一造型奇特的陶壶。在编号125随葬品颇丰厚的墓穴，它默默守护于墓主头顶处。研究者们的意见似乎不尽相同。有的专家认为它是一盏油灯，并具有原始宗教意味；也有学者表示墓主可能是巫师，塔式壶则是法器；还有人以为或是原始先民房屋模型，让亡者在幽冥之中继续居住。灯也好壶也罢，重要的是，它就在那里，真真切切，证明着我们曾经的存在。

提线陶簋、上釉瓷豆……最有意思的是各色汤罐。福州人爱喝汤是出了名的，民间宴席上那些本色做法的炖罐汤品想起来就令人食指大动。闽都首席名菜"佛跳墙"，几十种原料煨于一坛，浓浓的汤汁飘香四溢，故而又名"满坛香"。习俗由来已久，似乎在这儿得到佐证。从昙石山遗址挖掘出来的大大小小的陶釜，可以说就是现代砂锅的祖先，再现了先民们生前注重汤水的饮食习惯。有一个墓葬中，竟一下子出土了18件陶釜。昙石山邻江滨海，河鲜、海鲜多多，或许先民们早已食不厌精分门别类地炖煮？

今天在原址上修建的昙石山遗址博物馆是福建省第一座大型考古遗址博物苑。在考古遗址厅，第8次发掘时的部分现场，与土壤已经浑然一色的墓葬、陶窑和壕沟等，在清冷的灯光下引领游人亲临历史。殉狗坑颇引人注目。一只侧躺的狗，骨架完美，或是祭祀所为？更多的自然是人的骸骨，血肉早已弥散，唯有那些坚硬的骨骼经历住数千年的侵蚀在默默长眠。在先人们不朽的骨架旁，或多或少，相伴相随的，总有同样坚强无比的陶器。

曾经改变了人类"茹毛饮血"原始状态的陶器，而今成为打开历史厚重门禁的一把钥匙。器型、纹饰、工艺等，纤毫毕现地揭示着变迁的秘密。距今5500～6000年以上的平潭壳丘头文化与昙石山遗址下层底部都有相似陶片发现。台湾最早的新石器时代文化大坌坑文化与约同时期的大陆壳丘头文化面貌非常相似，陶器都为印纹陶。台湾的凤鼻头文化与昙石山文化年代相当，两处陶器的工艺水平如此相近，就仿佛是血脉融通的兄弟。还有那个散落在茫茫大洋上的神秘的南岛语族，2010年11月，万里之遥的南太平洋波利尼西亚南岛语族后裔就曾跨越大洋前来壳丘头、昙石山寻根。一环一环，链条是如何被连接在一起？

昙石山遗址仍有三分之二尚未被挖掘。漫漫神州，更有多少陶瓷守护着制造者的秘密静卧地下，期待后世人的蓦然回首。或许某一天，不经意间，一片不起眼的陶片会探头探脑地破土而出，带来更多的故事。

二

2014年9月22日下午，福州仓山某住宅区的电梯改造项目正加紧进行，小区6号楼前工人们挖深坑时，不期然间与几方带有铜钱样式的大块青砖相遇。数日之后，一座唐中期之前的古墓在省、市联合考古队挖掘下重见天日，已清理出来的30多件出土器物中有专为随葬而制作的明器，也有日常使用的物件。形状各异、大小不同的陶器与瓷器中有盘口壶、四系罐、双耳罐、砚台、博山炉、香炉以及各类碗盘等，颇为精致。一个长约30厘米、高10厘米左右的微缩陶灶"萌"而精巧，上面的两口锅取放自如，灶口还有封门铲。专家表示，那些大大小小的碗、盏都是茶具，博山炉和香炉则用以熏香。

可以想见这位墓主生前富裕，而且挺有生活情趣，酷爱饮茶。五盅盏——圆形茶盘上配有5个小茶碗，今人亦不乏所有。清茶一杯，清香袅袅，从装饰着飞翔凤凰的青瓷香炉四下弥散，如此清雅的享受谁人能够舍下？无怪乎死后都要带上。关于唐代福建历史发展情况的文字记载不多，这些器皿活灵活现地展现了其时生活场景，是难得的研究实物。

盛产茶叶的福建流淌着悠远的茶文化，茶具在其间亦演绎着曼妙精彩。建窑黑釉兔毫盏名扬世界，原产地闽都的"唐物茶人"亦为人注目。这种装茶粉的小陶罐薄胎酱釉，在日本茶道界被视为稀世奇珍。当物品被赋予了精神的象征，历史总会发生一些令人难以置信的事件。据说500年前的日本战国时代，来自中国的小小浓茶罐，不但是上层阶级的身份象征，甚至可以引发征战。丰臣秀吉，这个近代首次统一日本的战国三英杰之一，曾将"唐物茶人"奖赏给战功显赫的将军们，他自用的茶具"北野茄子"，则一直被奉为日本国宝。

很长的时间里，"唐物茶入"的身世被掩埋于岁月风尘。20世纪90年代以来，在福州的古遗址中陆续发现了大批宋代薄胎酱褐釉陶器，罐、瓶、盒、钵、灯、水注、执壶、香薰、锅等，又以各式小罐数量为最多。这些薄胎酱釉陶罐的造型、胎质、釉色及工艺手法与传世的日本"唐物茶入"几无二致，精细至极，一般胎薄仅2毫米左右，小型器仅1毫米，是宋元时期福州陶瓷艺术的典型代表。随着越来越多的标本面世，表明位于福州洪山乡洪塘村的洪塘窑址，是烧制此类陶器的地点之一。

应还有其他福州古窑，也烧制过此种装茶重器。或许从那些古窑诞生的，另有尚不为人知的更多精品。曾经有那么多的陶瓷之窑燃烧在闽江中下游这片土地。距洪塘陶窑址不远，就有怀安窑。连江的浦口窑、福清的东张窑、北峰的宦溪窑，此外还有闽侯、马尾、连江、罗源等地发现的大量古窑址的存在，证明着闽都陶瓷业曾经的兴盛。

讲到闽瓷不能不提到的还有闽清。20世纪90年代编撰出版的《闽清县志》，共36卷，陶瓷竟单列为其中之一，且排名颇靠前地占据了第10卷。所生产瓷器的种类，列有日用粗瓷、日用细瓷、艺术瓷、建材瓷、电瓷、电子工业瓷等，涵盖了陶瓷产品的整个大家族。先民们应该早就利用了此地蕴藏量极大的高岭土（瓷土），发现的古陶片可追溯到商周时期。县境内古窑规模之大，从闽江边纵深到东桥镇的山头上都有窑址堆积，仅东桥镇的义窑、青窑、大安、安仁溪10公里左右的地带，20多座山头上就发现了约百处古窑遗址。2007年中央电视台以《走进福州义窑之谜》为题播出一档节目，记录的正是中国宋元时期青白瓷重要产地之一——闽清古窑，其窑炉和产品颇具个性特色，被命名为"闽清窑"。直到今天，陶瓷仍是闽清最具特色的产业，作为全国釉面砖重要生产基地之一和全省最大的电瓷出口基地，依然不愧"瓷都"之称号。那些美丽而实用的釉面砖，或许已经悄悄镶嵌进你新居的地面和墙体，与主人一道品味汤的浓郁、茶的清幽。

山高皇帝远的闽都没有堂而皇之的御窑，有福之州民窑遍地，烧制的多为日用产品。说起来，人类所创造的器物中，再没有比陶瓷更"上得了厅堂，下得了厨房"，腌咸菜的大缸与精美绝伦的花瓶并行不悖。一个小小的明成化斗彩鸡缸杯就能拍出2.8124亿港元的天价，数不清的杯碗瓢盆坛坛罐罐则走进寻常百姓家，在平实的生活中带来温暖与幸福。福州的陶瓷不仅满足本地居民的需求，历史上海量的出口，也成为海丝之路厚重的载体，在浇铸中外交流链条的过程中，那么深入那么广泛，勾连着无数海外民众。

三

大儒朱熹曾游走八闽，感怀慨叹。留存于世的篇章中包括《石岊江行》《晚发怀安》二首，皆关乎闽都南台岛西北端的淮安（旧称怀安）。"停骖石岊馆，解缆清江滨。""挂帆望烟渚，整衣棹别津。"他至少两次流连于此，不仅留下诗作，还曾在淮安芋原渡附近的驿站留墨榜书"芋原"二字。

至少两次或许更多，这位北宋著名的理学家来到淮安，这个坐落有岊山故又称作"石岊"的地方。逶迤而来的闽江，至此被岊山劈为白龙江（现称闽江）、乌龙江二流；江面开阔，为元代以前海外货物与闽江上下游货物经福州转运的重要码头。无论是前往同安任主簿，还是回建阳五夫里那个莲藕飘香的老家，其时水路最为方便安全，来来去去的朱子必得停驻淮安。在那"舟航云集"，作为海上丝绸之路重要节点的渡口，南下入海、北溯诸县的船只络绎不绝。明朝王应山在《闽都记》中记载："在石岊江头。南行以舆，北以舟。皇华使节往来络绎。"说的正是当时热闹繁忙的情景。

热闹繁忙的渡口码头，不仅仅只有淮安。水是闽都亘古至今的血脉。闽江蜿蜒而来，上纳潺潺溪流，下入滔滔东海，水路就这样镌刻于大地。无论是河口还是海湾，南来北往的船队满载商品，正是从那些舟楫相连的港口码头出发，运往外省，驶向世界。比如闽安邢港，比如郑和七下西洋停驻的长乐太平港。

异邦热销的商品，有丝绸、茶叶等，自然还有陶瓷。

得地利之先的福州陶瓷肯定捷足先登。芋原古渡附近仅仅百多米的石岊山坡，便存有淮安窑址。1982年的考古发掘，南朝和唐代两个堆积层出土了1万多件文物。那些造型各异的壶、罐、盘、钵、碗、盒、坛、砚等外销陶瓷器穿越大洋，落户到日本及东南亚各国，至今在这些国家都有淮安窑的产品发现。

与淮安窑相仿，福州的古窑多设在渡口边，出了窑口便可以顺水行舟。

重而易碎，在交通艰难的古代，有什么比便捷、经济的水路更能完成陶瓷们漫漫的贸易之旅？直奔大海的闽江航道正连接了一条陶瓷外销路线，甚至有整窑的产品装运远行。邻省江西，景德镇陶瓷也择捷径而行，以较短的陆路从信江水系转入闽江上游，顺江而下出闽江口驶入大海。2005年，平潭海域"碗礁一号"水下考古发现1万多件清康熙年间景德镇青花瓷器精品，见证了这段历史历程，央视与福建省广电集团曾连续6天直播"碗礁一号"的水下考古。

能载舟亦能覆舟的洋流，凶险之极，万吨级的"泰坦尼克"号尚且毁于冰山一角，何况古代木制船体，葬身海底知多少！曾经辉煌的中国航海史留下了丰厚的水下文化遗产，起步于1987年的我国水下考古20多年来获取了大量珍贵水下文物，多为外销瓷。连江定海湾是古代福州港的海上门户，沿海贸易的中转站之一，对定海古沉船的考古是国内较早进行的水下考古项目，出水的千余件黑釉盏初步认为应是宋元时期福州地区烧造；同海域出水的一批青白瓷碗，亦可能产自闽清义窑、亭江长柄窑、福州宦溪窑等处。

当年，福州出发的商船航线有三，一条去日本，一条经澎湖前往南洋群岛，另外一条经广州下南海到东南亚及波斯湾、东非海岸。航线多次发现古沉船，沉船上总有中国陶瓷，陶瓷里每每闪现着福州窑的身影。从某种意义上说，海上丝绸之路更似一条陶瓷之路，至今那些未曾抵达目的地的陶瓷产品，完整的破碎的，仍然静静地停泊于深海浅滩，铺设出一条永不消逝的人类交流的桥梁。

成功地漂洋过海的陶瓷们，在异国他乡还好吗？在菲律宾，在马来西亚，在世界的许多地方，近年来陆续发现与福州有关的古陶瓷。有位在东南亚工作30多年的古建专家是长乐华侨，热心于收集中国外销瓷，淘到300多件瓷器，其中一件唐五代酱釉罐来自马六甲海峡附近的某个村庄。有意思的是，此处村民们说话时，个别词语的发音与福州话近似。查询之下，方知这些人的祖先是从福州渡海而来。祖先们携带来的物件中，正有这个高约60厘米的唐五代酱釉罐。

使用多年，釉面脱落许多的酱釉罐，披着岁月的斑痕如今重返家乡。

很想问问那位古建专家，知否那只酱釉罐产自哪个窑口？在异国村庄听到的哪些词语，能够经历漫长时光打磨依然乡音不改？旅居马六甲海峡的华裔，祖先们当年从闽都的哪个码头登船远行，是朱熹几番咏叹的淮安吗？

朱老先生倘若魂游淮安，早认不出昔日模样。20世纪90年代，在探寻"唐物茶入"出生地时，曾有研究者向小贩追问出，地摊摆放的那些残破薄胎酱釉小罐来源处，正是淮安码头。探索者们在古码头的石缝中一片片捡，骑着自行车沿江边慢慢找，溯江而上甚至一直走到昙石山，因为小贩在那里也捡拾过若干。大约也就在那个时期，淮安古村的村民们开始迁徙到几公里外的新居。城市开发的速度很快，大片崭新的楼盘已然矗立。暗夜里，淮安会议中心浓郁的桂花香飘过街路，飘向江面。江畔的古接官道倒还存留，长条石上为防滑而刻的横线凿槽清晰可见；两个现代雕刻的仿古石人，作揖迎送状，仿佛在欢迎你的到来，走一走看一看，抒发几分怀古之幽思。

倘若幸运，或许你也会寻找到，一片两片，来自遥远历史深处的陶与瓷。

传统漆器与福州脱胎漆器

林蔚文

我国是世界上最早用漆的国家。所谓漆，就是把漆树上乳灰色的黏质汁液加工后，再调配以各种颜色所制成的一种涂料，这是中国人最早发明的。据文献记载，我国最早使用漆器的历史可以追溯到虞舜、夏禹时期。中国最早的漆器，经考古科学发掘的出土物，有7000多年前的浙江余姚河姆渡原始社会遗址发现的漆木碗等遗物。商周时期，民间漆器的制作已经逐渐得到发展。春秋战国，各诸侯国的青铜礼器开始衰颓，南方各地如楚国的漆器制作却得以空前发展，故楚地和长沙马王堆出土的大批漆器，其精美程度令世人刮目相看。秦汉时期，各地漆器品种不断增加，纹饰花样多姿多彩，装饰设计精巧美观，漆器的制作工艺达到较高的水平。东汉以后，各地连年战乱，加之青瓷器具的崛起，古老的漆器制作开始出现萎缩。直至大唐盛世，随着当时社会经济的快速发展，各种民间工艺也得以步入复兴时期。此时民间漆器制作也摆脱了历史窘境，出现空前发展的态势。唐代出现的"雕漆"工艺，是在中国漆器艺术发展历史中具有划时代意义的创举。宋元两代，戗金、雕漆工艺仍然得到发展，从上层统治阶级到一般民众，都视华贵的漆器如珍宝。福州等地现代考古发现宋元时期的一些漆器，戗金、雕漆等工艺都达到很高的水平。有人认为，中国漆器的发展，大致可分成两个阶段，从先秦时代至魏晋时期为转折点。前期漆器的主要功能是作为生活实用品，而后一阶段的漆器就逐渐转为实用和观赏相结合。明清时期，传统的漆绘又与镶嵌等装饰手法相结合，使之达到华丽高雅的境地。明代漆器工艺的发展已相当成熟。漆制品数量众多，品种新颖，制作精良，特别是在工艺上采用多种髹漆法相结合的手法，使传统漆器从普通的实用器上升为观赏价值极高的艺术品。传世的明代漆器，以雕漆器占绝大多数。这些漆器按品种来分，有剔红、剔黄、剔彩和剔犀等，它们的精美器型和精湛的雕饰技艺，使明代漆器在中国漆器发展史上又得到一次新的飞跃。清代漆器工艺基本沿袭前朝的制作方法及装饰技巧，并带有一定的时代特征。清代的漆器以繁缛、精巧为主，通常在一件器物上综合了多种髹漆手法，极尽能工之事。加上当时各地的漆器制作中心又兼有所长，如北京的雕漆、扬州的螺钿漆器、福建的脱胎漆器等，在民间深受欢迎，风靡一时。

传统漆器以色泽亮丽和经久耐用而著称，古人以漆涂于器具表面，用于防腐和增加光泽，时人称为"髹"；而将漆绘于"髹"过的器具上，称为"饰"。明代隆庆年间问世的《髹饰录》，正是一本专门论述漆器制作工艺的专著。《髹饰录》按不同工艺，将漆器分为14大类、101个品种，书中还面面俱到地谈到了漆匠的实践经验和自古成型的各种漆器。按《髹饰录》所载的种类，我们今天还能见到的漆器工艺，大致还有如下数种：

1.一色漆。一件器具通体只髹一种颜色，如金、黄、红、黑、绿及紫色。

2.描彩漆。即在"一色漆"的器具上，再用另一种颜色的漆料绘出花纹图案。

3.描金漆。以黑漆作底儿，以针刻作画，然后戗入金粉。日本民间曾经收藏有若干件中国元代的"戗金漆"精品。

4.螺钿漆。以各种颜色亮丽的螺壳贝壳的切片，镶嵌在漆器的表面，同时拼接出各种美丽的花纹图案。

除此之外，当时民间还有描金彩漆、戗金彩漆、百宝嵌漆和传统雕漆等漆器制作技艺。尤其是镶嵌工艺的出现，使传统漆器的总体装饰如虎添翼。早期漆器镶嵌使用的材料有螺钿、松石、金、银箔等，明清时期还出现了玉瑶、珊瑚、琥珀、玛瑙、宝石、玳瑁、象牙、犀角等名贵材料组成的"百宝嵌"。通过磨、嵌、刻、填、戗等多种加工手法，使漆器更臻于精致华贵。这些漆器制作，有的工艺要求精细复杂，有的装饰则过于奢侈。如"百宝嵌"，必须在各种精致的漆器中镶嵌上许多奇珍异宝，如象牙、玛瑙、翡翠、玳瑁、珍珠、珊瑚、水晶、碧玉、金玉、沉香等。这些器物大到椅桌门窗，小到囊盒宝匣，流光溢彩，珍贵无比。这些漆器的主人，自然是高层统治阶级或王公贵族，一般平民百姓无缘于此。

然而，中国漆器中最重要和最考究的品种，仍当首推雕漆。所谓雕漆，就是在涂有数十层或上百层漆的器胎上，经过多层次的加工，雕刻成各种美丽的纹饰。雕漆漆器也因此成为中国漆器的一大分支。古人因漆的颜色不同，分别把雕漆称作剔黄、剔红、剔黑、剔彩和剔犀等，明代以后才统称为雕漆。唐宋时期的雕漆漆器，存世至今的已寥若晨星。北京故宫博物院存有宋代剔红桂花香盒一件，内胎为木质，涂漆30多道，盒面刻出了立体感极强的桂花花簇，还有精致的细锦纹底子，古香古色，华美而阔绰。元代雕漆的传世之作，因其镌刻了工匠名姓，故后人主要看到的是浙江嘉兴张成、杨茂等人的作品。张成制作的栀子花剔红圆盘，中间雕刻一朵舒瓣展姿的双瓣栀子花，花朵周边衬以四枝含苞欲放的花蕾。图案丰盈圆润，手摸处无一有棱角，这是雕漆必须达到的水准——要经一道磨圆抛光的工序，不露一点刀痕。明代留传下来的雕漆作品比较多，图案内容丰富，同时开始出现一些当时社会的风土民情画面。清代雕漆制作虽说已在宫廷的"油漆作"内绝迹，但民间依旧有人经营此道，如传说扬州民间漆匠，有擅制古漆器者，以金、银、铁、木为胎，涂漆96道，再雕刻出各种图案锦纹，这些漆仍然受到人们的喜爱。福建漆器制作使用的历史同样十分悠久，从20世纪70年代在福州北郊新店发现的南宋墓葬出土的漆器来看，距今至少已有700多年的历史。福建漆器开始形成独特的制作风格并闻名于世，首先应该得益于清代乾隆年间福州著名的髹漆工匠沈绍安创造的脱胎漆器。脱胎漆器肇始于福州，至今已有200多年的历史。它是在中国传统漆器制作基础上创造出的一种具有浓郁地方特色的手工艺品。福州民间传说，当时福州的髹漆名匠沈绍安，有一次看到一处颓败的寺庙匾额，门匾木头已经朽烂，而用夏布裱褙的底坯却尚牢固，他受到这一现象的启发，采用泥巴作佛像的坯胎，然后用夏布和生漆裱褙其表，待阴干后，用水将泥土溶解倒出，留下坚硬挺固的漆布胎形。经过多道上灰，髹漆，施上泥金等色料，成为一尊色泽鲜艳而又轻巧坚固的脱胎佛像。由于沈绍安创造的脱胎漆器制作技艺独特奇巧，因此在民间很受欢迎，福州的脱胎漆器工艺从此发展起来。近代以来,脱胎漆器的制作方法,大致仍然沿袭传统做法,即先以膏泥等制成器物的外坯,然后在坯上逐层裱褙上数道麻布之类的织物。待阴干后,敲碎膏泥取出原胎,仅留下漆布裱褙形成的器形,再经过上灰地、打磨、髹漆、研磨,并施以各种装饰纹样,使之成为光亮绚丽的脱胎漆器。这种漆器由于脱去内坯,重量明显减轻。一只高一两米的脱胎漆器巨狮,重量仅20~30公斤,显得十分轻巧。脱胎漆器材质很轻,却非常坚固。造型古朴大方,色泽鲜艳,图案精致,还具有耐摔耐碰、不掉漆、不褪色等优点。其质地轻巧而器身坚固,装饰技法丰富多变,具有独特的民族文化风格和浓郁的地方特色。清代以来,其与北京景泰蓝、江西景德镇瓷器,被誉为中国传统工艺的"三宝",在国内外享有很高的声誉。

当代脱胎漆器的制作方法又分为脱胎和木胎两种。脱胎仍沿袭传统,以泥土、石膏、木模等为产品的坯胎,然后用贮麻布或绸布和生漆在坯上逐层裱褙上去,待阴干后,敲碎或脱下原胎后,留下漆布器形,再经过上灰地、打磨、髹漆、研磨,施以各种装饰纹样,便成了名副其实的脱胎漆器。木胎主要是用楠木、樟木,榉木等坚硬木材为坯,不经过脱胎,直接进行涂髹。然而,其工序与脱胎布坯相同。每件工艺工序都要经过四五十道,甚至100多道。传统的脱胎漆器全凭手工制作,现在有了一些变化,如使用了机械印纹和喷漆等新工艺。

福州脱胎漆器主要以漆的色泽来达到装饰效果,传统的装饰技法有黑推光、色推光、薄色料、晕金漆画,嵌银上彩、锦纹、嵌螺钿,仿古铜等。民国时期,从日本传入"变涂"技法,其第一代传人是李芝卿,他对当代漆器及漆艺技法,均有极大的影响。20世纪50年代到60年代"漆的变涂"技法大为发展,以传统绘饰的漆器艺术,亦有很大提高。这个时期福州脱胎漆器的漆艺技法当以高秀泉和李芝卿等人最为杰出。现代又发展了宝石闪光(即赤宝砂、绿宝砂),仿彩窑变,匏纹,暗花,仿青铜器、雕填、浮堆等技法和多种漆艺技法综合运用的磨漆画品种,并将髹漆技艺同玉、石、牙、木雕刻结合起来,使脱胎漆器更加绚丽多彩。

脱胎漆器的产品大致可分为艺术品和实用品两大类。艺术品有脱胎人物、动物、陈设品(包括圈屏、挂联、挂框、盘架、插屏、器座)等;实用品有瓶、盒、盘、盆和各种食具、烟具、文具、家具等。两大类共有3000多个品种。清末民国初年，福州的漆器店和作坊遍布城内外。沈绍安的后裔沈正镐、沈正恂兄弟开设的"沈绍安漆器店"及其分店在福州颇负盛名。他们同旁系"愉记""恺记"等漆器店生产的脱胎漆器，均曾多次参加国际博览会展出并获奖。沈氏正宗及旁系的漆器店都设在城内南街、杨桥路一带。出南门过茶亭、吉祥山脚下西口，延至孟岭山下的漆器店，一般生产仙佛鬼神之类的漆器，以木雕、泥塑为素坯，上排漆线贴金或镶嵌松绿石、玻璃珠，再填上漆的诸色，以毛蓝、毛绿、胡红、金、银、黑为主色，显得金碧辉煌。仓山梅坞顶，是近代漆艺家荟萃之所，"沈绍安兰记"即设在此。该店是座白砖砌的四层洋楼，楼下前厅陈列漆艺品，二楼是工场。老板沈幼兰，面容清癯，有学者气派，善交际。在他的店堂进出的人物，常有驻闽的各国领事馆人员。清道光年间，福州为五口通商港口之一，福州脱胎漆器外销也日益增加。为了适合欧洲人的爱好，此时逐渐有了模仿西方造型的产品，生产了烟具、酒具、咖啡壶及花瓶等类产品。1910年以后，福州脱胎漆器已日益成为大宗的出口商品。由于脱胎漆器不但轻巧和美观耐用，同时还具有耐热、耐酸、耐碱、绝缘等优点，因此，现代脱胎漆器的应用范围已经不限于日常生活用品和工艺品，同时还逐渐扩大到工业用品上，如电工器材、建筑物装饰和汽车仪表板等。

清光绪年间，沈绍安第五代孙沈正镐、沈正恂兄弟创作了许多精美的脱胎漆器进贡朝廷，被朝廷赐以"五品顶戴"官职，轰动了社会名流。沈正镐还与泥塑艺人陈振奎合制了大型松鹤花瓶、鳌鱼桃盘、普陀观音等精细脱胎工艺品，参加在南京举办的"南洋劝业会"展览会，博得广大观众的好评。在此期间，福州脱胎漆器还先后到巴拿马、芝加哥、巴黎、东京、柏林等地博览会展览，荣获各种奖牌，声誉大震，成为国际市场上的热销商品。清末福州漆器曾参加巴黎国际博览会，深受欢迎，其中莲花盆、茶叶盒得到金牌奖。在美国圣路易斯博览会上，古铜色的荷叶瓶得到头等金牌及执照奖。在意大利多兰多博览会上，大梅瓶和脱胎观音像又获得头等金牌奖和最优等奖。从此福州脱胎漆器在国际上名闻遐迩，崭露头角。

除了沈正镐、沈正恂等名匠之外，近现代福州等地从事脱胎漆器制作的，还有沈氏后裔沈幼兰以及高秀泉、李芝卿等名艺人。民国时期，在众多漆器店激烈竞争的形势下，沈幼兰的"沈绍安兰记"漆器店制作的脱胎漆器一枝独秀，后来居上，在当时享有很高的声誉。此时沈幼兰的"沈绍安兰记"漆器店拥有一批技艺精湛的专业人才，如近现代福建漆艺名艺人高秀泉、李芝卿、谢祖鋆、林金煜、郑增勋、林祖祺、王承华、郑忠厚、盛文良和盛继昌等人，都是"兰记"的重要技术骨干。尤其是高秀泉老艺人，技艺超群，在脱胎漆器的品种、造型、色彩和装饰的设计与绘制方面，堪称当时的总工艺师。在旧社会，沈氏漆器的颜色配方与工艺技法是秘而不宣的，故有"传子不传女"的家规。沈幼兰非嫡系，当然不受嫡传，但他能自立奋斗，汇集名艺人之长为己所用，在20世纪30~40年代创下了福州脱胎漆器的辉煌基业。1952年，沈氏的漆器店首批并入"公私合营福州脱胎漆器公司"，沈氏漆器世家至此结束。

近现代福州著名脱胎艺人李芝卿，生于穷苦的金银首饰匠家庭，9岁就随父学艺，20岁进入"福州工艺传习所"，向日本漆器教师原田学习漆器技艺。两年满业后，又到日本长崎美术工艺学习漆器科深造两年。回国后虽身怀绝技，但在当时的社会仍难以谋生，只好流落民间绘画度日，后靠亲友资助开业制作漆器，由于其技艺精湛，产品质量优良，深得商界青睐。在此期间，李芝卿发明了利用锡铂制作"台花"（即嵌花）的技法，既达到嵌银丝的艺术效果，又节省白银材料，降低了成本。台花工艺是李芝卿发明的杰作，他只传一男一女。那时这项艺术是秘传的，用尖刀雕制贴于漆器表面的锡箔，一个月最多雕制十几个小"板只盒"，然而其产品很受顾客的喜爱。传说有人问他贴锡箔所用的材料，答曰"老虎尿"，竟把问者吓退几步。1956年，李芝卿受聘任福州漆器公司设计师。他精心钻研上漆颜色的装饰技法，最为突出的是创造了闪光沉花类技法，曾应用于红旗轿车之上。他创造的铁锈铜斑技法，在1959年赴南京博物院复制殷代大型青铜器"司母戊鼎"中得到成功的运用，受到专家的好评和赞赏。李芝卿由于在漆艺技术上的卓越成就，曾被选为中国美术协会华东分会会员、省政协委员、省文联副主席。1960年任中国美术家协会理事，1964年被选为全国第三届人大代表。

　　20世纪50年代初，政府把许多漆器作坊、合作社并入工厂，成为地方国营企业。仓山区的漆器作坊、小组、社合并为福州第一脱胎漆器厂；台江、西郊、城内与沈绍安兰记漆器店合并为公私合营福州第二脱胎漆器公司，后为福州第二脱胎漆器厂。至此，近代以来各自为战、分散经营的福州脱胎漆器工艺，开始进入一个新的发展阶段。"文革"期间，由于受极"左"思潮的影响，一些脱胎漆器厂被勒令解散，从艺人员被大量削减或下放农村，福州的脱胎漆器生产进入低潮。党的十一届三中全会以后，福州的脱胎漆器生产得以复苏。除了市"一脱""二脱"恢复生产之外，社会上还开始涌现出不少个体漆器生产户和经营户。福州脱胎漆器在经过曲折的发展历程之后，以新的姿态走向新世纪。

　　1962年11月，郭沫若在参观福州第二脱胎漆器厂后，曾题诗留念。兹抄录如下，以代为本文的结语。

　　　　漆从西蜀来，胎自福州脱。精巧叹加工，玲珑生万物。或细等毫芒，或巨逾丘壑。举之一羽轻，视之九鼎兀。繁花着手春，硕果随声悦。天下谅无双，人间疑独绝。勿以地为宇，精进不可扭。日新又日新，时空两超越。

沈绍安家族与福州脱胎漆器

闽 文

明末清初，中国漆器产业重心由江南转移至福建地区，福州一跃而成中国漆器工业的中心。为什么会发生这种转移呢？

一方面是明清漆器产业在品种、技法上趋于单一化，而同时期（幕府晚期，也叫江户时期）的日本漆工艺产业，在规模与技术上，已经明显超越中国。在京师和东南、湖广地区，"倭制"漆器已成为漆器市场上最时髦的抢手货。因此，从明代起，大批的中国南方漆器工匠负笈东渡，前往日本学习漆艺。而最先留学东洋的基本都是福州市的工匠，他们大多是来自福州城里漆器作坊的世家子弟。

另一方面，福州的沈氏家族的崛起对中国近代漆器产业的发展做出了重大贡献。以沈氏家族为核心的福州漆器产业引领了中国漆器工业的又一次发展高潮。

对于以手工生产方式为主的古代制造业，新技术的不断发明和老技术的保存延续，都是关乎生死存亡的关键。有时候一两种新技术的发明，可能促成产业的巨大变化和重大转向。元明时期数百年的技法单一化，使原本一直领导漆工艺进步潮流的中国漆艺术，在明末清初时期已经明显落后于江户时期崛起的日本漆艺。单就创新技术而言，明末清初时期中国漆器产业实在是乏善可陈，不但逐渐失去了原有技术领先的高度（剔犀类、戗金类、彰髹类等），而且在图案、造型上远不及东洋、南洋漆器的新颖，加上海外其他种类器物的商业竞争，中国传统漆器产业的影响力更加萎缩。许多一流的从业工匠都选择了转行和出走。

福州沈绍安家族出现的时代，正是中国漆器产业貌似繁荣、实质上已病入膏肓的时期。由于元明朝廷对于雕漆器具的偏好，中国南北各地的漆器在几百年内几乎被"剔红""剔黑""剔犀"等雕漆类产品一统天下。从明中期的中国第一部漆工艺技术专著《髹饰录》中我们不难看出：代表中国传统漆工艺的四项当家技术——汉夹苎、唐平脱、宋素髹、元雕漆，在当时仅仅剩下雕漆类一项硕果仅存。在当时产业中心地区的江浙等地，中国传统漆工艺的大部分主要技术已经丧失殆尽，只剩下雕漆、戗金等屈指可数的一两项优势技术了。

沈绍安脱胎漆器的发明，为中断多年的中国传统漆艺接续了香火。沈绍安本身从事油漆行业，为别人漆家具、房屋，淡季时，他就买些木刻人物原坯，涂漆上色后出售，这是沈绍安漆器的雏形。后来他改营漆器，但仍然留在油漆行业公会，以示不忘祖业。一日，他在一座寺庙里发现，大门的匾额，虽然木头已经腐烂，但是用漆灰和麻布裱褙的底胚却完好无损。沈绍安大受启发，回家后不断琢磨试验，发明了别具一格的脱胎漆器技艺。这一技法与六朝时盛行的夹纻法有异曲同工之妙。

六朝时，佛教处于鼎盛，大量的佛像塑造上色都采用夹纻技法，但唐武宗灭佛，使得这一技法失传。几百年后，竟然由沈绍安从一块寺庙的匾额当中窥见奥妙，不能说不是一种机缘。沈绍安的灵光乍现，使得失传已久的汉代"夹纻"技法被还原。不仅如此，沈绍安还加以创新，诞生了福州"脱胎漆器"，其本人被尊称为福州"脱胎漆器"的鼻祖。

沈绍安家族对中国漆工艺传统延续的贡献，除了恢复汉代"夹纻"技法以外，还有"薄料髹涂"手法。前者是漆器坯骨制作上的重大突破，后者是表层纹饰的重大突破。

中国古代将以漆漆物称之为"髹"，髹漆即以漆涂刷于各种胎骨制成的器物上。沈绍安发明"薄料髹涂"手法，对于颜料的制作和上色的技法有所独创。他在调好的半透明清漆中加入适量金银粉，用纱布挤压过滤，使得颜料细腻均匀，同时在髹刷后，呈现出梦幻般的晶莹效果。另外，他放弃用毛刷刷涂上色的方法，而是用手指直接蘸取颜料，涂抹于底料之上，力度把握更加准确，厚薄更加均匀，颜色也更自然。"薄料髹绘"的整理和再发明使得大批量的漆器生产成为可能，而且诱发了传统漆工艺向其他更广泛、更实用的领域的开发、拓展。"薄料髹绘"也作为现代中国漆画的一种不可或缺的绘制手法，为日后福州成为现代中国漆画诞生之摇篮，提供了重要的条件。

沈绍安家族整理、创新的"脱胎漆器"，一经面世，便赢得了极大的声誉和压倒性的市场份额。它的出现，不但打破了当时的日本漆器独霸海内外市场的局面，为中国漆器产业争得了一席之地，也使福州迅速成为中国新型漆器的中心，并逐渐成为近现代漆器产业的"龙头基地"。此后，沈家后人英才辈出。"脱胎漆器"的成器技术日臻完善。

从晚清至抗战的40多年，是沈绍安脱胎漆器兴盛、辉煌的时期。光绪二十四年（1890），沈绍安嫡系第四代沈允中的长子沈正镐首次向著名的"新世纪巴黎国际博览会"送作品参展，即获金牌。自此，沈氏漆器开始向全世界展现风采。光绪六年（1880），沈正镐在福州双抛桥老铺成立沈绍安正记（也称镐记）漆器行，招收手艺人，雇佣帮工学徒，扩大了沈家漆器手工业工场的规模。光绪三十一年（1905），沈家漆器进贡清朝宫廷，深得好评，沈正镐被清政府授予四等商勋，五品顶戴。其祖沈绍安也名列闽侯县志。宣统二年（1910），沈正镐参加了在南京三牌楼举办的"南洋劝业会"，获清政府农工商部颁发的头等商勋，赏加四品顶戴。

沈正镐的四弟沈正恂，清光绪二十七年（1901）在宫巷，立号开业，号沈绍安恂记。光绪三十一年（1905），沈正恂与兄长沈正镐一起被授予四等商勋、五品顶戴。宣统二年（1910），与兄长沈正镐一起被授予一等商勋、四品顶戴，并于美国圣路易斯博览会、意大利多兰多博览会上再获头等金牌。

沈正镐、沈正恂的堂弟沈正怿（字幼兰），早年在沈正恂的"恂记"学艺，全面继承了沈绍安漆艺技法，深受沈正恂器重。其从事漆器的时间最长，成就最大。1915年沈幼兰在福州仓前路开设沈绍安"兰记"漆器店，由于他经营有方，经过12年的商业竞争，控制了6家沈绍安分号，一跃成为福州漆器店龙头。

由于沈家内部纷纷加记开业，加上向社会招收技工和学徒，沈氏漆艺慢慢流入社会，无形中打破了祖上"传内不传外"的家规。当时福州市场上甚至出现了外姓人开设的胜绍安、新绍安、广绍安、枕绍安等多家漆器店。

沈家漆器屡次参加国际博览会，均获嘉奖，声名远播，也惊动了清朝统治者。清政府对沈正镐、沈正恂兄弟的嘉奖进一步刺激了福州漆器行业的发展。福州脱胎漆器成为大宗出口商品，据卢世廷《福建经济地理》记载，漆器出口总值从光绪三十一年（1905）的10521元增长到宣统二年（1910）的31541元。

中华人民共和国成立初期，福州脱胎漆器业一片萧条，党和政府及时采取措施抢救、恢复。沈氏后代再次得到了充分发挥技艺的机会。沈正镐子女沈德铭、沈忠英把沈家精品《竹根瓶》《荷叶瓶》《提篮仙女》——福州脱胎漆器的三宝，无偿献给福建省博物馆，沈幼兰也主动提出"公私合营"。1952年，以"兰记"为班底成立了公私合营的福州脱胎漆器公司（福州第二脱胎漆器厂前身）。1956年，沈幼兰、沈忠英进入新成立的福州工艺美术研究所，继续发挥自己的余热。

象园木雕，树与根的灵性

黄锦萍

　　一只蝴蝶飞来，停泊在一棵粗壮的木头上，这是一棵百年黄杨木的一段，能让木雕艺人眼睛放光的原始材料。别小看这一节沾满尘埃的木料，经过雕刻师"叮叮咚咚"的敲击、雕琢、打磨，一件惊世的艺术品或许就潜伏在这截木头里。它可能幻化成生动的人物、山水、花卉，也可能被赋予飞禽、走兽、鱼虫的灵性，全靠雕刻师的喜好和心情。

　　走进福州温泉公园内的艺博园，古朴典雅的建筑风格，看似随意点缀的花草雕塑，曲径通幽的林荫小道，大气灵巧的庭院布局，营造出浓浓的艺术氛围。但这里最令人流连的，是艺博园园主汪方寒收藏并展示的各个朝代、各路木雕根雕大师的精品力作，真是一件比一件经典，让人目不暇接。汪方寒是福建省雕刻艺术大师，他们家是声名远扬的木根雕世家，岳父林学善是中国工艺美术大师，妻子林秀敏是中国木雕艺术大师，展厅里摆列最多的，自然是他们家创作的获奖作品。汪方寒正在陈列馆里指导徒弟们调整摆设木雕作品，见我到此造访便停下手里的活，带我参观他的收藏，如数家珍。他告诉我，福州象园木雕始于明末清初的建筑装饰和佛像，经过长期的艺术实践，逐步形成一套独特完备的雕刻技法。主要材料为龙眼木、黄杨木，作品多为人物和动物。龙眼木雕作品古朴大方、粗犷别致、人物造型准确生动。黄杨木雕则风格细腻逼真，传神洗练。象园木雕作品的外貌特征，就在于它保留了木质原有的色泽和纹理，看上去显得"粗"，其实是有意追求"自然"本色，按现在的说法叫"接地气"。一件艺术品往往要经过腹稿、图纸、粗雕细琢、绑枝、塑形等烦琐的工艺程序，精细打磨之后，更显圆滑细腻、精美光润。象园流派的木雕追求人物动态逼真，

讲求面部神韵，衣纹柔软，有风吹水面的波纹之感。所雕刻的动物类造型千姿百态，人物面具更是独家所有。

据《福州地方志》记载，福州的木雕技艺可追溯到唐宋时期，1796年前后（清嘉庆年间），福州东郊象园村一带木雕艺人以茶树根和樟木的自然形状雕刻人物、走兽作品。雕刻高手的木雕作品保留木质的原有色泽和纹理，或精致细腻，或形意并存，或别致生动，具有较高的收藏和传承价值，被称为"古董"，为人们所追捧及收藏，也催生了专营木雕生意的"古董商"。当时的福州正是五口通商口岸之一，在商人的推动下，福州木雕也由此销往世界。

清朝时，象园村艺人柯传灿、柯传钟（俗称象园柯派）以雕塑人物自然逼真闻名，他们精于木雕技艺，不仅在象园村收徒传授木雕技艺，还传艺于邻村。民国时，福建巡按使许世英在象园头开办福州工艺传习所，聘请象园派陈春润等传习师教授木雕技艺，培养了大量的木雕传人。1936年，福建省教育厅开设雕刻科，聘请象园派名艺人柯经煊出任专职木雕教员。柯经煊的高徒有后来木雕界大师阮宝光、柯依斌、阮文瑞等。柯经煊更是盛名远播，还被请到台湾授徒。经过先辈们多年的传播与传承，在福州逐渐形成了以象园村为发祥地的三大流派：象园、大坂、雁塔，其艺术各具特色。中华人民共和国成立后，福州木雕迎来了鼎盛期。其标志性的事件发生在1958年，福州第一木雕厂宣告成立，它的前身就是福州首个木雕合作社，地点就设在象园王庄附近。据了解，福州第一木雕厂是福州第一家地方国营木雕厂，集结了象园地区三大流派的众多工艺家，当时职工最多时达1000多人，兴盛程度可见一斑。"十年动乱"前，福建莆田、厦门和吉林长春等地工艺家曾前来请福州名师柯依斌、林亨云、徐炳钦、阮文光等到他们的家乡传经送宝授徒。象园地区的老艺人们在为福州木雕艺术的传承、发展、普及与传播做出杰出贡献的同时，也奠定了象园木雕艺术之乡的地位。

象园木雕流传至今，名家辈出，涌现出许多享誉海内外的艺人。清朝象园地区雕刻名家柯世仁的草虫、花卉雕刻玲珑细致，人物衣纹柔顺，表情逼真。前不久我在福建博物院工艺美术馆参观时，还欣赏到馆藏的《伏狮罗汉》《伏虎罗汉》《弥勒佛》《观音菩萨》等精品佳作。民国初年，象园流派的代表人物柯庆元，精湛的技艺征服了业界人士，首创的木雕作品名闻海内外，不论是《划龙舟》《踏水车》，还是《太极八卦》《八仙过海》，栩栩如生的形态都令人过目不忘，作品还参加了巴拿马博览会。现代象园流派的著名木雕艺人及作品有：柯经煊的《寿山童》《达摩虎》，阮宝光的《走雨》《回娘家》，俞运斌的《拔河》《千手观音》，林友舜的《东方朔》，他们都是扬名海内外的雕刻大师级人物。

作为传统木雕的发源地，象园村一带的木雕市场曾经聚集了众多的民间艺人，"前店后作坊"的家庭经营模式盛极一时。听老象园村的老人说，以前象园村400米以外就能听见雕刻时木槌敲击雕刀的声音。整个村子几乎家家都发动起来，声势浩大，响声连成一片。年近半百的王秋英是家里第三代木雕手艺师傅，13岁起就继承祖上雕刻技艺，专攻佛像类雕刻。王秋英说，那时候大大小小几百家的家庭作坊，每日敲击声不断。男人有力气，就在后院打坯；女人心细有耐性，就专做磨光上色的活儿。70后杨清说：小时候我们没有现在小孩那么多玩具，父亲随手刻的金鱼、大象、乌龟、花篮等小型木雕就是最好的玩具，几乎家家都有，大家都拿在手上玩，有时也会送给别的小朋友分享，我们都是伴随着小木雕玩具长大的一代。

说起象园派的后起之秀，足够列一串闪光的名字：阮文光、陈推坚、林学善、潘发清、郑大木、俞开明、林秀敏、叶国强、郑新一、杨羿——人们记住他们的名字，都是因为他们的作品个性鲜明、构思奇特，大胆吸收现代雕塑艺术的精华，讲求人体结构比例，手法清新，衣纹简练等。大坂流派以人物雕刻见长，作品神形兼备，人物内心细腻丰富。而陈派雕刻的仕女脸型古典、圆润高雅、温柔多姿；仙佛表情丰富，衣纹飘动有力；武将富有气魄，盔甲花饰变化多样。雁塔流派则与漆器完美结合，擅透雕、薄雕及镶嵌，讲求布局和透视，立体感强，雕镂玲珑剔透，人物雕刻刀路薄浅，衣纹平顺，面部表情圆润丰富。这些成果，不得不让人相信，离开土地的树与根并未失去灵性。经过雕刻大师的手，通过圆雕、半圆雕、浮雕、透雕、镶嵌雕、根雕、线雕等技法，赋予朽木以重生。

中国木雕看福建，福建木雕看福州，福州木雕看象园。这是中国根雕

界流传很广的一个说法。2008年象园木（根）雕被列入福建省非物质文化遗产名录。象园木雕以其精湛的技艺、深沉的意蕴、明晰的流派传承，成为福州木雕的集大成者。如今，由于象园村全面拆迁，木雕师傅扩散到鼓山镇等地，正在闽侯、长乐等福州十邑地区开辟新市场，尤其在闽侯上街，形成了省内外极具影响力的"上街木根雕展示中心"。

提起象园木雕，不得不说与木头结缘半个多世纪的中国工艺美术大师林学善。他因擅长雕刻达摩，被业界人尊称为"达摩善"。林学善由衷地说：树桩、树根原本不是艺术，但将这些"璞玉"雕琢成器，就是化腐朽为神奇的艺术。天然而成的树桩、树根，在木雕大师的刀下，蕴含着无穷的意蕴。木雕大师总能参透木头的玄机，依照树桩、树根的天然形状，稍加"点拨"，便妙然成趣。林学善说了这样一个创作的小故事：在一座寺庙里，他捡到了一小截废弃的空心树根，只有30厘米长，却长了一块木瘤，他抹去厚厚的泥巴，发现树根上还有一大截白皮，同行者看得直摇头，劝他不值费神，"拿去烧火"。林学善捧在手上，越看越觉得像达摩，深思之后，他在树根的正面雕了一尊达摩，淘空的树桩成了达摩面壁的岩洞，更意外的是，小木瘤成了达摩坐禅的石头，远远看去，达摩盘膝静坐，双目下视，宛如一幅淡色的水墨画像。当林学善在白皮上刻下了自己的名款时，朽木复活了。

林学善深有感触地说，若要指点自然造化，选材和刀工缺一不可。一块具有自然形态美和创作价值的木材，有时一目了然就能确定创作主题，但这种情况概率极少。一般情况是觉得木材可用，但"怎么用"就要仔细考究了。林学善的高明之处，就在于解决了"怎么用"，将人们难以察觉到的隐藏在树皮底下的美挖掘出来。然而，在解决"怎么用"的过程中，刀工至关重要。在雕刻过程中，除了对木材局部作少量的修饰和必要的雕琢外，重点应放在巧妙地利用木材自身的自然形态，如枝、须、洞、节、疤、纹理、色泽、态势等，尽量将这些天然的特点充分地挖掘出来，赋予它神韵。以料就刀，以刀就料，因材施艺，往往巧借天然，美得其所，使自然美的"奇"与人工美的"巧"结合起来，实现最初的创作意图。

林学善对达摩情有独钟，或许，源自福州临海多山多雾的环境和民间禅文化的传播。他说："用木雕这一艺术形式来表现达摩的执着精神非常贴切，可以表现出大师的风骨。当年，达摩在石洞里悟禅时，整日面对石壁，盘膝静坐，双眼紧闭，心无丝毫杂念，连飞鸟都不知道石洞内有人，竟在达摩的肩膀上筑起巢来。"对于达摩的钟爱，源于林学善心性的修养。或者说，积累于日常，作用于永恒，心境高则雕境妙。林学善说，树与根都是有灵性的，他矢志要把老福州的传统工艺传下去，让更多人保护与传授木雕艺术。

　　枯木逢春犹再发，玩赏木雕体味艺术，就是要让枯木沐浴着思想的光芒，让思维植入木质的灵感。那种被雕刻的时光，不仅写意现实且刻画历史，是一种坚实的复活。

福 船 谈 概

刘义杰

福船作为一种船名的专称，大约始于明代中叶的嘉靖年间（1522—1566）。

明朝倭患从朱元璋创立明王朝的洪武初年就时有发生，到嘉靖年间为患最烈。在长达数十年的剿倭战争中，涌现了两个抗倭英雄：陆上的戚继光，海上的俞大猷。

俞大猷（1503—1579），福建晋江人，虽世袭武职，却是个文武兼备的将才。在剿杀倭寇战争中，他认识到，"贼所忌者，福船也！"所以，他特别注重福船的建造，擅长在战争中发挥福船的绝对优势。那么，被倭寇所惧怕的福船从何而来，又都是在哪建造的呢？俞大猷在给他上级的一公函上说："闽中造船，俱在省城西门外二十里之地，名曰洪塘。"根据俞大猷的记述，那时南直隶（今江苏、上海一带）、浙江和福建的水军战船都装备了福船，它们都是在福州城西闽江边洪塘这个地方建造和修整的。明朝抗倭水军驾驶这种建造于福州的主力战船，在海战中能够发挥巨大的优势，当时的明朝人评论说："福船者，至利之器也。"它每战必胜，所向披靡，它的出现，给国家和社会带来的都是胜利的福音，所以，从那时起，这种在福州洪塘建造的战船就被称作"福船"了。

被俞大猷由衷赞赏的这种福船，其实仅是根据福建地方的造船工艺，由福建工匠建造的具有优良航海性能的船只中的一个变种，是一种被改造成战船的海船。在福建建造的海船是一个大家族，福船虽在明朝嘉靖年间被专称为战船，但后来成为福建建造的船舶的总称，因此，福船有广义和狭义的区分。广义的福船，是指那种具有水密隔舱结构、底尖面阔、材质为松杉木的船只的统称；狭义的福船，则专指在明代嘉靖年间被专门打造成战船的福船。战船系列的福船，也是大小不等，称谓不同。清代张廷玉修的《明史》中，所谓的福船就是根据战船的模式加以描绘的，于是，有人以为福船就仅是战船，这是不了解福建造船历史的缘故。清朝，作为战船的福船被小型化改造，虽然也是按福船的结构，在福建建造，但已经不叫福船，而改称赶缯船了，福船渐渐不被人所知了。我们今天谈论的福船，就是广义上由福建工匠按福建造船工艺建造的这种能够远航万里的福船。

福建自古就有"闽在海中"的说法，闽越人山行水处，以船为车，以楫为马，是他们生活的常态，而建造能抗风破浪、适于远航的舟船以通行南北，自是不在话下。据《后汉书》记载，直到东汉建初八年（83）朝廷改变南方贡道，将海运改作陆运以前，"旧交趾七郡，贡献转运，皆从东冶（今福州），泛海而至。"也就是说，公元1世纪以前，从今中南半岛越南中北部的地方政府即交趾七郡前往中央王朝的交通都是经过福州这个地方进行转运的，说明福州曾在很长的一段时间里，处于我国东南沿海海上交通枢纽之上。三国的吴国和魏晋南北朝时期，福州地区就设有典船都尉和温麻船屯等造船和航运管理机构，可见福州这个地区一直具有造船和航海的能力。晋人左思在其《吴都赋》中有"榷工楫师，选自闽禺。习御长风，狎玩灵胥。责千里于寸阴，聊先期而须臾"的说法，是对闽人擅长造船和航海的写照。

经过五代闽国王审知的拓展，福建的造船和航海能力都有了极大的提高和发展。到北宋末年，在一次全国综合性的船舶性能评价中，终于出现了"海舟以福建船为上"的结论，这个结论是北宋末年负责海上防卫和运输的大臣吕颐浩给南宋高宗赵构上的一个《论舟楫之利》奏折中得出的。吕颐浩说："南方木性与水相宜，故海舟以福建船为上，广东、西船次之，温、明州船又次之。北方之木与水不相宜，海水咸苦，能害木性，故舟船入海不能耐久，又不能御风涛，往往有覆溺之患。"北宋末年，宋高宗赵构被金兵撵得不得不避难海上，吃够了苦头，也因此体会到要立足江南，保住半壁江山，海防和海运乃生死攸关之事。而其中最为关键之处，就是要有优良的船只。所以，吕颐浩以自身经验出发，从海洋运输和海上战争的角度对各地的船舶优劣进行了评判，然后得出了上述的结果。古往今来，福建

人每每谈起福建的造船和航海，无不据此以为傲了。

福建建造的船舶到宋代能够独步天下，自有其发展的脉络，并非一蹴而就的事情。"福船高大如楼，可容百人。其底尖，其上阔，其首昂而口张，其尾高耸"（郑若曾：《筹海图编》，卷13上，兵船。中华书局），这虽是16世纪中期明代人对作为战船型福船的一种描绘，但也是福建船的大致写照。福船以其底尖面阔、首尾高昂的船型成了中国船的代表。清朝末年，英国人将一艘福船改造成远洋船，并将其命名为"耆英"号，进行了一次环球航行，证明福船确实是一种优秀的适于远洋航行的船型。

但是，福船最重要的还不是它的外观造型的特异性，而是其内部结构的独创性，那就是它的船内的水密隔舱结构。这个发明直到19世纪才被西方人学去，至今仍然是船舶建造的基本规范。福建造的海船，有了这种水密隔舱的造船技术，使得整船结构得到极大的加强，船因此可以造得更大也更坚实。坚固的结构使得船上能够竖起更多和更高的桅杆，给船舶提供了足够远航的动力。有了水密隔舱，船只的稳定性和抗沉能力得到极大的提高，安全且适于远航的福建船也就顺理成章地成为我国海上丝绸之路上的主力船舶。宋代，尤其南宋时期，古代海上丝绸之路能够发展到一个高峰，与福船的出现有很大的关系。能装更多的货物，安全地往返于大海之上，仅有福船堪当此任！

那么，福船是何时及何因建造出来的呢？一般认为，福船之所以能够首先发明具有水密隔舱的船舶，是跟福建沿海一种称作"了鸟船"的船舶有很大的关系。北宋乐史（930—1007）在《太平寰宇记》中记载，福建泉州沿海有"泉郎，即州之夷户，亦曰游艇子，即卢循之余。晋末，卢循寇暴，为刘裕所灭，遗种逃叛，散居山海至今，种类尚繁——其居止常在船上，结兼庐海畔，随时移徙，不常厥所。船，头、尾尖高，当中平阔，冲波逆浪，都无畏惧，名曰了鸟船"。泉郎，又称白水郎，后来又称疍民。如文献所记，他们是东晋末年卢循、孙恩起义造反的水军后代，起义失败后，他们分散在江浙、闽粤沿海一带，依海为生，以船为家。他们建造的这种能够"冲波逆浪"的了鸟船，较为坚固，能够保证他们在船上生活。但这种独特造型的了鸟船又是从何而来的呢？据史书记载，领导那次暴动的卢循（？—411），曾经发明过一种称作"八艚舰"的船舶，它"起四层，高十二丈"（沈约：《宋书》，卷1，武帝纪一）。船史专家认为，所谓的八艚舰就是将船舱分割成9个舱室的船只，也就是一种具有水密隔舱形式的舰船，因此，八艚舰被认为是水密隔舱的鼻祖。我们虽然没有八艚舰和了鸟船之间承继关系的证据，但这些在福建沿海生活的白水郎们建造的了鸟船，或许就是八艚舰的一种别称。因此，我们可以这样认为，福船在东晋时期依据八艚舰原型发展成了鸟船，然后经过不断的改进，发明了具有水密隔舱结构的不仅宜居且适于远航的海船，此即吕颐浩所说的那种福建船。正是依靠性能如此优良的船舶，南宋朝廷在初创时期巩固了长江口一带及以南沿海的防线，站稳了脚跟并开拓了更多的海外航线，在经济上保证了王朝的延续。

现在，我们将所有这种福建造的具有水密隔舱结构、底尖面阔、首尾昂张的船型都称作福船。当然了，历史上建造福船的地方并不局限在福建一地，紧邻福建的浙江和广东，也是福船建造的主要场所。而历史上第一次有记录的福船建造就出现在浙江的宁波。北宋宣和四年（1122），路允迪奉命出使高丽，从浙江明州（宁波）出发到今朝鲜的开城。使团出发前，宋徽宗"诏有司更造二舟，大其制而增其名，一曰鼎新利涉怀远康济神舟，二曰循流安逸通济神舟"（徐兢：《宣和奉使高丽图经》，卷34，海道一神舟）。这里强调的是"更造"旧船而不是添造新船，这种专为正使和副使乘坐的大船被称作"神舟"，其船"巍如山岳，浮动波上。锦帆、鹢首，屈服，蛟螭，所以晖赫皇华，震慑海外，超冠今古，是宜丽人迎诏之日，倾国耸观而欢呼嘉叹也"（同上注）。而使团随行人员乘坐的船舶称作客舟，则"先期委福建、两浙监司顾募客舟，复令明州装饰，略如神舟，具体而微"。显然，神舟与客舟都属于同一种船型，客舟更是从福建"顾募"而来，在宁波根据外交的需要加以装饰。神舟与客舟，仅有大小不同的差别，船型都是一样的。北宋末年，福船的形制到底如何呢？据记载："其制，皆以全木巨枋挽迭而成，上平如衡，下侧如刃，贵其可以破浪而行也。其中分为三处，前一仓不安艎板，惟于底安灶与水柜，正当两樯之间也。其下即兵甲宿棚，其次一仓装作四室，又其后一仓谓之庥屋，高及丈余，四壁施窗户如房屋之制。上施栏楯，朱绘华焕而用帘幕增饰，使者官属各以阶序分居之。上有竹篷，平时积迭，遇雨则铺盖周密。然舟人极畏艜高，以其拒风，不若仍旧为便也。船首两颊柱中有车轮，上绾藤索，其大如椽，长五百尺，下垂碇石，石两旁夹以二木钩船，未入洋近山抛泊，则放碇着水底，如维缆之属，舟乃不行。若风涛紧急，则加游碇，其用如大碇而在其两旁，遇行则卷其轮而收之。后有正柂，大小二等，随水浅深更易。当艜之后，从上插下二棹，谓之三副柂，惟入洋则用之。又于舟腹两旁缚大竹为橐以拒浪。装载之法，水不得过橐以为轻重之度，水棚在竹橐之上。每舟十橹，开山入港，随潮过门，皆鸣橹而行。篙师跳踯号叫，用力甚至。而舟行终不若驾风之快也，大樯高十丈，头樯高八丈，风正则张布帆五十幅，稍偏则用利篷左右翼张，以便风势。大樯之巅，更加小帆十幅，谓之野狐帆。风息则用之，然风有八面，唯当头不可行。其立竿以鸟羽候风所向，谓之五两。大抵难得正风，故布帆之用，不若利篷翕张之能顺人意也。海行不畏深，惟惧浅。阁以舟底不平，若潮落则倾覆不可救，故常以绳垂铅硾以试之。每舟篙师、水手可六十人，惟恃首领熟识海道，善料天时人事而得众情。故若一有仓卒之虞，首尾相应如一人，则能济矣。若夫神舟之长阔、高大，什物、器用、人数皆三倍于客舟也。"（徐兢：《宣和奉使高丽图经》，卷34，海道一，客舟）这里不厌其烦地转录如此之长的史料，是因为这段资料极其宝贵，它是我国文献中保存下来的一份最完整也是最早的有关船型及内部结构的资料。从中我们不难发现，路允迪使团乘坐的神舟和客舟，其外形和内部结构果然与白水郎的了鸟船基本吻合，可以说是放大的了鸟船。

福船作为优良的船型，能够最大限度地保障出访任务的完成，所以，在历史上，福船作为外交使节乘坐的官船屡屡出现在文献中，因而也成了我国记载最为详尽的一种船舶。在明清两朝时期，我国和琉球国之间存在着数百年的封贡关系，前后有过20多次的册封活动，每次中央王朝要对琉球国国王进行册封典礼时，都要在福州闽江边上的南台这个地方建造专供册封使乘坐的船舶，称作册封舟。有意思的是，专门建造册封舟的南台和专门建造战船的洪塘相距不是很远，都在福州闽江边上。专为册封使团乘坐的海船，建造于福州，当然就是福船了。绘制于清乾隆二十一年（1756）的册封舟图中的册封舟，就是典型的福船。在其他册封使的出访报告中，也可以看到他们绘制的册封舟，形制与此完全相同。由于每次的册封活动都有使团撰写的出访报告，册封舟的建造和航行的过程都有详细的记录，留下了极为珍贵的造船资料，这也是我们今天得以比较多地了解福船构造的原因。值得一提的是，在明清两朝持续数百年、多达20多次的册封航海活动中，没有一例册封使团船毁人亡的记录，从而证明福船确实是坚固、牢靠的船舶。

变身为官船的福船，其大规模建造和持续时间最长的一次就是明初的郑和七下西洋。郑和航海，主要的候风起航港就在福州长乐的太平港。史学家们都认可的一点就是郑和船队中主要的船舶是由福船组成的，这也可在《明实录》等文献中记载的朝廷下诏命福建等地建造下西洋船舶的资料中得到证明。当然，郑和七下西洋和明朝初年大量的使节出访乘坐的船只都选择福船，是因为福船为出使成功提供保障。从福船建造一般都在福建就地取材的特点上看，郑和七下西洋中的福船应该都是在福建沿海或在福州一带建造的。

当然，福船不论是作为战船还是作为官船，都是从商船改造而来的。我国古代海上商用型的帆船大约可分有两种：尖底和平底。传统上以长江口为界，航行长江口以北海区的船舶，大多为平底船，因为黄河在这里入海，黄海海域近岸多浅滩、沙洲，平底船一旦搁浅也不会倾覆，这种主要航行在我国北方海区、不怕在沙滩上搁浅的平底船，统称为沙船。而长江口以南的海区，因水深浪高，则多选择利于抗风破浪的尖底船，这种尖底船中又有福船和广船之分。它们主要的用途当然是海外贸易。

福船作为帆船航海时期最优秀的船型之一，是海上丝绸之路中的主要船舶，随着福船的成型和成熟，海上航线也随之拓展和延伸，换句话说，正是宋代出现了完美的福船，造就了海上丝绸之路的辉煌。作为商船的福船航迹，不仅出现在我国沿海和周边地区，也向东到朝鲜半岛和日本列岛，向南到东南半岛和菲律宾群岛等地，向西穿越马六甲海峡，到达印度洋，进而横渡印度洋到达波斯湾、阿拉伯海、红海和非洲东海岸，可谓无远弗届。近半个世纪以来，在世界各地发现的古代沉船印证了这一点，如1974年在福建泉州后渚港发掘出土的宋代古船，有13个水密隔舱，其船型和结构都与徐兢记载的福船一致，是福船的典型器物。1975年在韩国新安发现

的一艘元代沉船，经鉴定，也是一艘福船型的商船。2007年被整体打捞出水，现在正在广东省海上丝绸之路博物馆中清理发掘的"南海一号"宋代沉船，其船型结构与泉州宋代古船基本一样，也是一艘福船。所不同的是泉州宋代古船是返航时沉没，"南海一号"则是出航不久沉没，其中装载的大量货物证明其从福建泉州起航的可能性极大。

福船的水密隔舱结构还十分利于商业运作，船身被分隔成若干个舱室后，有利于货物的贮存和运输，也便于管理。我们在泉州古船、新安沉船和"南海一号"上都发现有各种货物的标签，署明货主和数量，犹如现代的集装箱装运。船舱被分隔后，似乎装载的货物不是少了，而是更多了。在"南海一号"的考古现场，我们可以看见船舱的每个角落都被各种物件塞满了，以至有人怀疑这艘船是不是超载而沉没。当然不是，这种内部结构优化的福船是属于那种可以多拉快跑、经济效益最好的船舶。

我们回到作为战船的福船再来多说几句，自从在明朝嘉靖年间被选中改成战船之后，它为我国的海防建设立下了汗马功劳。抗倭名将戚继光曾这样评价说："福船高大如城，非人力可驱，全仗风势。倭舟自来矮小，如我之小苍船。故福船乘风下压，如车碾螳螂，斗船力，而不斗人力，是以每每取胜。"（同上注）福船还发展出适应不同战场环境需要的各类船只，有大福船、小福船、草撇船、海舱船、冬仔船等，大小不一。福船不但以船身高大碾压倭船，同时还是我国第一种装配有舰炮（佛郎机铳）的战船。明朝的水军依仗福船构成的船队，在对阵葡萄牙、西班牙和荷兰人时，还真没怎么吃过亏。后来，被缩小化并改称赶缯船的清军战船，虽然还是福船的底子，但已不是洋人坚船利炮的对手了，这是后话。

福船，我国帆船中最优异的一种船型，发源于福建，造福于天下。它从八艚舰到了鸟船再到福船，在纵横大海的数千年时间里，它主要是作为商船被广泛应用，是我国海上丝绸之路的主力船只；它作为外交使团乘坐的官船，为睦邻友好国际关系的实现提供了保障；它作为战船，为巩固海防、保境安民立下不朽功勋。将福建所造的这种性能优异的船舶称作有福之船，乃实至名归。

鼓山千佛陶塔的前世今生

闻　斋

塔，古诗文中多称"浮图"，也译作"浮屠"（梵文Buddhastupa），起源于印度，在公元1世纪左右随着佛教传入我国。据说，佛在涅槃后火化，留下的舍利由弟子放在塔内供奉，故后世常建塔珍藏舍利，也有藏经卷的，逐渐演变为重楼杰阁的建筑，成了较大佛寺的标志。平面有正方形、圆形、六角形、八角形等，层数一般为单数，最高13级，多用木、石、砖等材料建造。因常用珍宝装饰，俗称宝塔。中国的佛塔，有楼阁式、密檐式、喇嘛式、金刚宝座式、亭阁式等不同造型。

鼓山涌泉寺自建寺以来，千余年未曾构建佛塔，不能不说是憾事一桩。这个缺陷，后为天王殿前东西对峙耸立的两座"千佛陶塔"所弥补。

千佛陶塔原置闽侯县城门镇梁厝村（今属仓山区）宋初建的龙瑞寺。东边一座叫"庄严劫千佛宝塔"，西边一座叫"贤劫千佛宝塔"。塔名都取自佛教用语，谓两座塔中之造像为过去与现在千佛，以供养瞻礼、敬塔敬佛。两塔均仿木楼阁式结构，九层八角，高6.83米、座径1.2米，双层须弥座，宝葫芦塔刹。用陶土分层雕塑烧制，榫卯拼接而成，自下而上逐层缩小，塔身施绀青色釉，远望似蜡炬冲天，近看又像铜铸的多节宝铜。东塔壁贴有捏塑坐佛1038尊，西塔有佛像1122尊，八角塔檐另有佛像72尊。塔檐翘角下悬挂的72枚风铎（陶铃），既可以惊走飞禽、防止玷污，又给寂静的古刹增添一分生气。塔座饰舞狮、侏儒力士和莲瓣图案等，形象逼真，雕工精致。

宋淳熙梁克家的《三山志》，竟然未提先于此将近一个世纪建造的这对陶塔，可能是疏忽，也可能他修史前未到过龙瑞院。明、清两代地方志，

对该塔也都付之阙如。清光绪间谢章铤，曾在《赌棋山庄诗集》中留有一首《龙瑞双塔歌》，为是塔之仅见题咏者。诗前加小引一段："……唐中叶建塔在寺庭，高过佛殿之半，合瓷泥为之。瓦檐、佛像、花卉皆作绀色，上以铁釜覆之，共九层、八角，角广二尺有奇，下有志云'元丰二年造'。闻诸故老云，昔有贾客泛舟西洋，令洋人为此，载之以归，非中土物也。明倭寇至其地，将毁之，火光迸发，惧而止。今其基犹有刀斧痕。塔久视似有欲倾之势，然左望则倾右，右望则倾左，不知何故也。"（梁厔人、中科院院士梁守磐推测，陶塔会"动"，可能是人们的视线错觉所致）

1941年福州第一次沦陷期间，日本侵略军窜进龙瑞院，架梯上塔，击断塔刹，砸开顶端铁釜（即覆盆），盗走镇塔物品，从此这两座塔的整体形象被破坏了。加上漫长岁月的风吹日晒雨淋，表层严重风化剥蚀，佛像残缺，塔铃全无，塔身倾斜，时有倒坍毁灭之虞，但因当地村民视之为风水宝物，所以历千年仍能遗存至今。为抢救文物且装点鼓山，"文革"中的1972年，时任市外事组组长的蔡学仁，主持召开村老农座谈会，讲明利弊、晓之以理，终使村民同意搬迁。后经报批，于当年用半年时间逐层拆卸，连同基座一起运抵鼓山后安装复原。其中一塔拆至底层，工人从中心孔洞意外捡拾一枚900多年前工匠随手丢弃、稍有残缺的塔铃，给修复工作带来喜讯。于是以这枚塔铃为蓝本，又请美工仿塑福州南门兜唐代坚牢塔（乌塔）上边的僧人、武将并塑出塔刹，一起交长乐县陶瓷厂翻烧，供给装修。考虑到日后更有效地保护陶塔，将空心的塔腹砌上砖头，填进水泥，改成实心砖轴，外表刷成棕色。

用陶土烧制的塔，多为中秋节陈列之用，高度一般在1米以下，接近7米的大型陶塔国内还没有。闽侯县雪峰寺大雄宝殿前，曾有一对宋代烧造的青绿色陶塔，形制与千佛陶塔相同，可惜在清末民国间相继倒塌，部分破片今藏福州市博物馆。现存的千佛陶塔已成孤例，因此前人曾错误断定它们的烧造年代与生产地点。如前文所引谢章铤谓传为西洋所造，或认为宋代本地所造，或说是明太监郑和从西洋带回，讲法不一。1972年迁移陶塔时洗刷青苔，发现东塔题识10行计79字、西塔题识14行共126字，两端题识均刻在一块面积相同的陶版上，高约6厘米，下端宽约38厘米。正书，直径约2厘米，刻痕不深，难以摹拓。郑丽生先生曾细加辨识，采就全文，始显于世，揭开了陶塔神秘的面纱。从铭文中得知，陶塔建造的确切时间是宋元丰五年（1082）。东塔为龙瑞院寺僧募建；西塔系闽县永盛里（今城门镇梁厝村附近）当地人郑富与妻子谢氏合造，目的是为了四恩（即父母恩、众生恩、国王恩、三宝恩）、三有（即本有，现生之身心；当有，未来之身心；中有，本有与未有之间所受身心）和一切含有生命者。

两座塔都是当地陶工高成烧制的。这两座陶塔高大精美，沐风栉雨已近千年，实属全国罕见，是祖国珍贵的历史文物。1983年列入省级文物保护单位，2001年6月25日国务院公布为第五批全国重点文物保护单位，保护范围为塔基外延20米。它的存在，说明福建古代陶瓷业何等发达，烧陶工人的技艺何等高超！它们的细部仿古代木构楼阁形式，又为研究宋代建筑提供实物佐证，曾为郭沫若先生所赞赏，认为全国稀有。同济大学建筑系陈从周教授在《闽中游记》中说："山间前有新移北宋陶塔二，秀美如杭州闸口白塔，国宝国宝。"郑丽生先生曾作《元丰陶塔歌》：

石鼓山门气象雄，浮屠突兀峙西东。年前移从龙瑞院，位置得所增崇隆。抟泥冶埴精雕塑，九层八面相玲珑。檐牙高拱门户辟，金玲宝铎交丁冬。层层各有佛造像，诸天八部契遭逢。狮子绕座常卫护，力士威猛鼎能扛。两塔分别有题识，纪年可考书元丰。其一芯勾所募建，四众瞻礼充法供。其一居士所舍造，祈厘荐祉愿功宏。形制相若出一手，匠人高成称良工。以陶为塔饶别致，与石砖木迥不同。九百年光一弹指，备历劫簸经雨风。琉璃易碎竟不坏，独留瑰异存闽中。载籍图经失记录，参稽邦献苦无从。偶检《赌綦山庄诗集》，题咏乃见江田翁。言昔有客贾海外，携将窣堵载归艘。倭奴入寇肆摧毁，火光迸发剑凶锋。刀斧之痕犹仿佛，欲倾不倾漾碧空。我以陶塔本闽产，尚有一双在雪峰。传亦出自西洋作，三宝太监施梵宫。五十年前始坠圮，曩曾入寺寻遗踪。其塔殆亦为宋物，土缶居然埒石幢。吁嗟乎，自来物以罕见珍，陶塔于今直凤麟。通霄路上高标矗，幸得瓦全未丧沦。不可思议不可说，成亏隆替宁前因。于一毫端现宝刹，坐微尘里

转法轮（涌泉寺旧有一联云"于一毫端现宝刹，坐微尘里转法轮"）。禅栖楹帖犹能记，眼底云烟白发新。

　　顺便提及，福州孔庙大门两侧的一对辉绿岩青石南狮，原是晚清福州南门外兴安会馆之物，足揽小狮，口衔滚球，造型生动，刻工精细，相传是清代惠安石雕艺人南后街蒋源成的杰作（亦传为崇武五峰石雕匠宗师李周的代表作），但被遗弃在圣庙路市电台后院，也于同年迁上鼓山，安置在天王殿前。狮子为百兽之王，寺前放置石狮，威严无比，显示寺庙的庄严肃穆。

振臂有声香店拳

田荔琴

在小柳村，与王华南先生通上话后，我按照他的引领步入省委党校的一侧，就看到人行道上有一人身着运动衣裤，上衣的前胸上印有两个红色大字：福建。识别度很高，我毫不犹豫地走到他跟前，直接打上招呼。

70岁的王华南面色红润，身材匀称。见面后，他摘下墨镜给我看他的双眼："对不起，刚刚做了眼睛白内障手术，所以没礼貌。"我说没关系，并请他继续戴上。

作为香店拳第六代掌门人、福建省非物质文化遗产香店拳代表性传承人、国家一级裁判、中国武术七段位，他12岁开始习武，多次参赛，为福建领回多枚金牌银杯；20岁开始教拳，50年来义务授徒近千人，小拳种已然开枝散叶，并成功申报为福建省"非遗"拳种。

到了香店拳会所，坐下茶叙，王华南点上一炷香，随口问："香吗？"我说："香。为什么这个拳称为香店拳？"

"那是因为它源自香店。"

香店拳其实是南少林罗汉拳的一个分支，只不过是在福州南街庆香林香店内进行了演变。乾隆年间，社会动荡不安，民不聊生。南少林寺僧众因为反清复明被清朝廷追杀，其中一位名叫智远的武僧从混乱中逃出，潜伏福州，藏身于南街庆香林香店，得到店内老板和工人的精心保护，安然无恙。感念之下，智远和尚主动提出将自己多年练就的武功和掌握的伤科中草药知识及其医治方法传与老板后代及工人。之后，智远和尚又将实为南少林的"罗汉拳"改造为"香店拳"。后来，传授面逐渐扩大到香店全体师徒。白天做香烛，晚上到后院习武，香店内形成一股习武风气，一直延

续了几百年，直到"文革"时期式微。

王华南孩童时期在南街生活，与庆香林香店同在一个院子，有幸入得店内师傅房利贵的慧眼。房利贵（1903-1981）是福州东郊登云山人，于1915年进入香店做工，便拜当时的第四代掌门人林庆桐为师，全面系统地学习掌握了香店拳的各种套路和散手技法，深得师父的器重和弟兄们的敬重。为了进一步提高功夫境界，汲取各路流派之精华，他还走出香店，四处游访，回来后担起了武教头一职，在社会上威名远扬，并在林庆桐的栽培下担当起了第五代掌门人的重任。

当时，王华南也是房利贵入店时的年纪，课后经常在院里和比他年长的伙计们玩耍，不仅从不惹是生非，还经常主动搭手帮忙。房利贵喜爱有加，视如己出，打破了智远和尚定下的功夫不外传的门规，不仅让他观摩，还手把手教练。

在香店里练拳，虽以拳法为主，但对基本功要求很高。开始习武时，每天都得按照规定用木棍反复击打手前臂桡尺骨部位（俗称天地骨）和小腿前区胫骨下端，击打后，再用香店内秘制的中草药擦洗。这样，日复一日，能练就一副硬骨头。抛接石锁也是日常功课之一。石锁轻则五六公斤，重则一二十公斤，先要抛向空中，再伸手接住，每日反复几十次。在这样的过程中，跌倒打伤是家常便饭，于是，店内也因此研制出颇有疗效的治伤药剂。房利贵不但武功高强，而且掌握了香店拳的伤科治疗方法，对各种跌打损伤和关节疼痛均有秘方。久而久之，香店形成了一个传统，那就是师父在传授弟子武艺的同时还会悉心传授疗伤秘籍，既有内服，也有外敷，十分见效。

至于香店，"文革"后成为一个普通小日杂店，旧址在城市改造中已不复存在。但是，制香人的武艺与武德仍然芬芳四溢。

香店拳是以实战为目的、技击性强的地方拳种，尤以劲道十足、变化迅速而被武术界称为"香店手"。

香店拳数百年来都是以口传身教的形式在香店内代代相传，并没有形成一个理论体系。2005年5月18日，100位香店拳弟子在福州登云小学召开纪念宗师房利贵105周年诞辰暨首届香店拳功夫研讨会，成立了香店拳功夫研究小组。近年来，王华南组织研究小组挖掘整理出香店拳10个徒手套路、1个对打套路、6个机械套路、3个器械对打套路以及散手技法、硬气功等。其中主要散手套路有三战、硬三战、八步、八步中下框、十字、少林、罗汉、三步三、四门脚等。主要器械套路有马步刀、单肩流水棍、少林四门棍、锄头法、扁担法、洋伞法等。

香店拳在战略上要求讲计谋、巧引斗，眼观六路，耳听八方，见缝插针，随机应变。在战术上要求不轻敌不畏敌，胆壮神定，傲气凌然面敌，气势凶猛攻心。在手法上要求集中精力，胆大心细，出手时握紧拳头，如狂风暴雨连击不止，快如闪电，无坚不摧，招招出手又不见手。在身型步法上要求稳固柔顺，身随步移，进、退、闪、躲、避，随意而动。

我请教王华南老师："听说'功夫要好，在三战里面找'，何以言之？"王华南解释道："那是因为三战是香店拳中最为重要的基础套路。"话音一落，只见他挺胸收腹，目视前方，沉肩坠肘，两臂平衡用力，手以拳、掌、指为主，步稳势烈，出手生风，舒展大气，全程质朴无华。动作手法多变，虽招式简练，但周身是手，处处是拳，指戳掌劈，十分威武。我领略到香店拳的气韵，也领略到王华南对香店拳的专注和深情。

编 木 为 虹

景 艳

一

在我的印象中，"廊桥"总是和"遗梦"联系在一块。一方面，可能是那部片名叫《廊桥遗梦》的电影给我留下的印象太过深刻；另一方面，也许是内心里认为这两个词放在一起独有韵味。一个"遗"字，沉淀了多少前人留下的古意风骨？一个"梦"字，又萌发着多少临风抒怀之幽情？

廊桥如虹，横悬溪涧。

其跨越山水间的那份气定神闲，也常常让人有恍若隔世之感。古老的美好常常和回忆相伴，残存的思念往往与远去相随。木拱廊桥曾经有那么一段时间默默地散落在中国的闽浙大地之上，以至于文物保护专家与桥梁专家们误以为，中国古代木拱桥只存在于古籍和古画卷中，而许多生活在它周边的人们，享受着它的荫蔽却忽略了它的价值。在一波又一波开疆拓土的浪潮之下，在便捷交通、现代桥梁的挤压之下，这集楼台轩榭的建筑风格和技术于一体的中国传统造桥技艺，渐渐黯淡了它的颜色，消散了它的芬芳，几乎成为"遗梦"的部分。不过，当我来到屏南木拱桥传统营造技艺代表性传承人黄春财家的时候，方意识到这一印象有失偏颇。以廊桥为代表的中国木拱桥传统营造技艺在新时代、新观念的氛围之下，正显露出勃勃生机。

在黄春财师傅家采访，满屋子与造桥技艺有关的获奖证书和大大小小的廊桥模型十分亮眼。从进门的屏风橱柜、客厅里的电视柜到他卧室里的工作台，都摆满特别制作成的廊桥模型，其中许多是人们熟悉的万安桥、千乘桥、百祥桥、双龙桥。墙上挂着他的廊桥设计图，连桥上的勾梁、狮子都线条分明，惟妙惟肖。一屋子挤满廊桥的元素，展示着这个家族与廊桥化不开的渊源。

现年79岁的黄师傅，虽已满头白发，但看上去很精神，身着很中国很传统的月白式对襟布衫，相比于印象中的工匠，他更像一位儒师。他出生在屏南县长桥镇长桥村的一个造桥世家，自师祖卓茂龙以来已历五代。祖父黄金书是清末享誉闽东北的廊桥工匠，父亲黄象颜也是一位高产的造桥名家。黄春财15岁起就跟随父亲学木工，勤劳好学的他逐渐掌握了木拱廊桥传统营造技艺这门"绝活"。他自豪地告诉我，家中原本存有祖上传下来的"鲁班尺"，那可是行业中正宗传人的一种标志。

木拱桥传统营造技艺主要是以口传心授，家庭、师徒传承为主要特征，因此，实践中的摸索尤为重要。采访中得知，屏南会造桥的师傅不少，但像黄春财这样会设计画图的主绳师傅却不多，这一能力让他在行当中脱颖而出，独树一帜。

早期造桥，师傅需要把立面图同比例画在大门板上，由多人抬来抬去，很费力，极不方便，黄师傅跟随父亲重建修复万安桥西端拱跨的过程中，提议将立面图画在纸上，得到了父亲与伯父的高度肯定。他清楚地记得，他的第一张图是画在对联纸上完成的。纸质图纸可以较为自如地对整座木拱桥作精细设计，经过分析与计算，木构件可以预先加工成型，既缩短工时也降低成本。

木拱廊桥是旧时闽浙山区最常见的桥梁，造桥的主绳师傅十分受人尊敬。"主绳"又称"主墨"，是行业里的最高荣誉，相当于现在的建筑总工程师，指的是既能设计又会计算、绘画且能指导施工的能工巧匠。在屏南的古桥的梁上都会刻上主绳的姓名、建造时间，以及历代曾经参与修缮和重建的师傅名字，享有留待后世瞻仰的无上荣光。廊桥工艺，易学难精，真正掌握其要领者寥寥无几。有的人尽其一生参与无数桥梁的建造，但却不能担当主绳，桥梁上也未能留名。这种师傅称为"帮场"。

1956年，长桥上圪村要造桥，请的主绳师傅是黄春财的父亲黄象颜，恰好黄象颜没空，年仅20岁的黄春财便在父亲的鼓励下独力担当。人家看他年纪轻轻，只管叫他"小鬼"，还老追问："你父亲来了没有？"结果，等他圆满完成任务之后，主家信服地摸了摸他的头："你这个师傅不错。"就这样，黄春财生平第一次做主绳，名字被刻到了桥梁上。也就在那一年，他应招进入屏南城关建筑社，成为一名建筑工人，学会了建筑设计与绘图，这对他建桥技艺的提升大有帮助。

二

人们看桥，除了其外表的造型之外，更关注的是其是否牢固结实。建桥者还要考虑承重与桥梁跨度的问题。大跨度的桥梁，有利于桥下的行船与水的排泄。在现代建材出现之前，建造桥梁的材料只有木材、石材和绳索等，林木刚柔相济，是建桥的好材料，但是它的长度、树径与密度又有着自身难以克服的局限性。专家认为木拱廊桥的拱架结构是一项很有价值的创造，它解决了木构桥梁的大跨度问题，是中国传统木构中技术含量最高的一类结构形式。整座桥不要寸钉片铁，只凭椽靠椽，桁嵌桁，衔接严密，结构稳固。因其结构与北宋张择端所画的《清明上河图》中的虹桥极为相似，以梁木穿插别压形成拱桥，形似彩虹，由此，桥梁专家们确认北宋盛行的虹桥技术并未失传，称其为我国古代桥梁建筑的"活化石"。

编木结构是木拱桥营造的核心技艺：两组支撑桥梁的木结构系统以"编织"的方式通过交叉搭置、互相承托、挤压咬合形成拱形支撑，相对较短的木构件通过榫卯连接，逐节伸展，实现跨越山谷和支撑桥面荷载的功能。按河床宽窄设计墩、孔。窄的河床是无墩单孔，宽的河床则需一墩二孔或多墩孔，墩越多，造桥成本就越高，难度也越大。所以，大凡建桥都选择河床最窄处。传统木拱廊桥的建造有一定的程式，包括立水架柱、上三节苗和五节苗、进苗间栓、立将军柱、上剪刀苗、架桥屋等工序。在实际施工中，要善于计算每根木头的长短数据。这些数据的精确与否决定了整座桥的成功与否。黄师傅告诉我，拱架搭得好不好是一座桥建得牢不牢的关键。如果拱架搭得好，桥梁完工时，桥架便会与桥身自动剥离，桥梁也会越压越牢，反之，则不合格。黄师傅到现在还记得发生在65年前的一件事。那是1954年夏天，屏南县棠口境内重建一座木拱廊桥，桥拱落成后，主绳师傅动手拆桥架时，发现桥身与桥梁咬在一起，拱梁下沉，顿时大惊失色。主绳师傅获悉黄春财父亲是个造桥高手，便连夜赶到长桥，请求相助，为了表示诚意，特地请黄春财和父亲坐轿而来。黄象颜到实地仔细检查了桥身，发现设计有误，用材不当，父子俩对症下药，采取补救措施，终于拯救了危桥。主绳师傅千恩万谢，包了一个大红包，还披红挂彩，鞭炮欢送。那时的黄春财，除了感佩父亲的高超技艺以及对自己从事的这份工作倍感荣耀之外，更多了一份责任与担当："弧度不精密的话，桥做好了，用铆用角铁钉上去、用螺丝旋上去都没有用。"

不过，正当他学艺渐进，踌躇满志，更待一展身手的时候，却"失业"了。20世纪六七十年代之后，随着桥梁建筑技术的进步与建筑材料的改进，木制桥梁逐步被水泥桥、石梁桥所替代，以他为代表的黄氏建桥世家、木制造桥行业逐渐淡出人们的视线。从1969年造了古田县平湖镇唐宦桥之后，直到2004年，黄春财都无桥可造，更谈不上技艺流传。眼睁睁地看着许多木拱桥被拆掉，一身的传统技艺无用武之地，两个儿子谁也不想承接他的衣钵：一个学修配，一个到上海经商。黄师傅苦学多年的技艺竟然成了"屠龙之术"。每当看见乡村间那些凝聚着祖辈智慧、记录着父辈和自己曾经的骄傲的木拱桥时，黄春财便会想："难道这个技艺到我这就停止了吗？"

如果不是世事变迁，机缘巧合，这位廊桥名匠，很可能会和他们所拥有的技艺一起，就此隐没民间。

三

事情的转机缘于人们对传统文化、技艺保护意识的提升。廊桥，作为古人流传下来的人文资产，有其科学、历史、文化三个方面的物质价值体现，又蕴含着包括营造技艺、形制特色、历史背景、民俗风情等非物质文化层面的元素，它的价值自20世纪90年代开始渐渐为世人所知。

据说，首先意识到廊桥价值的是浙江人."浙江人到我们这来买了两座廊桥，后来才知道人家拿去安装，就成了古迹风景，靠这个出了名。"说到这，黄春财的小儿子黄闽辉颇有点惋惜，"廊桥本是我们福建的特色，却因为我们缺乏这一意识而落伍了。"

被拆走的桥成了邻省的宝贝，也成为屏南人自省的原动力。1998年以来，屏南县和寿宁等地陆续开展了木拱桥资源性普查工作。各地基本以木拱桥这一文化遗产实物为普查对象。一批具有极高价值的木拱桥被列为各级文物保护单位，一批普查资料、研究成果也相继面世，提高了闽浙木拱桥的美誉度，引来了第一波考察闽浙木拱桥的高潮，也为木拱桥传统营造技艺这一非物质文化遗产项目的普查、申报工作打下了基础。

2003年1月，为了调研国家文物局关于宁德市木拱桥的课题，时任福建屏南县政协副主席的郑道居，再次来到长桥村的万安桥。那天他鬼使神差地特别注意廊桥桥屋的大梁："一般木拱廊桥桥屋的梁上都会记载着建桥年月、捐款人、建桥董事和建桥工匠，以前没怎么留意，那天就巧了，抬头一看，建桥工匠里只有主绳黄象颜的名字最清晰。"

长年研究木拱廊桥的郑道居知道，建桥人大多不是本地人——这是一个常识，但那天他不经意中开口问身旁的村民："黄象颜是长桥村人吗？"

这一问，更巧了！黄象颜正是屏南县长桥村人。1952年，始建于宋代的万安桥，西端被大水冲毁了两个拱架12个开间。1954年，县政府出资重建，主绳的除了黄象颜，还有他的哥哥黄生富。

"黄象颜不在了，他的儿子黄春财还在。"

"那，黄春财会造桥吗？"

"会。"

没想到，一句无心之问，竟然让郑道居找到了隐藏在民间数十载的造桥世家。

2005年，因为要建水库，际头村一座始建于清代嘉庆年间的木拱桥需要进行保护性迁移，黄春财师傅被请出了山。

"真想不到，我还有机会造桥。"一时间，黄春财百感交集。正当青春壮年，他不得不搁下手中的技艺，待重新拾起，已年近古稀，更让他料想不到的是，他竟然是当时福建省内最年轻的主绳师傅。

四

黄春财的这一次出山一发不可收。政府的重视和新闻媒体的大量报道，使福建的木拱桥一时间广为人知，黄师傅的一身绝技也声名远播。随着木拱廊桥在家乡人民心目中的分量越来越重，请黄春财重建、新建木拱桥的人也越来越多。

这时候，黄春财毅然决然地将大儿子黄闽屏和小儿子黄闽辉召到身边，跟着他学造桥。或许因为从小耳濡目染，两个儿子进展很快，虽然他俩在技术操作上各有侧重，老大重在施工操作，小儿子重在学计算绘图，但自2005年至今，14年时光已经将他们都打磨成了能够独当一面的主绳。

黄师傅告诉我，修一座木拱廊桥，从设计、备料到建成，前后大约需要半年的时间，但碰上任务急，他们也曾用两个多月的时间突击完成了屏南的国家风景区白水洋里的古桥建设。他认为，要鼓励传统技艺融入现代建筑艺术，进一步与现代社会需求相结合，为传承发展营造更适宜的土壤和活水源。

搬迁金造桥，重修百祥桥，新建双龙桥、十锦桥，还有寿宁登云桥、古田卓洋桥、蕉城鸢江桥……黄师傅和他的儿子们忙得不亦乐乎。

2006年，屏南县的万安桥、千乘桥、百祥桥被国务院公布为国家重点文物保护单位；2008年，"木拱桥传统营造技艺"被列入国家非遗名录；2009年10月，联合国教科文组织宣布了首批来自8个国家的12项非物质文化遗产被列入《急需保护的非物质文化遗产名录》，"中国木拱桥传统营造技艺"位列其中；2012年11月17日，闽浙两省7县联合申报的闽浙22座木拱廊桥被列入中国世界文化遗产预备名单。2012年12月，黄春财被文化部认定为国家级非物质文化遗产项目木拱桥传统营造技艺代表性传承人；2013年6月6日，被中国非物质文化遗产保护中心授予第二届中华非物质文化遗产传承人薪传奖；2013年9月9日，被中国艺术研究院聘为中国艺术研究院艺术硕士研究生导师……一系列荣誉的背后体现了当代人生态保护意识的日益觉醒和高涨，反映了文化遗产权与诠释权的在地化回归的趋向。传承人是非物质文化遗产的活态载体，唯此技艺才不会消亡。"最重要的还是有桥可造，让传承人有用武之地，在建造过程中技艺自然也就传承下去了。"郑道居如是说。

黄春财的建桥技艺得到公认。与此同时，他也借助更多的场合把木拱廊桥传统营造技艺展示于世人面前。他和儿子到北京参加中国非物质文化遗产传统技艺大展，到台湾参加"根与魂"——中华非物质文化遗产大展，在央视演播厅演示木拱廊桥技艺，参加《中国手艺》《文明之旅》的节目录制；他成立黄氏家族木拱桥技艺传习所，担任"八闽特色文化教育"辅导员，参加第三届中国廊桥国际学术研讨会……如此种种，恰似薪火。他有一个梦想，便是在有生之年能有更多机会建木拱廊桥，拥有更多的平台将廊桥文化发扬光大。

风雨廊桥，几多梦想。勤劳的先民用非凡的智慧建造了它，当代的乡民怀着深厚的情感护佑着它，廊桥方得以从古而今，栉风沐雨，挺立如斯。期待在屏南这块秀美灵毓的土地上，廊桥将有一段新梦的演绎。

无 患 瓷

林 肖

究竟为何，一件古旧的薄脆之物会唤起人们如此绵长的思绪？现在，它静静地躺在我的手掌里，我须格外小心地拿捏、翻看。这是一个黑釉的浅碗，底部带有一圈陶土黄，酷似《水浒传》里好汉们用来痛饮的黑酒碗。若不说来由，放在今天怕是无人问津。它如此易碎，却又坚韧异常，经得起万千时光的研磨，从两宋一路走到明清。它盛过饭食、果蔬、粗茶、淡酒，也装过工匠的热望、农人的艰辛、游子的牵念。我凑近它仔细打量，只见幽幽的光泽从器皿身上透射出来。这些源自瓷土中万千石英云母颗粒的光，让所有光线都朝同一方向折射，似在暗示某种诡异的走向；这走向，又因折射而有了曲径通幽之妙，使历史在寒冷处生起暖意。

一

闽中秋意渐浓，久未降雨使得福清东张的群山失了几分灵气。无患溪依旧从青山绵延处潺湲而来，水势虽说低落不少，但总归构成了一副山水缠绵之态。这里属于戴云山的余脉，山势渐渐止于舒缓，而溪水则接纳了涓滴之流，默默登程，向着龙江汇聚。

4500年前，无患溪畔的小山坡。福清最早的古人类组成若干个父系氏族在此狩猎、捕鱼、种植、采果。这样一个走过漫长渔猎农耕岁月的族群，在数千年后延续着"道""常"规律，与泥土、水、火焰日夜晤对辨析，追求臻于至上的制瓷技艺，说来也是悟天修道——山生土，土生瓷，瓷生万象。

石坑村和岭下村坐落于无患溪畔。一条村道从山坡下蜿蜒而过，与无

患溪对望，若不加以点明，恐怕没人会对这座普通的小山包产生兴趣。午后的秋阳渐生灼热，斜斜映射着无患溪水，也附丽在山间草木上，仿佛有意烘热隐藏其间的宋代遗窑，使之醒转过来。

20世纪80年代初，东张宋窑遗址被发现，一时间，考古队、淘宝者纷至沓来，石坑村和岭下村成为众人寻宝之地。在村落后面约1万平方米的山坡上，发现了十多处古窑遗址。最初时，漏斗型匣钵、瓷片、垫饼、支柱、支圈等古物在方圆2平方公里的地面上随处可见，有的甚至堆积了3米多高。这些古窑始于北宋，盛于南宋，衰于元。据翦伯赞主编的《中国史纲要》记载，东张宋窑为南宋时期福建四大民窑（同安、泉州、福清、连江）之一，多烧制黑釉、青绿釉、灰白釉、兔毫茶盏及其他日用瓷器。这些简单的文字，却在这片不大的山坡地，建构起了千年之前的人间秘密，频频供后人追怀、探究。

我们不妨把这些窑址内的瓷器称为"无患瓷"。既然选择与无患溪为邻，就必然要接受溪水对一个时代、数座窑的抚恤纾解，以及溪畔那曾经纷杂的人影和足迹。

树丛间，几处砖砌窑基残壁清晰可见。未加掩饰的残破定格于历史深处，或是它现在最好的面目，仿佛这样才会隐隐道出那些陌生的故事，而不惊动尘嚣和声浪。但事实并非如此，这里已被人翻过了无数遍，许多瓷器碎片散落在窑旁、树下，如同弃儿。我在碎片堆中反复翻捡，明知不会有完整的器皿，也乐于让指尖触碰这些古老之物，好似轻拾残碎的梦影。它们多来自未及烧就的作品，釉色尚未完整呈现，却几乎在天地之间摆脱了人为修饰而至于纯粹。

"无患"，没有忧患，像是美好的祝愿，除却明媚、恒久，即便有喑哑、苍凉，想必也该化入那一片山色水光中，只见淡然自若了吧。

二

博物馆里的"无患瓷"盏自然已与山光水色绝缘，只有当保管员打开几重保险柜，小心翼翼地将其捧出，置于窗台上，它才重见了天光。

这种茶盏的制作风格与建阳水吉窑的建盏极为相似。釉色黑而润泽，釉质虽不比建盏肥厚，却紧薄有致，硬实刚强，造型精巧大方，口大底沉，胎骨较薄，釉形凝重。釉面则呈现规则的丝条纹，细如兔毛尖，是为"兔毫"盏。这种黑釉盏的独特装饰，以建窑烧制最负盛名，东张窑"无患瓷"盏既与之高度相似，自然不缺变幻莫测的纹理。

这些奇异的釉调，形成于黑铁釉的结晶原理，并受坯、釉、窑温及其还原气氛诸因素共同影响。这是泥土、水和火焰共同完成的魔法。简单说来，在1300多度的高温焙烧中，坯中的部分氧化铁与釉熔融后缓慢冷却，局部形成过饱和状态，并分解生成气泡，当气泡聚集到一定程度，便会连带周围的铁氧化物一起排出釉面。匠人掌握了这一规律，通过控制焙烧温度和铁氧化物聚集，塑造出不同风格的釉面：油滴、兔毫甚至鹧鸪斑、"曜变"。黑釉上的点、片、条状图案由此呈现纵深幻觉，令人为之目眩，惊为天技。

那是属于宋瓷时代的高峰之作，孤绝于前后茫茫时空，却又和青瓷、白瓷一起，共同铸就宋瓷的质地：致密、坚硬、儒雅。这便是黑瓷。

但对于产自无患溪畔的黑瓷，这样的评述仍然只具概念意义。当你伸出手，一次次摩挲，一遍遍赏玩，视觉和指尖所传递的美感与质感，总能轻易占据我们对一件器物的认知，即便交接起它的前世今生，也未必能完全参透其中的重重玄机。我们只能静静与之相对，努力捕捉那一丝呼吸、那一缕生命，哪怕只有一丝一缕，都是千年人生，足以蕴含人们对时间的真切敬意，以及滋生于隐秘之中的虔诚。

三

与其他黑瓷盏一样，"无患瓷"盏缘起茶道，可谓是时运之物。

先让我们梦回宋朝：宋人好雅，盛行饮茶，不但帝王官宦如此，士商及市井细民亦习此风。《东京梦华录》所记汴京茶肆盛况，或可谓奢华无以复加，"插四时花，挂名人画，装点店面"，茶之尚日盛一日，"点茶""斗茶"风靡于京师及民间。如此热衷品茶，自然对茶盏品种格外讲究。茶之常品，其色绿，多"煎啜之"，宜于白瓷和青瓷盏；而茶之佳品，其色白，以黑瓷盏"点啜之"显然更为适宜。黑釉可衬托出茶汤之白，便于观茶色、验水痕。

如此一来，包括"无患瓷"盏在内的黑盏得以受宠便在情理之中了。

宋室南渡后，南方各窑烧制黑盏较先前更盛，福清东张窑也声名鹊起。

彼时的南中国，茶事依旧，黑盏热销，然而宋人内心的震动和变化却是微妙的。此前，黑盏为浮华生活的介质，"乳雾汹涌，溢盏而起，周回凝而不动"，所谓浮生若梦，恰如盏中之物。而在南宋，黑盏之中除了寄放暂时的逸乐，更多了时局忧惧下渗出的一丝丝苦涩，它随一杯杯茶水被灌进喉咙，在胃里发酵，继而生成对遥远土地和祖先的思念。

犹如苦酒一般，灼痛整个南宋血脉和神经的是失去的半壁江山——那土地和河流，祖先的叹息萦回其间，此时又因失去而倍感沉重。然而在南方烈焰的煅烧下，曾经的土地和河流得以重生，得以交握于南人之手，延续着看似不变的日常。这一切，有如奉了神谕。许多被迫遗失之物，往往印证着数种转化的可能，隔一个或几个时空与客观世界彼此心照，阴与阳、正与负、偶然与必然、可知与不可知，在盏中叠合。但叠合，便是存在，便是纾解的出世和隐性的安顿……烈日暴雨过后的短暂秋日，"无患瓷"盏和它的黑盏家族，以最接近祖先召唤的质感和纹理，执拗地寻找慰藉和宁静，在残破江山，在敏感而多思的内心。

闽中的飒爽秋意，在千年之前与千年之后或许并无分别，一样在东张的山谷里泛起阵阵遐思，盈满我们手中的杯盏。"无患瓷"，以其耿介、多情应对乾坤巨变，富有尊严地走过荣枯与生死。而在对美和信仰的追求中，福清人关于泥土、水和火焰的理解，早已超脱固形的束缚，充满消融万物的渴望，也让后人在笔墨深情的赓续间，窥见了复杂人世中的那一瞬永恒。

四

站在无患溪畔，连接石坑村和岭下村的山坡尽收眼中，状似卧龙，又在午后光影浮动中，渐渐复苏，升腾起缕缕青烟……

这是南方特有的窑形，依山坡而建，自下而上，如龙似蛇，内砌多道挡火墙，形成"分室龙窑"。满窑的瓷坯经繁复的工序做下来，已具雏形，装填完毕，最后的命运将托付给狂舞而鬼魅的火焰，等待奇迹降临。窑门封闭后，窑头之火先燃，依次投柴，窑内随之火龙翻腾，热气沿坡度迅猛上升，可达1300多度。人间精品的锻造，耐性、韧性的挑战，都被置于这性命攸关的几天几夜。把装师傅寸步不离守在窑前，眸子里火球滚动……

无患溪水在窑前潺潺流动，山色映入水光，水光必定也映入燃烧的龙窑，附着在黑釉瓷上，使之隐隐闪亮。溪中立着一座座水碓，溪流转动，石碓日夜捶打，将瓷石舂碎舂细，再掺入高岭土，吱呀吱呀，扑哧扑哧，连同流水的潺潺声，不绝于耳，渐又像一曲山歌隐入青山绿水，使这里的一切都成为其中的一滴水、一片叶、一丝悲欣。拉坯、利坯全凭经验和手感，那是窑工与器物、岁月的血缘关系，竹片、刀子、手、神经末梢因而连成肌体。竹片、刀子旋舞之下，呼哧作响，坯花飞溅，坯体越削越光洁，然后晒坯、刻花、施釉……多少个日夜，他们眺望青山，俯视溪流，进逼火焰，心头必定也承受光线的变幻不定：闪亮的、阴暗的、耀眼的，一次又一次，更迭、环复——制瓷，就是烧制无穷无尽的水光山色。

逝者如斯，时间、生命隐喻其中，万水归海，海就是时间和生命的集合。"无患瓷"的生命、窑工的智慧、商旅的热望，曾被不计其数的帆船、竹筏满载，在此登程，顺溪流东去，经过35公里的龙江水道，到达海口，继而转换大船，漂洋出海，将无患溪畔的水光山色分销往日本、朝鲜、东南亚……

12世纪，黑盏出现在日本，其中不少是来自福清的"无患瓷"盏。日本人惊叹之下用"天目盏"来称呼这些神奇的茶道器皿，还根据不同花纹，冠之以"曜变天目""油滴天目""禾目天目"等名号。当时日本"茶会"盛行，中国禅院的茶礼被广泛采用，渐成日本茶道的初始形态。14世纪南北朝时期和15世纪室町时期，日本的"茶会"风行鉴赏黑盏等名贵唐物，上流人士纷纷以拥有黑盏等宋代茶具为荣，甚至在茶道点茶中出现了"天目点"，即专门为天目盏点茶而设的一套程序。直到16世纪中叶，日本"茶圣"千利休对"草庵茶"进行改良，使日本茶道进一步庶民化，中国的黑盏才被束之高阁。

一段文明的传奇就此封存。福清的宋瓷文明、海丝之路必经无患溪，一代又一代瓷人出没于此，然后像溪水里的树叶、山花、鱼儿，消失于时间和文字。溪底卵石依然静卧，或如千年以前，溪畔的工棚、货仓、客栈、驿站、农舍早付了云烟，唯余古窑数座，静看溪水流逝如古往今来，人间万事明灭不定，东人海。

四围山色中，一溪残照里。

秋阳渐渐黯淡，山岚水雾反倒更浓，我像宋人一样，在无患溪畔游荡、寻觅。极目向溪流东去处张望，隐约可见水天交接之际泛着海的颜色，而我的体内，也开始出现一盏光亮、三桅帆船及其转化生出的不尽沧海——答案，总向更远处无限延伸。

古法酿造醉千年

莫　沽

此酒不是凡间酒

乃是惠泽龙王赐我祭坛酒

……

　　从山村老屋中传来的酿酒令，点燃了主人家新一年黄酒开酿的灶火，一缕缕醇厚的酒香从糯米香中飘溢开来。

　　黄酒，源于中国，为世界三大古酒之一，堪称酒中之祖，酒中之王。早在7000年前的河姆渡文化时期就有米酒和谷物酒酿造萌芽，闽派黄酒可追溯至迄今四五千年前的"昙石山文化"。"若作酒醴，尔惟曲蘖"见于周朝《书经·说命》篇；"大寒凝梅，惟酒不冰……"《神农本草经》记载了黄酒的药用功能；"米蒸饭，拌以红糟，密室藏熟，冷水淘三次，可以作酒，此唯古田能造……"明万历《古志》记载了古田和屏南是酿造红曲黄酒的原产地。

　　屏南原隶属于古田县，于清雍正十二年（1734）分治。境内山高树茂，泉清瀑美。面积不大的屏南县却是文化遗产大县，有木拱廊桥、漈下建筑群、传统村落、双溪铁技、古老戏曲、古亭音乐、红曲黄酒等30多项省级、国家级乃至世界级文化遗产。棠溪酒潭、雪山酒石、黛水酒仙岩……境内与酒相关的古地名如一位位长者，诉说着过往的酒事。厚重的人文历史，伴随着带有松木清香的糯米饭粿入琥珀色的老酒，使得封藏在屏南大地上的这一坛佳酿弥香千年。"屏南一望皆苍山，山山作势峰峰环。我本山中樵牧侣，迩来作吏山之间……山僻民淳自寡讼，醇醇大酒开新瓮。醉来即就

· 117 ·

瓮下眠，眠时更作寻山梦。"道光年间，来自江西的县令符兆纶一曲《看山对酒歌》，不知醉了多少文人墨客。

"茶烹松火红，酒吸荷杯绿。"

"田家多制曲，畲客少租山。"

……

举杯吟唱，浓浓的酒香随之从岁月尘封的唐诗宋词中一路飘来。至明朝，因为《惠泽龙的传说》，孕育于屏南土地上的这一壶酒被赋予了神性，于明清年间进入鼎盛期。

翻开发黄的乾隆版《屏南县志》，僧惠泽的事迹跃然纸上。传说，明成化年间，黛溪镇后樟村少失怙恃的程惠泽出家九峰寺，协助清玉长老酿造药引酒，并成为一代酿酒大师。之后，惠泽误吞龙珠，全身发热，先后入七星池、长潭、虎潮潭浸泡，羽化成龙。升天时，广开龙田"三百丘"报恩九峰寺，造出泱泱白水洋惠泽屏南百姓。乾隆皇帝敕封他为"通海龙王"。

以惠泽龙做酒名，让醇醪的酒香里多了一份感恩之情。

屏南红曲黄酒酿造技艺主要是由父或师采用手把手传授的方式，将技艺传授给子或徒，然后子又传子，徒又授徒，从而将技艺一代一代地传承下来。在这漫长的历史长河中，拜师、祭祀惠泽龙王等相关民俗伴随着一炷袅袅的烟香延续下来。在那毕恭毕敬的拜师礼中，能看到清晰的传承脉络，触摸到相对完整的传承体系。

曲为酒之母，酿酒先制曲。制作红曲的主要原料选用辰时泉水、手工曲种、陈年曲醋和高山晚米；工艺流程有浸米、蒸饭、接种、入曲房、出曲等五道古法。"说是碉堡无枪眼，说是盾仔无灶台。白衣公主进门去，红衫新娘出门来。"这是流传于古田和屏南大地上的打"曲埕"的一个谜面，而曲埕正是手工制曲的必备场所。一切备妥，方可制作出"搓不掉色，微有酸味"的上等红曲。

酿酒的主要原料选用辰时泉水、手工红曲和高山糯米，可以概括为"粮肉、曲骨、水血"六个字。工艺流程有取水、下坛、发酵、煴酒等九道古法。每一道工序都有讲究，丝毫不得马虎，如水取辰时，过午不取；在每年开酿时，要焚香祭拜惠泽龙王，以祈求"坛坛醇香，口口入怀"。

九道古法，道道藏绝活，道道见功夫。首先是取水，须取清澈的辰时山泉水，以汲取天地之精华。水为酒之血，谓之"水血"。其次是浸米，先浸后淘，一晚最佳。注意"宜淘不宜搓"，以防止养分流失。米为酒之肉，谓之"粮肉"。再次是蒸饭，要均匀熟透，疏松而不夹心。采用杉木饭甑蒸饭，所蒸出的饭有木质清香，将饭倒入竹斗腔摊凉，凉至常温备用。四是下坛，按"一水二曲三饭"的顺序下坛。水先下坛，再下红曲，曲是点水成酒之"妙笔"，即曲为酒之骨也！谓之"曲骨"。最后将饭下坛。五是发酵，采用自然发酵，通过开耙技术进行控温。春酿桃花酒，冬酿日至酒，发酵与温度和环境密切相关，掌握好酿酒时机是成功的秘诀之一。六是榨酒，先用酒篓从坛中取酒，再取出坛中醪糟，用榨桶或榨床压榨，榨床取酒得辅以手力方能均匀榨干。七是品酒，观色、闻香、尝味为品酒之要。新酒清澈，呈橙红色；红曲香浓，香中带辛，口味稍淡，略有鲜味，比之陈酒稍显粗糙，却也独特诱人。八是煴酒，酒入坛后，用粽叶、黏土和谷壳封坛口，将酒坛放入煴酒埕，巧燃谷壳成烟，做到微火无焰，还得精确把握火候，严格控制酒体温度。九是封藏，把煴过的红曲黄酒藏入阴凉、通风、干燥的酒窖储存，三年后开坛即为老酒。

历史长河跌宕起伏，屏南红曲黄酒产业也随着历史的烟云而起起落落。而今，惠泽龙酒已获得国家地理标志，让闽派黄酒香飘四海。

走在屏南，我循着醇厚的酒香闲步，吟唱着先人朗朗上口的酒诗，不知不觉间已沉醉在一个"好山好水"的酒世界里。本已被尘世冗沓琐事羁绊的脚步，倏忽之间变得轻快起来。

油纸伞的故事

陈　丹

　　南方多雨，伞自是福州人生活中常备的一种日用品。福州有一俗词"包袱伞"，意思是出门人所带包袱中都有伞。还有句歇后语"出门带伞——老客"，说的是有经验的远行的人知道带把伞在身边。

　　纸伞是"福州三宝"之一，历史悠久，做工精细。工人们采用油画、彩画喷花和绢印等方法，在纸伞上绘制花鸟、山水、人物等图案，十分雅致美观。一把优质的纸伞可在撑开、收回一万多次后仍不变形，水里浸泡24小时不变质，在近50℃的高温下也不变质。福州纸伞除国内市场外，还畅销于世界许多国家和地区。

　　中国是伞的故乡，伞相传为大禹妻子所发明，也有传说是鲁班的妹妹发明的。据说春秋末年，著名木工师傅鲁班常在野外作业，若遇下雨，常被淋湿。鲁班妹妹想做一种能遮雨的东西，她把竹子劈成细条，蒙上兽皮，样子像"亭子"，收拢如棍，张开如盖。这就是最早的雨伞。

　　最初的雨伞是南方人用竹叶和竹骨编造的。东汉蔡伦发明纸以后，出现了在伞纸上刷桐油用以防水的油纸伞，文人雅士亦会在上油前于伞面题诗作画，以遣情怀。南北朝的《玉屑》中记载："元魏时，魏人以竹碎分并油纸造成伞，便于步行。"明朝《天工开物》记载："凡糊雨伞与油扇，皆用小皮纸。"沈括《梦溪笔谈》也说道："以新赤油伞，日中覆之。"据《福州史志》记载，福州的纸伞工艺技术，是唐末五代王审知率兵南下入闽建立闽国后由中原和江浙一带传进来的。据传，当初由开闽王王审知带来的油布伞是直柄式，伞身粗大，但能遮雨御日，可用多年不坏。后来闽清生产的油布伞、油纸伞的样式大多来源于江浙地区的样本，工艺上又有了改进，油浆足厚，可经得起烈日暴晒，也不怕暴雨打击。经过宋、元、明几百年的更新换代，福州纸伞一枝独秀，得到快速发展。由于取材优异，精工细作，式样美观，携带方便，福州纸伞不仅在国内深受顾客欢迎，还出口远销国外。

直至清代，福州的制伞业仍很繁荣。乾隆四十八年（1783），福州雨伞出口量仅次于布匹、瓷器，居第三位。清末民国初，全市雨伞店号最多时达300多家，1920-1937年，最高年份销量达30万把，最低年份也有十几万把，其中70%销往中国香港地区以及南洋、欧洲一些国家，30%销往邻省和北方各县市。其中以中亭街的"杨常利"伞店最为著名。"杨常利"纸伞选料考究，做工精细。其纸伞的伞骨采用闽北5年以上的青山老竹，伞面选用本省特制的棉纸，一把雨伞要经过80多道工序才能完成。"杨常利"伞店在选料、上油、绘花等三道工序上形成独特的工艺风格，即选料精，上油腻，绘花雅。该店生产的纸伞晴雨兼宜，既遮挡盛夏的炎炎烈日而不发泡、不爆裂，倾盆大雨冲淋一小时亦不脱骨、不漏水，伞面的绘画图案色泽不变。有人曾经做过试验，"杨常利"纸伞经1170次的反复收撑，不起顶、不断线、不裂槽，经五级逆风吹20分钟，伞柄不折、伞骨完好。"杨常利"的"双喜牌"纸伞在民国时远销南洋各地，被誉为全国雨伞的冠军。1915年，福州"杨常利"纸伞在美国旧金山举行的"巴拿马万国赛会"上获得一等奖。1933年，"杨常利"纸伞又在美国芝加哥"百年进步博览会"上获得优秀奖。1945年，海军将领萨镇冰为"杨常利"纸伞题了一副藏头诗联："常持圆盖防淫雨，利用高遮御太阳。"1955年，"杨常利"伞业作坊并入国营福州伞厂后，又维持了二三十年的辉煌。

与"杨常利"伞业"双喜牌"同样辉煌过的，还有"富贵牌"。抗日战争爆发后，福州二度沦陷，制伞企业纷纷倒闭。1944年，刘棣生在江中洲路设厂生产富贵牌伞，不仅在解放大桥头的中国国货公司设专柜，还远销大陆主要城市、台湾省及南洋群岛等地。中华人民共和国成立后，富贵伞厂和"杨常利"伞业一道并入了福州伞厂。

至20世纪80年代，福州伞厂职工曾多达1800多人，月产纸伞10万把，产品依然大量销往中国港澳地区和欧美各国。据说，1982年初夏，英国女王伊丽莎白到香港时，手中就撑着一把福州生产的精致、漂亮的小花伞。第二天媒体报道后，香港超市百货货柜上的福州花伞被一抢而空。

1915年，海关公办吴养贤发起成立国货促进会，把福州本地生产的伞称为"国伞"，与洋伞抗争，而此称呼一直沿用到20世纪50年代。在辛亥革命后的抵制日货运动中，福州市民大力提倡使用"国伞"，以抵制铁骨布面的"洋伞"。

福州的制伞传统工艺分有制伞骨、制伞、伞头、伞柄、绘花等五部艺，五部艺各自独立，分工合作，互相依存，一个人若能完成其中之一即为"全艺"，可见工艺十分专业。制作品质控制严格，要求"四沟"平整不露接头，"牙子"不露口，"胚子"不露"猪鼻孔"。"制伞"虽属主流，但也只是完成"伞胚""上油""装配"等后部分工序，所以它必须由别处买进伞骨、伞柄、伞头等，另外还得聘请绘花师傅，15天左右的制作周期才可完成。

据"杨常利"伞业的后人杨斌先生回忆，当年福州雨伞商号属于厂商级规模的大户，除"杨常利"和"富贵"两大企业专门制售绸伞和各种纸伞，中等规模的还有陈世泰、林新利、潘忠明等十余家，专制全料伞，有时也制上等纸伞；小户有200多家。中华人民共和国成立前，专门制售制伞原料的专业户，多在福州市北郊、义中、古城、南港、陈厝等地，其中做伞柄的10户，做伞纸的6户，做伞头的3户，做伞轨的2户，做伞环的1户。在福州纸伞产业中，制伞骨技术最棒的当数"后洲帮"，20世纪50年代"后洲帮"张开禄所制绸伞骨握在手中，如同一节麻竹筒，看不见缝隙，注水不漏，堪称一绝；制伞柄最有名的则是洋中亭王依犬家。伞画艺人很多，佼佼者有程家宝、刘梦秋、林永钦等人，其中程家宝字画俱佳，冠绝伞画界，林永钦的花鸟、人物画享誉高，刘梦秋的"洋山水"也颇有名气。而专门盘售雨伞的商号还有潘永泰、魏大妹两家。大陆客家人迁移至台湾定居，也令中式油纸伞在台湾生根发展。油纸伞除了是挡阳遮雨的日常用品外，也是嫁娶婚俗礼仪不可或缺的物品。中国传统婚礼上，新娘出嫁下轿时，媒婆会用红色油纸伞遮着新娘以避邪。

福州的纸伞品种繁多，主要有花伞、明油伞、丝绵纸伞、蓝绿硼伞、双层花伞、绢印彩画花伞、绢印套色童伞等，既有实用价值，又有装饰观赏效果，琳琅满目，美不胜收。

中国古代文化总是对油纸伞寄予很多文化内涵，例如油纸伞代表多子、多福。油纸与"有子"音近；伞架为"人"字形（由几十个人字形状组成）；"伞"字从繁体字角度看，是人字头下面四个小"人"字，自古寓意为五子登科。伞骨为竹，代表长寿，寓意节节高升。伞形为圆，寓意美满、团圆、平安。此外，自古油纸伞下演绎了多少经典爱情！《白蛇传》中，许仙与白素贞在西湖断桥以红伞为媒，结下千古奇缘的佳话。戴望舒在《雨巷》一诗中描绘的"一个丁香一样的"撑着油纸伞的姑娘，韵味十足。

20世纪90年代前后，在便利、实惠的折叠伞的冲击下，誉为"福州三宝"之一的福州纸伞逐渐淡出了人们的生活，国营的福州伞厂也于1996年宣布解散。如今，虽然福州纸伞由于工艺复杂已悄然离开繁忙紧张的都市生活，只有为数不多的几个纸伞工艺品作坊仍然坚持着传统，但它作为一种精美的工艺品，却仍深受人喜爱而被欣赏和收藏。

母亲的太平燕

沉 洲

因为身体缘故，母亲早早病退，回家却又闲不住，终日忙于家务，成为不折不扣的家庭妇女。每到年节，她总是提前几天就悄悄忙开了，荤素搭配，做好一桌菜肴敬祖先供土地公，同时，以吃的名义把儿女们招回家团聚。在这满满一桌家常菜里，从来不会缺那样一碗"太平燕"。

年节当天早上，她会拿出之前买好的白纸包，剪断红色棉线，取出薄如纸张的干燕皮，菜刀切成3寸的方片，一片片铺上湿毛巾盖好，使之潮润。然后去准备馅料，把水发后的虾仁、干贝和三层肉剁成泥。还有削皮马蹄，用菜刀压扁后再切碎，这样吃起来脆爽。再搁入切碎的葱白，加酱油、鸡精，味儿调得稍重些，因为煮的时候一部分滋味将融化到汤里。讲究的话，母亲会再加入鸡蛋清一起拌匀，增加馅料的鲜嫩与弹性。做完这些，轮到把湿毛巾里软化的燕皮取出，平摊掌心，竹箸挑上馅料，往虎口推，拇指和食指拢起燕皮再顺势一捏，便成了圆头散尾的飞燕形状。包好后的扁肉燕摆放篦子上，隔水蒸到八分熟。我们家煮"太平燕"，都是依传统风味小吃做法，在高汤里加入扁肉燕和鸭蛋，滚沸便起锅装入汤钵，撒上葱花，调入虾油、麻油，提鲜增香。

有时，因为季节不到，马蹄还没上市，母亲会念叨上好久，仿佛缺了一样，便愧对祖先愧对土地公还有我们这些儿女似的。

这道汤料菜深深烙在少年的记忆里。记得，每逢亲戚街坊的婚丧宴席，吃喝过半，鞭炮骤鸣，大菜什锦太平宴跟着就端上了桌，宴会因此进入高潮。这时，整桌人都会放下手中杯箸，等候主人亲临敬酒答谢。其后，你不吃其中的物什不喝其中的汤，长辈们不会多说什么，但那颗白煮的去皮鸭蛋，你就是一百个不情愿，在一遍又一遍的敦促声里，也非得吃下去不可。

如今，那大块头的鸭蛋与时俱进成袖珍鹌鹑蛋，作为老爸，我接过母亲的"衣钵"，也开始对女儿苦口婆心起来：鹌鹑就是安全呀！它会带来吉祥平安的。

在闽菜大家族里，"太平宴"算个异数，福州人对它肃然起敬是发自内心的。在100多年的时光里，这种食物从闽北山区传入闽都，在草根小吃位置上坐实，进而跻身中国八大菜系闽菜的大菜之列，地方民俗文化在其间生成了强大的力量。

福州人的扁肉燕，外形和北方话里的馄饨基本一样。这类食物各地叫法不同，四川叫抄手，广东叫云吞，武汉叫包面，江西叫清汤，客家人叫扁食……尽管各有出处和来历，唯有扁肉燕的品质独树一帜，其薄皮是捶打的肉泥与番薯粉反复搓揉而成，被福州人定性为一种"肉包肉"美食。

不知何时开始，扁肉燕这碗汤料菜里，被厨师加入腐竹、香菇、粉丝、鸭胗、蟹肉等配料，最后改变性质的是去壳白鸭蛋。草根食品扁肉燕摇身一变，成了福州人逢年过节、婚丧喜庆、亲友聚别宴席上的一道大菜，这其间被时光融入了太多内涵。福州方言里，"蛋"即"卵"，鸭卵谐音压浪、压乱。闽地山多田少，自古捕鱼为生和漂洋过海下南洋讨生活者众多，行船海上把"浪"压下去，生活里再除去各种各样的乱，显然便诸事太平。就这样，它又被叫作"太平燕"，而"燕"与"宴"音同，端上桌就成了出入平安、吉祥喜庆的"太平宴"。美好的心愿寄托于饮食文化之中，福州话里有了"无燕不成宴""无燕不成年""吃太平燕，享全家福"这样一类的说法。

如今，福州扁肉燕的手工制作技艺已入选省级非物质文化遗产名录。它获得了很多声誉：中国名菜，中国名点，中国名宴，中国名小吃……

闽都古城南后街是福州历史文化街区三坊七巷的中轴街，也是一条商业街，而三坊七巷历来是官绅名士、商贾文人的聚居地。他们对生活精致、奢华的嗜好和需求，成为传统手工技艺传承、发展的沃土。

"同利"扁肉燕就诞生于三坊七巷边上的澳门路，一直以来，它都服务于三坊七巷里的大户人家，也是闽都官厨和私厨扁肉燕皮的供应商。

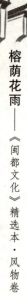

按传统工艺要求，制作扁肉燕必须精选鲜肉，猪肉温热有活性，不得浸泡水中，或入冰柜保鲜，否则，捶时肉会渗水，并在砧台上四处飞溅。一大清早从屠宰场采购回来的猪后腿肉，用高压水龙头冲洗干净后，得像庖丁解牛一般，沿各块肌肉膈膜剔下，忌切断肉的纤维，之后剔筋去膜。一旦搁上了砧台，必须一鼓作气捶打下来，特别是夏天气温高，时间久了肉质会慢慢僵硬，难以擀成薄皮。

未吃扁肉燕，先来看打燕。说扁肉燕是"打"出来的，当然是以偏概全，但也说明捶肉擀皮技术含金量最高。不是你有了工具，想打就能打成的。扁肉燕入口滑不滑，咬起来脆不脆，咀嚼香不香，和这一环节关系密切。所以，菜馆和百姓人家都是从专业打燕店买回干燕皮，自己包馅成菜。

打燕极富表演性，韵律快可以像进行曲，慢起来又似小夜曲。讲究的打燕工具，砧台和木槌是荔枝木做的，其硬实细腻的木质经油脂长年滋润，显出深沉的暗红色。直径50多厘米的砧台面对面各站一人，伸出的食指和中指搁于台案，随时翻转、拨拢打散的肉泥，视情加入适量糯米粉以增黏性。和着彼此的捶击节奏，另一手捶下并借力弹起，起落轻盈。"吧嗒、吧嗒"，木槌捶打赤肉的声音，洪亮清脆，让人恍惚感觉到扁肉燕的脆爽和鲜香。

在"同利"店铺前，很多游客就是在目睹了"打燕"表演后，被吊起口腹之欲，进店来一碗，把这福州味道装入心间，带往世界各地。

大约2斤的猪后腿肉，一锤又一锤，5000次的捶打，肉泥终成胶状，黏稠有弹性。肉泥放上工作台，均匀撒上碾细的番薯粉，边拍打边搓成条状，接着拂去剩余的番薯粉，再擀压成饼。通过一遍遍撒粉、一遍遍碾轧，肉饼渐渐延伸变大。40分钟的时间里，双手不得停歇，唯恐肉泥失去活性。终于，肉泥和番薯粉合二为一，融成一体，形成长10米、宽2米多、厚0.2毫米、重10斤的大薄片。看着光滑油润，嗅之有肉香。若是遇上梅雨天，番薯粉还要放烤箱里烘干才能再用。只要有一星半点肉筋和油脂没剔除干净，扁肉燕皮就会穿孔破洞，前功尽弃。

打好的扁肉燕皮再敷上一层薄番薯粉，自然晾干后，切成3寸见方的长条，折叠起来，便成了干燕皮，包装贮存半年不坏。

坊间有一说：福州扁肉燕，百吃都不厌。除了言及扁肉燕的滑嫩爽脆有嚼劲、汤清肉鲜色晶莹外，它那花招多样的吃法，也功不可没。除了风味小吃的扁肉燕和添料加鸭蛋的太平宴，燕皮还有其他几种吃法。切成丝，高汤烹煮叫燕丝汤；肉泥丸沾上燕丝，滚成圆球状，蒸熟，冲入高汤叫燕丸汤；红酒糟煮燕丝汤，再打入鸭蛋，叫酒肉荷包蛋。今人还有创新，把八成熟的扁肉燕油炸，起锅蘸辣椒酱、番茄酱，中餐西吃，古菜今吃，此一味，深得00后青睐。

"桌上一窝燕，娘子巧手烹。梁上声已渺，窗外小长春。"传说，写此诗者为三坊七巷的苦读学子，看到自己喜欢的食物，感伤时令转换，碗中的扁肉燕已从燕子的形象变成了长春花。这个故事除了衍生出扁肉燕的另一个菜名"小长春"，燕子的形象依旧挥之不去。而栖息不定的燕子给流浪、漂泊他乡的游子带来无限的惆怅。"似曾相识燕归来""燕子归来寻旧垒"这样的诗句，都是归燕思乡的情结。由于扁肉燕的草根性，在闽都广为普及，它的味道深深嵌入福州人的记忆，它是一道思乡团圆菜，成为漂泊异乡游子一解乡愁的精神食品。

近些年，陈君凡经常被邀请到国外表演中华美食，他说起一个在美国遇上的故事。一位三代前移民旧金山的老中医，年至耄耋，看完他的"打燕"表演，吃了他煮出来的扁肉燕，双手捧住陈君凡的手，老泪盈眶。他操福州话说："我的家就住在三坊七巷，从小听打燕声长大。这是妈妈煮出来的味道。我又回到了榕树下。"

母亲已经86岁，一年前就不再自己动手包扁肉燕了。这过年的味道儿，开始感觉缺了点儿什么，让人心头莫名地不踏实起来。

最难忘的是青红酒

余兆铿

白粿年糕糍粑，猪脚全鸡番鸭，老屋明灯合家。几壶青红，年味飘上心头！

午后在窗外一片灿烂的阳光中醒来，惊觉今天是年后的第一天上班了。没有喜悦，也没有忧愁，年就这样悄悄地溜走了。也许随着时间的犁铧，耕耘经年岁月，我们已经过了为年期待、为年欣喜、为年守候、斟酌年味的年龄。可是在记忆深处，总有永不褪色的关于故乡关于年的记忆，那是满桌平时牙缝里省下的热气腾腾农家饭菜，那是全家老少举杯畅饮青红酒对未来满满的祝福……

儿时最浓的年味是那一壶壶滚烫醇厚的青红酒，一年举家辛劳忙碌，360多个日夜勤俭节约，换成一桌飘香在鼻尖胸中的美味，就在"噼噼啪啪"鞭炮声中迎来隆重的时刻。浓浓的酒香驱走那冬日寒气，驱散一年漂泊的疲乏，开始了人们对新一年的憧憬！

记忆中，每年冬至日，都是一个值得期待的日子，因为这是妈妈的酿酒时节。农家大灶里柴火熊熊燃烧，锅里放上大炊桶，蒸起用井水浸泡过淘洗干净的糯米。等糯米蒸熟了，将它摊开在一个竹筛匾中，待米饭凉透，就可以下缸酿酒了。那蒸过的糯米米香悠悠，极有韧性，是每个孩子的最爱，我们总是迫不及待地等蒸熟的一刻，立即抓上一把，口中不断地呼气，左右手交替地颠着，搓成一个饭团，享受着糯米的香甜。而那拌上红曲的糯米团，加上清澈的井水，把酒缸封好，放在屋里的角落，隔天搅拌下，30天许酒香便扑鼻而来，色泽青红浓稠……

那酒就成为山里人家数九寒冬的温馨伴侣。每天劳作过后，温上一壶，慢慢啜饮，驱走庄稼人的困乏和寒意，可以一觉睡到天亮。山里人家，生活都是精打细算的，唯有酿造青红酒，总是不惜血本，家家户户都酿青红，一酿就是数百斤，过年喝、过节喝、驱寒喝、劳累喝、红白喜事喝、插秧杀猪喝、走亲访友喝……遇到预期中的娶媳妇、嫁女儿、盖房子、生子女等大喜事，更是酿造一大缸又一大缸的。

孩提时候，我就知道，青红酒有养身治病的功效。青红酒，在老家也叫"月子酒"，能补血气、驱寒气。生了娃的女人们坐月子都要吃青红酒当汤炖的鸡，一个月子下来，通常要吃掉数十斤的青红酒。

青红酒，还是农家美味佳肴的必备佐料之一。倘若你去走亲访友，主人总会端上一份热腾腾的长寿面，浇上浓浓的青红酒，酒香四溢，令人胃口大开。平日里，家里要是煮鸡、鸭、上排、猪蹄之类的东西，加入青红酒，或炖或煲，味道香醇，营养丰富。在我们闽清，还将青红酒酿制完以后剩余的酒糟，用来糟肉、糟菜、糟鸭，是我们闽清诸多的特产中令人特别珍爱的一类。

青红很美，令人迷恋，青红酒醇，醉人于无形。年轻时候，我就恋上青红。每个寒假的傍晚，总是在几盅青红过后，在微醺中发酵"少年不识愁滋味，为赋新词强说愁"的青春骚动。曾好几回，同学来朋友往抑或伤心难过的时候，过足了"大块吃肉，大碗喝酒"的"豪爽气概"，到最后翻被掀床、"满室汪洋"，丑态百出，惹得旁人哈哈而笑，也苦得老妈次日终日忙着收拾。踏上工作岗位后，或是受困于工作挫折，或是感伤于人情如水，我更是和酒结下不解之缘，啤酒、白酒、葡萄酒，酱香、清香、曲香，法国葡萄酒、日本清酒、俄罗斯伏特加都曾领略过不少，可最解愁的还是家乡的青红酒。

近几年，通过网络方才知道，青红酒被誉为闽派黄酒的正宗，是福州一个有着悠久历史和地域特色的酒种，它含有丰富的葡萄糖、糊精、氨基酸、维生素和多种酯类物，有液体蛋糕之美称。冬天温一杯青红酒小酌，可以暖身并补充身体能量，睡前喝点可以助睡眠；青红酒加一小粒冰糖文火炖着喝可压火气；工作疲劳体虚，可以少量喝些，有促进食欲、舒筋活络、生津补血、调养身体、解除疲乏的功效。

在福州地区还有一个传说。2000多年前，无诸率兵协助刘邦击败项羽。无诸在于山加封闽越王当日，一位美貌的年轻女子献上了自酿的美酒，只见此酒色泽青红，香气四溢，无诸饮后大悦，于是在于山之巅大宴九日九夜。自此，闽越王宫祭祀婚嫁，必饮此酒。此年轻女子在后世中被称为青红娘子，又叫十八娘子，因此祭祀和婚嫁民俗专用的青红酒，历史上须经处子之身的女子亲手经过18道工序方可酿造……

　　流年似水。可以有小斟的幽雅与情趣，一壶一杯，一酌一饮，无思无绪；也可以有三五成群，指点江山、笑谈风云的酣畅淋漓；可以独在他乡一杯浊酒寄乡愁；也可以合家团圆觥筹交错话温馨……

　　无论何时何地，最难忘的是家乡的青红酒！

画 里 闽 风

景　艳

　　福州，是一座有着2200多年历史的文化名城，中原文化与闽越文化、海洋文化与内陆文化的多重浸染，滋养出独特的人文景象、风俗民情。发端于生活实践、生根于平民百姓之中的历史旧貌、时令风俗、趣闻掌故历经沧桑而绵延，成为历史的映射、时代的光影。

　　一位退休老人，孜孜以行二十余载，潜心民俗文化研究和民俗画创作。笔下一幅幅福州民俗风情画卷，生动展示了清末民国以来的闽风意韵、市井百态。

风 物 长 情

　　陈友荣，笔名鳌山石叟，1933年生于福州市仓山区螺洲镇鳌山村。1951年参加工作，退休后致力于民俗文化研究和民俗画创作，著有《福州民俗风情百图》《闽都民俗风情画》《闽都民俗风采画》《新二十四孝百图》等，还为"福州民俗文化丛书"和《福州风土诗》《福建岁时节俗谈》《上下杭史话》等书配画、插图。作品多次印制成挂历、台历与明信片等。

　　采访陈友荣是在他的家里。他告诉我，之所以把民俗画当作自己后半生的志业，一方面因为对福州千百年来流传下来的民俗风情持有一份浓烈的情怀；另一方面因为老福州欠缺旧照与图片遗存，他希望通过手绘民俗画把那些口头与文字上的东西变得形象可感；再一方面通过绘画语言挖掘闽都传统文化内核，将其中所包含的人生态度、情操与城市发展面貌展现出来。他希望更多的人领略福州历史之悠久、民俗之淳美、文化底蕴之深厚。

　　民俗画里有童趣。"那里面的很多都是我自己亲眼见过、亲身经历过，或者是我自己亲耳听到的，所以我画起它们来得心应手。"陈友荣先生将他出版的厚厚一摞民俗风情画逐页翻给我看，神情飞舞。旋糖、黏蝉、人家斋、出租小人书摊、供岁饭、食芥菜、端午节台江夺鸭，大鱼丸肉燕征东饼、七省经略庙鼎边糊、闽台迎娘奶、临水夫人陈靖姑……不论是童趣传说、节庆习俗、美食商贾，还是行当工匠、市井百态，浓厚的乡土气息、极具带入感的情境很容易勾起人们对童年与往事的回忆。画作中流露出的些许乡愁的怅惘与亲切让人流连忘返，仿佛观者就是那画中驻足的看客、顽皮嬉戏的孩童，皆是旧物的故人。那些串联起来的风物与表情，是一个世界一个时代。

民俗画中有历史。说话间，两幅关于解放大桥的绘图吸引着我。只知道解放大桥和福州解放有关，并不知道它原名叫"万寿桥"。这座桥的历史最早可追溯到北宋，后来由元代法助和尚在闽省广泛募集钱财，历时20年方建成。在陈友荣创作的《闽都民俗风采画》中，描绘的却是1944年10月福州第二次沦陷时，日本战机轰炸大桥时的场景。当时，万寿桥被炸毁一孔，成为"断桥"，后来，政府在断桥上用三角钢铁板搭成临时栈桥。画面上，日本零式战机的红色膏药旗清晰刺眼。

民俗画中有情感。"我参加工作前只念完小学，但6年小学我读了10年，换了5所学校。"螺洲是著名帝师陈宝琛的家乡，私塾很出名，但陈友荣只读了不到一年时间。"那正是抗战时期，福州两次沦陷。我记得很清楚，1941年4月21日，小学开学一年就关闭了。日本人迫害百姓，手段残忍。当时，按人口给乡里派义务工，不给就抓人杀人，许多民工被迫害致死。40多岁的母亲，被派去修义序机场。我年仅八九岁，也要上山挖战壕。为了躲避日本鬼子，我们辗转于福州城里与乡下之间。到抗战结束，10口之家就剩下我和母亲一对孤儿寡母。"陈友荣先生叙说得很沉痛。

从那个时代走过的人都有一种拼劲，陈友荣在工作之余抓紧时间拼命读书，从业余学校，到中共中央党校大专文化进修班，从未停下追求的脚步："我没有进过美术学院，小孩子时爱涂涂画画，参加工作以后，画墙报刊头、插图，退休以后到福建省老年大学学绘画基本理论知识，为的就是把福州那些民俗风情更鲜活更准确地表达出来。"

逸 韵 长 卷

如果说，陈友荣一帧帧民俗风情画是对世相百态的工笔微雕，那么，他那长30米、宽1米的《闽都逸韵图》长卷堪称闽都风情的恢宏写意。当那14幅画作在眼前渐渐打开时，几乎让人不敢相信这一切出自一位87岁、因胃癌历经多次大手术的耄耋老人之手。漫长的4年时间里，陈友荣的笔触从武夷山一直游走到闽江的福州出海口。描绘重峦叠嶂、湖泊舟楫以及沿岸900多间庙宇古厝、2300多位形态各异的人物，将冰心笔下故乡的民俗风情演绎得意趣横生、生动可感，构成了一幅闽都风情的全景画卷，蔚为大观。诚如专家所荐：融史料性、思想性、趣味性、通俗性与可读性为一体，颇有福州版《清明上河图》之韵味。

"我从2002年开始创作老福州民俗风情画，之前都是单幅成图，但有特定的系列，比如节庆篇、童趣篇、工匠篇、美食篇等，颇具组图特征。4年前重读冰心散文《我的父母之乡》《漫谈过年》等文章，其对故乡福州的年节习俗、风土人情，多有精彩、细腻的描述，句句包含着冰心对故乡的爱与眷念，传递着浓浓的乡愁，让人仿佛穿越时空，回到童年，感慨万千。为此我萌发了以冰心笔下的故乡闽风民俗为题，以母亲河闽江为纽带，三山两塔一楼名胜古迹为背景，将曾经画过的民俗风情串联成卷的想法。"

冰心笔下的故乡，何尝不是陈友荣心中的故乡？为了更贴近更真实地去发掘与表现福州明清以来的风土人情，陈友荣先生特地找来福州地图，搜集相关的历史资料、刊物和老照片，根据不同区域的不同特点，有侧重点地撷取其代表性的风物，突出各自的特征。比如，在三坊七巷闹春节期间各式各样的花灯及节庆活动；马尾，则突出它的船政特色；上下杭，侧重于其商业活动；而鼓山、城门一带则以农事活动为主……根据需要，以平视、仰视的角度进行手绘。为让画面的主题更鲜明，陈友荣特意在闽江南岸画了一个"闽都历史文化长廊"。时间上，循先民拓土、开基建城到迎接曙光、福州解放的轨迹；文化上，则分闽学渊源、海洋文化、左海民风等。

陈友荣家的客厅当中现在还立着一块贴着厚厚白纸的门板，陈夫人告诉我，陈友荣就是在这张门板上完成他的14幅画卷。摆上两张凳子，门板

往上一放，就是一张足够大的画桌。端一张矮凳，一画就是大半天。那门板，只在大年三十才会收起来。

我问陈友荣，这14幅组图当中，最喜欢的是哪一幅？"上下杭。"他脱口而出，"我孩提时代就住在三保，在大庙山上的福商小学念书，山下就是上下杭，还有苍霞洲，商业很发达，人来人往，三教九流的人都有，还有至外洋的船码头，来自世界各地的人们上上下下，各种活动频繁，印象很深，所以画起来也就特别有感觉。"

据《福州百科全书》解释：苍霞洲"泛指中平路以南至闽江北岸，西至支前路一带"。明末清初，沿苍霞洲之闽江，系通往闽江上下游重要航道。境内三捷河、新桥仔河纵横其中，沿江有美打道、恒昌埕道、篷埕道、南福道、娘奶庙道等道头，舟楫来往方便，是闽江上下游商品的集散地。街市繁荣时，有旅社、茶馆、酒家、戏场，还有妓寮。那些做木柴生意的、卖虎标万金油的、看目睭（眼睛）的依婆……都成为陈友荣笔下不可遗漏的风景。在他眼前，想必时时浮现出福州评话序头中"梅鹊争春白鹭岭，落霞晚照苍霞洲"唱词的景象吧。

岁月钩沉

陈友荣的画作还包含对闽都文化的深沉思考和对城市精神的探索，蕴含着浑厚的历史意识。

"孝弟（悌）也者，其为仁之本与！"孔子在《论语》中将"孝"提到人生之本的高度。陈友荣告诉我，已故民俗专家方炳桂家中有一张拍摄于20世纪初的黑白老照片，呈现的是一个出嫁的女儿回家给父母送拗九粥的画面，非常珍贵，但年代久远变得模糊，他根据记忆新创作的《送拗九粥》图更形象生动。此外，他还模仿绘制前朝《二十四孝》，并根据《中华人民共和国老年人权益保障法》和由全国妇联、老龄委等共同发布的新版"二十四孝"行动标准，绘制出版了《新二十四孝百图》，用绘画倡导"经常带着爱人、子女回家""节假日尽量与父母共度"等道德风尚，表述立行孝爱，传播满满的正能量。

闽都习俗中寓含着仁德向善、爱国佑民的精神底蕴，陈友荣将其以通俗易懂的方式——呈现。比如，"鼓楼前光饼、征东饼"源自明嘉靖年间戚家军抗倭行军干粮；陈靖姑之所以能够成为福州地区深受人民爱戴和尊敬的女神，是因为她护佑百姓，造福四方；纪念民族英雄陈文龙的"送状元船（尚书公）出海省亲"的祭祀典仪至今已有600年历史，进一步弘扬中华民族优秀传统文化和爱国主义精神，增进榕台民间民俗文化交流，促进两岸持续融合；"菠菠粿"（清明粿）是福州特有的清明节供品，"压纸"是福州话中扫墓的代名词，儿孙辈每年祭扫除草、奉香祭供之外，还要"以楮纸覆墓上"，以示后人礼成。

陈友荣的画作在还原时令节俗的同时，向人们展示了城市开发扩建进程中开始迷失而又渐渐觉醒的环境保护意识。比如，他会在描述弹弓"打鸟"和箩筐"捕鸟"时，加上一句："现在鸟儿是受保护的，不能捕捉"，"现在禁止捕鸟，这种玩法已经看不到了。"现代的福州还有多少人知道"卖横三（黄瓜鱼）"呢？那时黄瓜鱼到了产卵季，"泛滥成灾"，"南海剥暴，鲜鱼没处倒"，福州长乐、连江一带的渔民卖鱼连秤都不用，顾客用畚箕扒够了，象征性给几角钱就走。现在呢？渐渐昂贵的价格让人们难以想象"横三发海"的过往，人们对大自然的忏悔仍远远不够。

陈友荣还将笔触延伸至旧社会的底层，使人们感知社会的进步与发展。比如旧时生活于闽江流域连家船上倍受歧视欺压的"疍民"，福州街头叫卖的"病肝糖"，育婴堂专门接受弃婴的"接婴处"等，已随着社会的进步消失殆尽。

都说陈友荣的笔接着地气，这地气正是现实生活的民间纪事。随着社会的进步、科技的发展，补碗补锅打铁、磨剪子戗菜刀、补藤床框竹席、刨烟丝箍桶打草鞋等传统手艺逐渐凋敝乃至于消隐。但它们没有消亡，只是换了一种形式，或者成为艺术手作的奢侈品，或以机械化、自动化、智能化的规模产业重新登上社会舞台，若干年后，成为福州民俗百态新的组成部分。目前，佛跳墙、篦梳、寿山石雕、闽剧、漆箸、软木画、伬艺、古琴、油纸伞等福州传统技艺，都已列入非物质文化遗产，受到世代传承与保护。

画里闽风岁月长。从某种意义上说，民俗就是乡愁。留住乡愁，就是留住这座城市的根。

温润不觉韶光换

——罗源非遗角梳今夕

林梦阑

福州角梳由牛角或羊角制作而成，至今已有700多年历史，与脱胎漆器、油纸伞并称为"福州三宝"。罗源角梳厂作为福州现存历史最久的角梳工厂之一，曾自创"牛头牌"和"少林牌"等品牌，凭借独特工艺和上乘质量，远销海内外。2007年8月，罗源角梳手工技艺被福建省政府批准为第二批省级非物质文化遗产。

命运·初遇角梳

1935年出生的程寿芳，已经85岁了。作为第一批省级非物质文化遗产角梳手工传统技艺传承人，40多年来，程寿芳对角梳制作工艺倾注了巨大热情，角梳的温润气质也浸润着老先生的生命。5月的一天，我在南溪公园的林荫小道上见到了这位罗源角梳技艺传承人。

1956年，时任罗源县弹棉合作社社长的程寿芳遇到了难题：越来越多的工人开始抱怨收入太低。弹棉是一个季节性的营生，棉被需求量在冬季大幅增加，订单源源不断。夏季，生意就格外惨淡。淡季时工人们收入微薄，甚至难以养家糊口，企业的发展危机渐渐浮现。罗源地小，人口少，对棉被的需求有限，眼看着一年的淡季又要临近，为了增加收入，21岁的程寿芳带领着工人们闯荡到了福州。

日子在日复一日的走街串巷中流逝。有时候生意找上门，工人便停留个三五天，然而大多时候无所事事，他们往往在福州的街头巷尾晃荡一整天也毫无收获。有一天，他们在三坊七巷附近转悠，路过一间作坊时，半掩的大门后隐约可见的成堆牛角引起程寿芳注意。他站在门口，隐隐听见里面传来工人忙碌的声音。那个时候，他还不知道这个作坊就是福州市角梳厂的前身。如今的程寿芳回忆起来，与福州角梳的遇见，是偶然，也是命运。

程寿芳走进了这个有着几百个工人的作坊，完善的工序和流畅的生产线让他赞叹不已。程寿芳当机立断找到负责人，向他了解角梳的生产状况，并交流了弹棉厂当下的困境，以及创建新生产线的设想。角梳行业与弹棉行业正好相反，淡季在春夏季，旺季在秋冬季，正好能配合弹棉的时间节点，你方唱罢我登场，为工人创收。回到罗源后，程寿芳向工人兄弟们表达了自己的初步设想，毫无悬念地得到了热烈响应。于是他对外招收10位年轻好学的学徒。在福州角梳作坊里，他们被安排每人学习1-2道角梳制作工序以及机器设备的打样制作。年轻人精力旺盛、悟性高，经过1个多月的磨炼，均学成回到厂里，程寿芳带领工人们自制并购买切割机、打胚机等机器，并针对学艺过程中暴露出的开齿等技术难题，特邀福州的师傅进行实地指导，循序渐进地将角梳制作的技艺学精弄透。自此，罗源角梳制作第一条生产线初具雏形。工人们满腔热情投入到角梳的生产中，第一批角梳很快就销售一空，角梳带来的收益给了他们实实在在的回报。

第一份国外订单让程寿芳记忆犹新。"那时角梳生产渐渐步入正轨，我到全省各地跑业务、拉生意。到了厦门鼓浪屿，那个时候旅游纪念品还比较少，纪念品商店内几乎看不到角梳。经与商铺老板沟通，角梳被放在店里展示出售。没想到仅过了两三天，一个金发碧眼的外国人便找上了门。他用生疏的普通话简单表达了订购角梳的意愿，说希望带一批福建特色的商品在美国销售。我带着他观摩了角梳制作的工序流程。"程寿芳边说边笑眯眯地比画，"他很满意，还不停地竖起大拇指称赞我们的角梳呢！"有了这第一笔远销国外的订单，程寿芳对于发展角梳产业的热情愈加高涨。此后，程寿芳合理安排角梳生产线，工人们的收入水平明显提高，角梳的高销量助推生产规模的扩大，工厂的工作重心也渐渐转移过来。

1977年，程寿芳借助合作社厂房，正式建立罗源县角梳厂。1983年，程寿芳创设企业品牌——"牛头牌"角梳。1988年，罗源二轻系统进行企业

改制，程寿芳正式将罗源角梳厂转为私营企业。20世纪90年代末，罗源"牛头牌"角梳凭借独特工艺和优越质量，全面打开上海、浙江乃至对外出口贸易的市场。2007年8月，罗源角梳手工技艺被评为第二批省级非物质文化遗产。2008年6月，程寿芳被评为省级非物质文化遗产项目福州罗源角梳制作工艺第一批省级代表性传承人。

匠心·培根铸魂

《孝经》云："身体发肤，受之父母，不敢毁伤，孝之始也。"传统文化对于孝的重视之甚，在清军入关之际，许多人不惜冒着被砍头的风险也坚决拒绝剃发，头发对于古人的重要性不言而喻，梳头的梳子也在历史上拥有了一席之地。古代女子出嫁时有家人为其梳头的习俗，梳子自古就寄托了"白头偕老""相思"等美好祝愿。

关于福州角梳的制作和使用，最早可以追溯到700多年前。1976年，福州北郊新店出土了一座南宋古墓，随葬物中就有6个黑水牛角制作的半圆形角梳。那时，角梳还是象征着身份地位的礼器，尚未进入寻常百姓家。直至清代，以牛羊角、竹子、一般木材等制作而成的梳子由于成本低廉，渐渐地在普通百姓中普及开来。其中福州角梳精巧实用，且具有去屑止痒、护发健脑等保健功能，于是迅速发展到相当大的规模。民国初期，福州角梳行业进入鼎盛时期，据统计，当时茶亭附近共有一两百家家庭作坊手工制作角梳，工人约有2000名，年产角梳278万个，福州成为全国三大制梳产地之一。

1935年前后，福州邹振记角梳庄创办者邹元华研制成功第一台"电动锯角机"，并凭借由知名漆画工艺师朱庄绘制虎豹、山水等图案的角梳作品在国际工艺品"小吕宋赛会"上荣获金奖。有一说法是巨商胡文虎曾出价半斤黄金购买获奖的"牛角虎梳"（不到3两重），可见角梳之价堪比黄金。1957年前后，茶亭角梳制作的家庭作坊大部分合并，成立了福州角梳厂。程寿芳将福州角梳制作工艺带入罗源，几经兴衰，不断改进工艺，发扬光大。

说起角梳制作，程寿芳的眼里便闪着一种孩童般的光芒。他介绍说，福州罗源角梳的原料选择讲究，一定要用上等牛角或绵羊角，分为非洲黄牛角、内蒙古绵羊角和福州本地水牛角三种。黄牛角和绵羊角制成的角梳呈黄色，半透明。黑水牛角制成的角梳则黑亮清透。牛羊角不同位置做出的产品不尽相同。实心的角尖部分用以制作按摩棒或者梳子，中间角筒部分则视厚度大小制成梳子或刮痧板，还剩下一些边边角角则用来制作印章和梳类保健品等小物件。

早前，角梳制作只有8道工序，依次是锯角、砂皮、剔坯、打坯、画坯、开齿、剔齿、抛光，每道工序都由手工完成。首先取一只牛（羊）角，锯开后选择适合的部位用砂轮、砂纸打磨。待剔除角坯内部的骨头后，用木楔子等工具敲打，将坯压实抚平。紧接着在角坯上画线，确定梳子大小、梳齿宽度、间距等，用刻刀开齿。开齿后则要将多余的梳齿剔去。最后用砂轮机和砂纸修齿，打磨抛光，一把基础的角梳就制作完成了。有些角梳还加上雕刻的工序，工人们各自施展才华，或雕山水园林，或雕虫鱼鸟兽，装饰过的角梳在实用性之外又多了一份新巧雅致。

传承·不忘初心

随着机器应用和生产线的成熟，角梳生产工序从原先的8道增加到如今的23道，增加了吞坯、平面、打蜡等工序，每位工人负责1至2道，角梳的精细化程度及生产效率得到极大的提高。在打坯工序上，工人们用液压油高温加热牛（羊）角坯，沥干后迅速放入机器压实抚平，每分钟可以打坯1块；在开齿环节，开齿机的普及大大提高了效率，弱化了开齿的技术性，避免了人为因素的干扰……机器使用普及后，罗源角梳厂工人数量精简，日均生产量提高，角梳成品也愈加细腻温润。

40多年来，机器的普及带来生产效率的提高固然可喜，可角梳制作手工技艺的传承却几乎接近断层。程寿芳对此忧心不已。从20多岁懵懂入门到如今，这门手艺是他坚持了半辈子的事业，倾注的情感不容置疑。但是愈益疲软的市场、愈加稀缺的原材料、愈见迟缓的老师傅和招不到的年轻学徒，让制作技艺的传承岌岌可危。

这个时候，程寿芳从儿子那里找到了平衡点。45岁的程庆安是程寿芳

的小儿子，1991年在父亲的影响下踏入角梳制作行业，在父亲日渐年迈后接替其成为罗源角梳厂的主要负责人，于2011年被评为此项非物质文化遗产市级传承人。

程庆安和父亲商量，计划一边依靠机器生产的优势，发展角梳厂生产规模，提高销量；一边将原有的近300平方米旧厂房改建成非遗角梳文化展示馆，全方位介绍罗源角梳工艺的手工技艺历史、工艺流程，并进行角梳、刮痧板、烟斗等各类牛（羊）角制品展示，开设手工课程供游客体验，争取形成文化产业，做到既能产生效益支持展馆运作，又能扩大宣传效果，留住传统手工技艺。除此之外，程庆安还计划积极参加非物质文化遗产相关系列展示活动，让年轻人有机会了解角梳生产行业，对角梳制作技艺发生兴趣，从而招收学徒传承技艺。对此，程寿芳十分欣慰，耄耋之年的他对角梳技艺的传承也有了新的期待。

罗源角梳厂的会客室窗明几净，茶桌后方的墙上挂着各类荣誉证书，整面墙的展示柜上则摆满了角梳及刮痧板、烟斗等衍生品。程庆安拿出一把角梳，它造型简单，整体呈淡黄色，梳身冰洁适手，梳齿细腻光滑，几乎没有一丝杂质，像时光里的温婉女子，目光澄澈，不施粉黛也动人。程庆安介绍说这是纯手工制作的，以后也将用于展示。"为了创新角梳式样，我们还准备引入现代技术。往后，还将发展激光雕刻、激光画坯。针对的不只是图案，连梳子的外形都能用机器完成，实现精准雕刻。"程庆安的介绍，热切而充满期待；而程寿芳望着儿子手中的角梳，若有所思，"是越来越好，可冰冷的机器终究取代不了人文的温度……"

交谈的最后，程老不免有些感叹，四五十年与角梳相伴的时光，仿佛就在昨日。他说梦回时，还经常看见那个年轻的、努力带领工人们走出困境的自己。或许仅有对角梳的热爱是不够的，还有一份对同事后辈的关爱，一份对技艺传承的执着，才使得程老在角梳技艺的改进和发扬道路上越走越远，使得罗源非遗角梳在时光的长河里，愈发细腻温润、闪耀动人。

橄 榄 人 生

于 丹

输入"橄榄树"一查，哇，不少文章将西班牙的橄榄与中国的橄榄混为一谈。其实，西班牙的是乌榄（Canarium Pimela），果实紫黑，煮熟后吃，榄仁用来榨油，只在5月开花。而福建的橄榄学名则是青果或白榄（C.album），果实绿至淡黄，生吃。白色小花从春开到夏，故橄榄林中弥漫着淡淡的芳香，绵延至秋冬。冬日，橄榄清香中掺和着柑橘甜香，连片果园的缥缈幽香大大减轻了肃杀寒意。

从福州的闽江上溯，过闽清和白沙至水口，橄榄树倩影绵延成片。它们身躯高大挺拔，骨骼灰白干净清奇，枝叶茵绿翡翠累累，碧空云霞下"若将飞而未翔"。相比之下，西班牙的橄榄树仿佛只是小家碧玉，而我们闽江橄榄树却是下凡女神——秾纤得衷，修短合度，高傲典雅，风情万般。

橄榄树都高寿。曾偶遇200岁一橄榄树，铁虬银枝绝无老态，却如松柏叱咤风云；又似贵妇仪静体闲，华容婀娜淑美至极。令人惊呆，一时竟不知身在何处。

再回头听《橄榄树》，三毛其实还是思乡。"不要问我从哪里来，我的故乡在远方，为什么流浪？流浪远方，流浪……还有还有，为了梦中的橄榄树，橄榄树。"

为此，她特地交代："现在的'橄榄树'和我当初写的不一样，如果流浪只是为了看天空飞翔的小鸟和大草原，那就不必去流浪也罢。"

在三毛心中，橄榄树是故乡树；在远离家乡的漂泊者心中，橄榄树几乎是家乡的代名词。

某侨居美国的友人说，母亲临终前，突然想吃家乡的新鲜橄榄，可是到处买不到。这成了他心中挥不去的阴影。

但是，对于年轻人，则需要流浪——流浪去了解世界，流浪去放逐心灵，流浪去逃离金钱奋斗生存的琐事。所以，西班牙的橄榄林符合意象的首要是"远方"二字。不管为了何种缘由，我们必须流浪，风景在远方，功名在远方，爱情在远方，生活在远方。

要等到鬓已星星，尘埃落定，蓦然回首，才有一声叹息，恍然大悟：最珍贵的其实就在身边。可惜，游子归来，物是人非。

这大概是人生必经曲折。因此，在我心目中，唯有闽江岸边的橄榄树才经得起如此深刻反刍。

世间有无数等待和被等待的人，傲岸而孤独的橄榄树，像人——等待或者被等待。

在已经被淡忘的不久的从前，曾有男生和女生在橄榄树下定情。男生去了远方——北欧某国使馆工作。约定的婚期之前，女生政审不合格，不可以做外交官配偶。从此二人天各一方。那边是"青春都尉最风流，二十功成便拜侯"，按照要求另娶娇妻；这边厢青鸟不传云外信，橄榄空结雨中愁——女生望断碧空，看着橄榄年年结果，碧莹莹如绿色泪珠滴滴落心头，那无尽的难堪和孤寂远非语言能道。终于，白发成丝，鸿雁敲窗。外交官归来，执意要见女生。见毕，依旧娇好的女生叹气：唉，大腹便便，家事多多。再不是当年橄榄树下的他了。不到远方，哪会这般？看来我比他过得好。

这种橄榄树之叹，我深以为然。

有学者说橄榄最能代表闽人哲学：始涩后甘——先奋斗，后享受，奋斗越艰辛回味越甘甜。然。北宋诗人王禹偁将橄榄果喻为"谏果"——向别人谏言的代称，指不顺耳但好心的劝告。

因此，橄榄是善良的有个性的果实。

远古时代，闽地本属南蛮，因此民间多有相传偏方。橄榄即是其一。

小人儿们如咽喉不适或者嘶哑，大人总叫含橄榄。那功效胜过今天的润喉片。名医李时珍在《本草纲目》中对于橄榄治疗喉疾有详尽描述。但是，我们不被允许多吃，因为橄榄帮助消化，小人儿们要多吃饭。这在物质匮乏的年代里是大人们的负担。所以，我每每偷吃了橄榄后就要内疚好一阵子，觉得对不起父母。

我家住白鹭岭时，周围也有大片的橄榄林，又多是橄榄中的珍品檀香橄榄，果肉坚硬核小，只一小口便满齿留香。那时的孩子没有什么零食，因此，嘴馋时拣橄榄便是常事。尤其台风过后，收获颇多。那时也没有冰箱，但我自有妙计：先用刀背轻轻拍扁，再用酱油泡着，便可保存多日慢慢享用。做功课疲乏之时，咬一口橄榄最能提神。功课之外拿到一本好书，如果再有橄榄陪伴，人间便是天堂。

结果是，我的作业本或书本上常有酱油迹或橄榄渣。课代表告状到班主任。班主任回答得妙：君岂不闻古人曰人需有癖，无癖之人不可交？今天回忆，这老师真有魏晋风度啊！但另一个男生就没有这么好运了。课堂上老师问：你嘴里是啥？他答：饭粒。吐出来！"噗"的一声，一个橄榄核。哄堂大笑中，老师涨红了脸，追问：饭粒这么大？这成了我们集体的记忆。

对于我来说，读书和美食共进的嗜好就这样保留下来。有橄榄才有文思。也常有同事笑说凡看到稿件上有馒头渣饼干屑的必是某人翻译。感谢他们包容之余，自己也奇怪：一旦口中有好东西嚼，笔下就流畅得多。这真是：回首向来萧瑟处，也无风雨也无晴——唯有橄榄。

爱橄榄的最后一个理由：它和青春相似，都不可久藏。有莎士比亚的话为证：青春不耐久藏。

可见，不舍橄榄老去的人不只是我。于是，闽人便发明出各类橄榄干品：扁榄、咸榄、五香榄或茴香榄，供人们回忆少年青涩时光，供人们带去远方，聊解乡愁。

但总有人如我般不领情，不吃加工过的橄榄。因为爱，故不忍。

福 州 的 粿

施昌寿

翻开《康熙字典》，"粿"字赫然在目："粿，切音果，米食也。"福州人尚古汉语，可见一斑。

福州的饮食文化林林总总，粿是其中一大特色。汪曾祺曾有一篇小品《萝卜》，文字不多，却把各地的不同品种萝卜写得入神入味，妙趣横生。受其启迪，也谈谈福州的粿。

先说最通常的芋粿和菜头粿。芋粿就是芋头和米浆炊成的芋头糕，可即食，也可切成三角形用平底锅油煎，略搁些水，以防焦煳。倘若是用槟榔芋制成的芋粿，那就是上品，油煎后挥发出香葱和五香粉气息，口感极佳。以福州品种的槟榔芋为主料炊成的"芋泥"也是一道别具特色的甜菜，可以上宴席。曾经有林则徐当年请英国佬义律吃芋泥并让他烫嘴出洋相的民间传说，这已是家喻户晓。槟榔芋好就好在入口酥松，福州人调侃某人自不量力时就有句俚语："会做沙沙槟榔芋一样。"也许古时皇帝没有机会尝到福州槟榔芋，否则它也会像广东的荔浦芋一样，列为贡品而身价倍增。

芋粿油炸后，外壳金黄酥脆，内里仍保持本色和温度，谓之"金包玉"，是福州传统鼎边糊店不可或缺的干点之一，与轮胎状的虾酥、飞碟形的蛎饼还有球样的炸油糍齐名。曾几何时，传统食品的特色不再，虾酥无虾、蛎饼无蛎，芋粿也难见有芋，只是白白的米粿油炸一下而已。

菜头粿即是萝卜糕。福州人从来不说"萝卜"，总是称之"菜头"。顾名思义，菜头粿是用鲜嫩的萝卜刨成细丝，掺和米浆炊成。每逢年节，家口多，有大锅灶的人家都会磨米浆，洗蒸笼，忙着炊芋粿和菜头粿，供孩子们或客人享用。菜头粿，一般只煎不炸，由于萝卜特有的滋味且不像年糕那样粘牙，因而尤为孩子们喜爱。如今家庭人少，小锅小灶，想吃就到超市去买，间或街巷弄口也还有推辆自行车在后架上放置一两层蒸笼的小贩，论斤叫卖菜头粿和芋头粿的，比面包蛋糕等甜食，显得更经济实惠。俗话说"萝卜青菜，各有所爱"，而芋粿和菜头粿也是各有所爱的。福州人往往将某些事物搞得不伦不类，生动地比喻为"唔像萝卜唔像芋"。

孟春时节，清明粿就早早地上市了。清明粿又称"波波粿"，因有菠菜汁调成绿色，故名。粿内包有豆沙或枣泥馅，磨浆时糯米与粳米搭配比例无准确标准，大体上糯米多放则炊熟的粿较软，反之则稍硬有弹性。清明粿是福州人扫墓（压纸）的重要祭品，上供完毕还可带回家给孩子吃，图个吉利，说是祖宗先人尝过的赏赐，一般是不必过炊。许多地方清明节就是寒食节，历来不生烟火的。20世纪80年代后，渐渐形成一股新陋俗：扫墓时放鞭炮、烧纸钱……原来清静寄托哀思的墓地陵园，变得乌烟瘴气，噪音不断，真若先人地下有知亦不得安宁。

白粿，福州一带除米饭、面食、粉干之外的一大主食，原料以籼米为主，通常呈长条椭圆形，长约半尺、宽约2寸，讲究些的用模压成有花纹的圆饼状。凡售米、面的粮店都兼售白粿干。买回家要先泡软后才切成片烹或炒。炒白粿是福州餐馆里一道既能下酒又能吃饱，两相得宜的传统菜。家庭厨房逢年过节或招待亲友也可自制上得了桌的。福州人炒白粿一讲究配料，二讲究火候，三要足够的熟油。配料有甘蓝、油菜芯、花菜、青蒜、香菇或木耳、虾仁等，不拘一格，至于瘦肉、腊肉或香肠则可有可无。白粿、花菜先在开水里焯过沥干，然后下油锅煸炒，油要足量，否则粘锅；青菜、青蒜要后放，以保持绿色。在不断快速翻动煸炒时略搁些糖，不必放味精，咸味取虾油即可，忌豉油和盐，起锅前烹一些料酒，色香味俱全的一盘炒白粿令人垂涎欲滴。

九重粿，又名九层粿，是农历九月九日重阳节的时令食品。《闽菜史谈》（刘立身著）里有如下叙述："用上等籼米，或加少量糯米或粳米，浸泡磨成米浆，将米浆分成九个等量……每一等量加入适量的不同色的调色剂，一般分为红、淡黄（或绿）、白三色，蒸制时用纱布垫在蒸笼底部，上第一层料，待半熟后，再上第二层，直至反复至九层为止。"九重粿口感润滑细

腻，味道淡甜微香，深受老人和孩童们的喜爱，比起当下商店里的果冻来，更加健康环保。

这里还要顺便提到一种福州人称之为"粿"，其实并非真正意义上的粿的食品，那就是早餐人们常吃的"油炸粿"。

油炸粿，即油条，是近代才和豆浆一起传入福州的鼎边糊食品。福州话粿、鬼、桧同音。传说宋代以后人们因痛恨奸臣秦桧夫妇以"莫须有"罪名杀害岳飞，用发酵后的面条捏成二人扭在一起，氽入油锅炸而食之以解心头之恨，因此名"油炸桧（鬼）"。粤语同称同义。而南方的油炸粿与北方的油条不仅长短有差别，且在口感上亦各有特色。闽粤的明矾略多，因而较松脆，北方的面粉较多，入口厚实有嚼头，其共同点就是吃时可以撕开成两根。油炸粿其实是粿的异类，主要原因在于它的原料是面粉而非大米。

年近岁末，"年瞑兜"到了，福州人把蒸年糕叫作"炊糖粿"。糖粿的成分是米浆、糖、油，加红糖的叫糖粿，加白糖的是白糖粿。为图节庆吉利，白糖粿上每每加上红点。过年吃年糕是民族传统习俗，即便不吃，供奉天地祖宗也是必要的。现今的家庭小型化、现代化，厨房里早已没有了大灶和蒸笼。年逢春节，为了点缀"年味"，只需到超市买一块来，年夜饭桌上摆上一盘，正月初一早餐吃一块，有的到元宵节都吃不完，长了绿毛和黑点，只得扔掉。

传统的福州人，一年四季都少不了和"粿"打交道。粿，具有浓郁的乡土味……

花灯的记忆

陈敏华

　　我的老家在南街的塔巷和黄巷中段，对南后街是熟之又熟。20世纪50年代，我上小学那几年，每逢大年初四到元宵节，都要在这里帮舅舅卖花灯。

　　寒假一开始，母亲就派我和二哥、三哥到舅舅家帮工做花灯。做花灯是舅舅家祖传的手艺，每年舅舅都要制作大批花灯在元宵节前出售，这是舅舅家一年里最主要的收入。所以，每年从11月开始，一到星期天我们都要轮流到舅舅家帮忙；学校放假后三兄弟就得住在舅舅家里，直到年三十前几天才回来。为了多赚点钱，我和表弟从正月初四起就在后街灯市上卖花灯。这样，在春节前就要陆陆续续把花灯从舅舅家运到城里。

　　舅舅做的花灯种类繁多，飞禽走兽都能入灯，有狮子灯、玉兔灯、绵羊灯、雄鸡灯、仙鹤灯，还有宫灯、走马灯、关刀灯、阳桃灯等；表现形式有提灯、吊灯、举灯、摆灯、行走灯。舅舅最擅长、制作批量最多的是荔枝灯。舅舅有一套祖传的制作工艺，所以能一枝独秀，旁人不敢轻易染指，荔枝灯几乎成了舅舅的专利产品。

　　破竹削篾、扎制灯骨、裱糊内壁，这是制作所有花灯的主要程序和基本技术；这些工作大抵在元旦前完成。做荔枝灯关键的技术在于如何表现荔枝表面的泡状折皱，这是最烦琐、最费力、手工也最精细的一道工序了。首先要把红纸裁成8厘米长、5厘米宽的长方形，每十张一叠，铺在特制的竹筒上，每个竹筒铺两叠，首尾相接。然后用粗细适中的麻绳一道道紧紧缠绕在红纸上，接着用与竹筒紧密配合的套筒挤压红纸，当红纸宽度被挤压至3厘米时，每张红纸就形成既有弧度又有折皱的模样了。

这道工序对纸的厚薄、麻绳的要求比较严格，纸厚了或者麻绳粗了，体现不出清晰的折皱，反之，纸又容易破损；操作的要领是缠绕要有力，每道间隔要适中、均匀。这道活通常由舅舅、外婆和二哥来完成。接下来的工序，就由孩子们上阵了，两个表妹负责把每叠红纸小心地一张张分开，那是女孩子方能胜任的细活。我和表弟则负责把每张红纸的一端捻尖，抹上糨糊，再沾点金粉或银粉。最后一道工序是装配，把沾了金银粉的红纸，尖端朝下，错落有致地裱糊在荔枝灯架上，然后穿好提绳、绑上提把，挂上流苏、插好蜡烛，就算大功告成了。这最后一道活也是由舅舅、外婆和二哥、表哥来完成。

每天都有干不完的活，紧张忙碌的劳作，一直要持续到除夕前一天。而我和表弟从农历十二月二十五开始，就要陆续往城里运送花灯。

舅舅家在三叉街，从这里到南后街足足有十几里路，一清早两人扛着3米多长的大竹竿，上面挂着四五十盏荔枝灯，从舅舅家出发。

一路上提心吊胆，如履薄冰，在宽阔繁华的街道上，要小心翼翼地避让着来来往往的车辆和熙熙攘攘的人群；在通过解放大桥时，要时刻提防着花灯被江面上的大风刮跑或撞烂；在拐弯处更是打起十二分精神缓慢地移动，因为扛着3米长的竹竿，更因为竹竿上的花灯是纸糊的，来不得半点疏忽。开始时大约一里路休息一会儿，到后来歇脚的欲望越来越强烈，休息的次数也越来越多。恼火的是越接近城区，歇脚的地方就越难找——路边都是大树，低处没有树枝可供借用，想歇都歇不成。两人又累又渴，十几里地足足走了近4个钟头。到家里早已过了吃午饭的时间，也已筋疲力尽，只喝了些水，就倒在床上，饭也不想吃，只想一直躺下去。毕竟，都才十一二岁呵！

旧时南后街紧挨着南街西侧，是与南街平行的一条文化街。它不像南街那样有像样的房屋，多是木瓦房，是典型的"纸裱褙"的建筑。这条街的店铺多数是做书画、裱字裱画、工艺品、花鸟玉石和篆刻生意的，当然也有食杂和生活用品铺以及做冥间用品生意的店铺；此外，这里还有两家全市最大的典当行。这条街每逢元宵节期间都被辟为灯市，按惯例，从初五开始禁止车辆通行。为了占个好地段，我们都要提早一天来摆摊。灯市约定俗成的规矩是，谁最先使用的地盘，此后一般就归谁使用。母亲老早就看好了一块地方：在一家裱字画店铺门前，有很宽的屋檐可以遮阳避雨，人行道边两棵树的距离刚好可以撑住3米多长的竹竿，确实是个理想的摊位。为保险起见，大年初一，母亲特地到那家店铺向老板拜年、打招呼，请他照顾并且在必要时做个见证，同时，又在两棵树上绑了两根绳子作为标志，这才放心地回家。

到了正月初四这天，吃了早餐，我和表弟带上零钱，扛着花灯出发了。从南街到后街穿过小巷很快就到了，到了裱画店门前，系好竹竿，母亲领着我们见过老板，请他以后多多关照，老板倒是很爽快地允诺了。过了一个多钟头摆花灯的摊位才逐渐多了起来，但是，由于灯市到明天才正式开张，所以摊位看过去仍然显得稀稀拉拉；游客虽然不少，但看热闹的居多，他们今天根本没有准备买花灯，大部分只是打探价格或浏览一下品种，为下次购买时打底而已。所以，尽管母亲一个劲地向询问者夸奖荔枝灯如何物美价廉，一个上午却只卖出一盏灯。将近中午母亲就回家做饭去了，此后，卖花灯的任务就全部落在我们表兄弟俩身上。吃午饭时分两人轮流回家吃饭，这天下午也只卖出一盏灯。

第一天开市的成绩早在母亲的意料之中，她给我们打气：以后生意一天会比一天好。嘱咐我们要勤吆喝、勤介绍；对顾客要和气、耐心，特别是人家不买，也要一样热情，说不定他还会回头；如果冷脸冷面对人家，就再也别指望他会回头。同时，母亲又一再叮咛，在初十之前每盏灯不准低于3角钱出卖，只能尽量往高里卖，以后怎么定价，视灯市行情再说。

果然，花灯卖得一天比一天多。一开始我们两人都羞于开口揽生意，过了两天也就逐渐适应了这种环境，坦然多了。

逛灯市的游客大部分是携着小孩来的，这时候，我们会无师自通地把推销的重点放在小孩身上，向他们宣传荔枝灯如何好玩、漂亮，晚上点起蜡烛更加好看，买一盏回去就知道了等等；而对大人则只是扼要地说明荔枝灯做工精细，不信可以逛完整个灯市再来买，花钱绝对值得，绝对不会后悔。

遇上老太太、老大爷来买灯是令人头疼的事。他们喜欢提起灯笼端详半天，然后东找一个毛病，西挑一个缺点，把花灯贬得一无是处，每逢这时候，我就把表弟推出去应付。其实这些上了年纪的顾客倒是识货者，他们多数还是打定了主意要买，一番挑剔无非是为了压低几分钱，有的走了一圈后又回来砍一轮价。

最爽快的买主是年轻的爸爸，他们手抱着咿呀学语的宝贝，一手交钱，一手提了灯笼就走。还有就是那些攥着不少压岁钱，衣着光鲜，独自或结伴来逛灯市的半拉不大的纨绔子弟。他们出手要比他们的老子大方多了，仿佛这钱是他们自己挣的，满脸优越感。

在生意清闲时，我出神地看着打扮得花花绿绿、悠闲来往的游客从前面走过，特别是那些和自己年纪相仿的少年，羡慕他们。这类游客早已过了打着灯笼满街玩的年龄，他们多半是来逛热闹的，而且是三五成群结伴而来，我羡慕的正是这一点。在这个中国最盛大、最重要的节日里，多么希望能像他们那样，和同伴们到处神游、尽情嬉戏！

这几天，几个铁杆同学或单独或结伴来陪着闲聊，帮着高声叫卖。只有他们来的时候，抑郁的心情才有所缓解，可是等他们一走，心头又被阴影所笼罩。希望能看到更多的同学，可是又怕看到更多的同学，特别不愿意看到那些高干子弟，怕受到他们的耻笑；也不愿意看到女同学，怕受到她们的嘲笑。不知道这些同学看见自己在沿街叫卖会怎么想。

……

在五味杂陈中，我在南后街度过春节期间的这一段特殊经历。

鼎边糊和碗糕

陈 三

住在城南白马河边一条叫"纸道街"的小巷时，每到农历三月底四月，水汪汪的清早，有时是从江中行船的鸣笛声中醒来，有时是从邻居一户人家的笛声中醒来——后来，那位吹笛的少年成为中科院地质考古的一位大专家——还有的时候，是从小街的叫卖声里醒来。那些悠远的叫卖，有中年女人的"炒米"，不必回想她的"其马酥"和"雪片糕""软油饼"，只要回想到她如唱歌一般叫卖"炒米雅好吃"的清脆的嗓音，我的舌下已然生津。还有的叫卖人，那个橄榄油色脸膛的老头，如日本电影中沉默的父兄，他只不时轻轻一击担前的铁片，"叮叮"声仿佛是一道闪光的蛛丝，里面带着蜜的甜，把一街多少儿童飘摇的念想牵系了。谁家的大人叫一声"卡卡糖（丁丁糖）"，让他歇下担子，拿出糖凿，像现在要开喝一块茶饼一样，工具先行一步，就让人心中暗暗起了赞叹，是的，这必将引起其他孩子深深的羡慕。而四月的清早，林林总总的叫卖声里，叫卖栀子花的声音，是匆忙而且不是很用心的。

"水……栀……""水……栀……"那是卖栀子的妇人一早挑着花担，或推着装满栀子篮子的自行车缓缓行走在深巷。

到了我离开这条小巷，搬进"城中"前，我读到了汪曾祺的《人间草木》。他这样写道："说也是怪，栀子花粗粗大大，又香得掸都掸不开，于是为文雅人不取，以为品格不高。栀子花说：'去你妈的，我就是要这样香，香得痛痛快快，你们他妈的管得着吗！'"

这个真的就是栀子花。

廿四番风容易过，此时的花事，开尽荼蘼了，轮到山野气的栀子花"快

闪"，霸气土气野气全然上身，就这样闯入春的光艳，它的花期和枇杷的果期一样，并不长（奇怪的是，近几年常常在园艺坛里看到它几个月的花期），好像只有几天。"那轻，那娉婷，你是"的四月诗句不属于它，"柔嫩"也不属于它，但是"喜悦"确实在它欢天喜地没心没肺的开放中跳跃着。

这时候，立夏就倏然、猝然来了。

立夏来了，既来之，则吃之。

立夏来了，就要"做夏"——咱们"民以食为天"，把二十四节气整出来后，每个节气也都安排了可以大快朵颐的物什，把节日过成以风味小吃为主的美食节日，犒劳自己的耳鼻口舌和肠胃。我们的民族多么有智慧，有足够的想象力与创造力，还有足够的审美情操，才能把物质文明与精神文明完美结合，取得双丰收——做夏，就是做鼎边糊和碗糕。

时光如飞刀。

一年过得一年，今年的立夏本来答应给小孩做鼎边糊，但竟找不到磨米的加工处，于是只能在街边的摊上买一碗聊以塞责——不能不感叹，过节气氛最浓的是小时候的日子。

立夏前一天，每户人家中都有一个人，或老或少，拿着一小袋大米出门去附近的一家碾米厂把它加工成浆。当然有少数几家大户，他们宽敞的厅堂中，也搬出尘封的石磨，在家里自己加工——对城里生长的孩子来说，它是诗意的工作，如果是独自一个人干这活，磨一会儿就心生枯燥。但一年只干一次，而且只有个把钟头的活，孩子们像是中了汤姆索耶的毒，宁肯用苹果或玩具来换得他被罚劳役。

一圈人围在磨盘边，一个人挥臂磨，一个人用小勺子往石磨的小孔中注水添米。干活的少年都已稍稍长大，因此尚能和平友好互相礼让，自己玩一会儿，就把机会让给别人。因此磨浆工作在轮岗中飞快完成。

浆水汩汩地从磨槽中流注下来，一缕缕滴到早已盛在那儿的锅或大盆。用它直接来做鼎边糊即可。但很多家的浆磨好后，把大半部分装入布米袋，那种厚粗布做的布袋，放在大洗衣盆上斜架的洗衣板上，上面压着一块石头，这是一道控水程序。滤上两三个小时，也就可以做鼎边糊、碗糕了。

做鼎边糊的米浆并不要控得太干。用大火烧开鼎中小半锅水，趁着大火热锅，把米浆环绕着锅的未被汤水浸过的上半截，即倒即熟。技术好，倒得又薄又均匀，一熟就用锅铲刮起，像蜕皮一样，一片片干米浆的"糊"就一卷卷的，整齐地落在汤中。汤中加了葱、熟鱼干（鲥鱼干）、虾米等，一碗碗端出。中午的饭常常摆在门口吃，这一天更不必说。一群的表哥表姐，围桌而坐，大快朵颐，吸溜作响。

一边吃，忽然又想起某家鼎边糊做得地道，有人不同意，则举证另外一家的好吃。

自己家做的鼎边糊，其实与当时店里做的并没太大差别，货更足、量更多而已。不得不承认，以前的鼎边糊做得比较认真，同时物资虽然匮乏，但物真而自然，绝无这么多添加剂或色素。比如商家买了虾，他们倒是不舍得把虾拿来煮鼎边糊，那也太奢侈了，但他们会把虾身子剪开，虾仁留下来之外，把虾头、虾尾、虾皮统统放在锅里煮成汤，这种高汤，能不美味？还有蚬子肉。这种极贱、极便宜的小贝壳类，在我小时候，可以在白马河里摸到，城市内河、池塘里也大多都可见，商家买来，把它熬煮出汤来，再把一个个蚬子肉细心剔出。这些都是鼎边糊不可分割的肉身。你说这种制作，能不好吃？

可怀想的，就是那些旧日商家制作鼎边糊的精心。

鼎边糊常常不是单独出现的。其团队标配有两种。一个是油条、油饼，一个是碗糕或三角糕。立夏里与鼎边糊匹配的，更多是碗糕。碗糕的主要用材也是米浆。

家中日常要做碗糕时，常用的工具是瓷的酒盅——像玩具小碗，先把酒盅内壁抹上点花生油，倒入米浆，上面撒些芝麻，放入蒸笼——一种方言称之为"箅"的藤编炊具。简装的也有，直接放在一个篦子上入锅蒸，讲究的在炊具里面放荷叶，但藤条蒸的，本身已有一种草木之香。锅中加水烧开，把"箅"放入锅，将碗上屉，旺火蒸15分钟便熟。

叉腰等水开！或者捻几只枇杷，坐在灶前吃得酸眉一攒。

开锅啦！

怀着一腔雀跃的贪吃婆之心，烫手也不怕，吸溜吸溜地把小盅弄到桌

上。不知何故，每每都不自觉地把两手的烫指头捏着自己的耳垂。紧接着，取一根竹篾（我们家附近有一个手工组，很多妇女在家把竹篾剖成细条当缝缀用的"针线"，缝合斗笠中的竹篷，使它缀成一片），轻轻地在碗沿刮，把米糕剥离碗。看它已涨得开裂的白嫩嫩形象，此时像一只小兔子一样轻轻一弹，贪吃的心不免一抖，食指大动了。

碗糕做得好，发的时间不长不短的话，口感松软。

据说，立夏里吃碗糕，可以明目。

这个说法使它的立意与鼎边糊等价——鼎边糊里含的蚬子壳熬煮的汤也有清心明目之作用。后来读地方的文史掌故，文史专家郑丽生先生的《福州风土诗》中有"栀子花开燕初雏，余寒立夏尚堪虑。明目碗糕强足笋，旧蛏买煮锅边糊"，证实了这一说法。

民俗过节，常寓意深远，而以吃的方式传播，就把寓意像蒲公英一样吹开，种子四散成了地方的集体记忆，成了当地民众的DNA——就像说起油条，我们叫它油炸鬼（油炸桧），象征着对英雄岳飞悲剧命运的同情，对害人的秦桧夫妻的诅咒或愤怒。随着年代推移，很多情感渐趋式微，但这种故事常常在不经意间被父母长辈传授给孩子，同时也就把民族的情绪传给下一代。鼎边糊，我们至少有一种传说耳熟能详，那就是与戚继光有关。戚继光入闽始于1561年，离开福建是1567年，福建各地留下了戚继光平倭的战绩与故事，像"光饼""鼎边糊"就是同类故事：话说有一天，戚家军歼灭倭寇后，当地乡民备下丰盛的菜肴准备为官兵接风。就在准备得热火朝天时，戚家军接到报告说又有一批倭寇来袭。因此戚将军命队伍马上集合，准备出发。百姓们着急，也心疼官兵们没吃饭就又要上阵杀敌护民。于慌忙中有人想出主意，就是将米浆用肉丝、金针、木耳、蛏干等混在一起煮成美汤。米浆过锅边，顷刻即熟，不消几分钟，一锅锅都煮好了。将士们饱食后上阵，将倭寇全部消灭……

地方的记载很多，也使得食物因之而被赋予了许多情感。

和郑丽生先生一样，对民俗文化有许多记载的萨伯森先生笔下也吟过一碗鼎边糊："半洲庙畔鼎边糊，午夜开售到晓无。雪片皑皑汤弥弥，一盂滋味尽称腴。"

萨老出身世家，却在不可描述的历史时期中，困厄贫塞，几至断炊。他曾写过一首诗，中有"老饕多少愧居贫"。他觉得好吃的东西很多，但价昂却只能让人兴叹，鼎边糊至少没那么贵，它跟粥价格一样便宜。

我不记得自己是否吃过很有名的"半洲庙畔"七省经略庙前的鼎边糊摊——那儿似乎离我家很近，但最初，我哪知道它很有名？我记忆中最有印象的是另一家无名的摊，那就是白马河边的另一头，那家鼎边糊摊我吃了几年。其间也并未发生什么事，只是时间足够久，印象便也足够深。那时候，我每天要骑大约一小时的自行车上学，早饭来不及吃，就在路边的鼎边糊摊吃一碗两碗，热热的，顿觉一股热气直入丹田。有一个大冬天晚上，我读过《郑板桥诗话》中的一封给弟弟的信。次日早晨，在街边的摊中吃鼎边糊时，突然心中非常感动，因为我想起了昨晚的那段："暇日咽碎米饼，煮糊涂粥，双手捧碗，缩颈而啜之。霜晨雪早，得此周身俱暖。"

周身俱暖，呵，这个美好的赐予。

恢长的初夏，午睡醒，突然听到楼下长一声短一声的叫卖："喔——喔——"这个发音"喔"的东西，是马糕。下楼买了几片尝尝，跟小时候吃到的"喔"是两回事了，因为以前的"喔"是人家一杵一杵地手工舂出来的。现在恐怕只是机器的产物了吧？除此之外，它的配料恐怕也在这个污染日深的年代里发生了某些变化了吧。鼎边糊、碗糕的制作何尝不是呢？更何况——比如今天，我上街买的蚬子，一斤8元，半碗不到，已经是水产品里的便宜货了。在这个年代，谁耐烦为了两元钱一碗的鼎边糊把它剥开，露出肥白的肉身？也许只有大酒家里，有兴致吃点乡味的"包菜包包菜"等菜式里可见。可是已离我童年、少年记忆中的鼎边糊，仿佛两世的人生。

香香的端午

谢　冕

　　端午是香香的，香飘万家。最初是菖蒲、艾蒿的香味，后来是雄黄酒，是年轻女性胸前、腋下的香囊，那香囊里充填着香的沉香、木香、丁香碾成的粉末，再后来就是竹叶包裹的粽子，满街满巷飘浮着粽叶的清香。进入农历五月，这座城市的每个角落，都浮动着端午特有的香气，隐隐地、若有若无地散发在逐渐浓郁的节日的气氛中。时序已是初夏，也许茉莉正在悄然开放，也许含笑正在蓓蕾，也许白玉兰正在高处的枝叶间发出诱人的暗香，但此刻充盈着这城市的，是端午特有的香气。这是让人着迷的香香的端午！

　　"端取乎正，午得其中"，除了香香的，端午也是端端的。这节日恰在一年的中间，元宵以后，中秋以前，这是这一时段最盛大的节日。古时民间庆典，大抵总与节气有关，端午时节，天气转热，百虫萌动，百毒衍生，蕴含在这个节日仪式背后的，也就是造成端午的香香的气味的，正是适应节气去瘟避邪的动机。端午到了，家家门楣插上红纸围束的艾蒿和菖蒲，说是门上悬剑，妖魔却步，实是借那些植物分泌的香气驱虫。让小孩们饮雄黄酒，给女孩们额前点朱砂痣，那些香囊其中装的也是一些中药材的粉末。这些举措，无不指向这个盛夏到来之前消毒祛魔的实际，所谓的"菖蒲似剑斩千邪"即指此。

　　我们的祖先是智慧的，他们能够把实用的动机予以诗化，使人们在充满诗意的仪式中享受节日的愉悦。记得幼时，节日临近，家家都贴起对联——在福州，对联不光是春节张贴，一般节庆也都贴的——记得一副对联是："海国中天传令节，江城五月落梅花。"那时似懂非懂，倒是记住了，直到如今。福州近海，原是"海国"无疑，闽江贯穿福州城，说是"江城"，更是贴切。然而，农历五月天，挥汗如雨，哪有什么梅花？梅花又怎么会"落"？不懂了。后来读唐诗，方知其句出自李白的《与史郎中钦听黄鹤楼上吹笛》：

> 一为迁客去长沙，西望长安不见家。
>
> 黄鹤楼上吹玉笛，江城五月落梅花。

由此才知道"梅花"是笛曲名，汉乐府的名曲有叫"梅花落"，也叫"梅花引"的。

端午的诗情远不止这些，这个节日是为一位伟大的诗人而设，全中国的百姓都在用各自的方式怀念屈原，但龙舟竞渡在有水的地方倒是不分南北的一致。我曾在汉江上游的安康观看过盛大的龙舟节。"扒龙船"（福州话）是为了寻找那位为理想投江的诗人——结果成就了一项惊天动地、万民同乐的竞技；包粽子，据说是给溺水的诗人送食物的，结果成就了一方传统美食。全中国的人都在这天包粽子纪念诗人，但也都用自己的方式包粽子。广西的枕头粽，浙江的火腿粽，尤其厦门和泉州的肉粽堪称粽中极致，最为富丽堂皇——它是咸肉粽：火腿、鸡肉、松花、花生——恨不得把所有的美味囊括其中。

在福州，母亲包的粽子非常结实，她总是把专用的草绳固定在一处，一头用牙咬着绳子的另一端，拼全力把粽子勒得紧紧的——母亲此时有一种惊人的爆发力——因为母亲的缘故，到了北方之后，常常感叹他们包的粽子总松松垮垮的，好像总在敷衍，比母亲的手艺差多了。福州粽子大体用花生或赤豆和着糯米做材料，不咸也不甜，糯米加上很重的碱（这是福州粽子的特色），橙黄色深到发暗，糯米碱面的香气，加上竹叶的香气，非常的迷人。吃时蘸糖，与别处的粽子不同，它靠的是本色的味道。

闽都端午活动的重心是龙舟竞渡。闽江流过城市中心，是极佳的竞赛场所。竞渡之前来自四乡的龙舟分别在闽江各处整装待发，龙潭角、鸭姆洲、仓霞洲各处都有健儿的身影。当然正式的比赛是在江面开阔处，万寿桥下是中心，龙舟从上渡方向顺流而下，到了中洲，正是冲刺的时节，此时锣鼓喧天千舟齐发，气势极为雄伟。当时我家住仓前山程浦头，离江甚远，也还是冒着夏日的苦暑前往观战。这时候热辣辣的太阳直接照射着，毫无遮拦，即使如此，也不能减去我们的热情。清代一首榕城竹枝词："凉船过处水生风，鳌鼓声喧万桨同。若个锦标先夺得，蒲葵扇系手巾红。"（董平章）写的就是这个场面。

龙舟赛事缘起于悲苦的寻觅，而终于化成了民间的节日喜乐。渐至今日，不仅中国，而且遍及世界各处，成为一项体育项目。这是中国人伟大的创造。正如我在关于清明的那篇文章里说的，我们的祖先能够化解人间的苦难，将悲怆转化为现世的享乐。清明如此，端午也如此。

端午是一年节庆中诗意非常浓郁的节日：香香的端午，它的芳香来自五月的田野，更来自历史的人文积淀，是自然界的芳香，也是诗歌的芳香、文化的芳香。

马头村端午龙舟竞渡

郑云儿

马头村位于长乐区营前镇。营前镇因戚继光在这里设营抗倭而得名。马头村濒临闽江，与马尾罗星塔隔江相望。这一段闽江又叫马江，1884年，中法马江海战就发生在这里，福建水师全军覆没，736名官兵殉难。马头村端午节有划龙舟的传统。这个民俗活动，被福州市政府列入第三批市级非物质文化遗产名录。

马头村举行闰端午龙舟竞渡活动始于清同治三年（1864）。据传说，就是在这一年的端午节，"大王船"从连江县的筱埕驶进马头村的太平港。马头村民见"大王船"神杯指定马头村地界，欢呼雀跃，立即建起状元府，开始供奉"文武太平王"。在接入"大王船"第二年，即清同治四年（1865），马头村五谷丰登，六畜兴旺。大家一致认定是"文武太平王"给他们带来了丰收和幸福。尤其是为供奉太平王开凿的那一口状元井，表现最为神奇。当时邻乡发生瘟疫，灾情严重，而马头村则合村平安。邻乡亲友纷纷登门问询，村民都说："饮太平王府后状元井的水可消灾除病！"邻乡亲友连忙饮下状元井的水，都感到水质甘洌，不同一般，赶紧盛回家里，病人喝下果收奇效。马头村人喜不自胜，更加深了对文武太平王的崇拜。那年恰逢闰端午节，于是每逢闰端午节马头村都举行隆重的龙舟竞渡活动，100多年来没有间断。这一天自然也确定为村里传统的喜庆节日。

马头村龙舟竞渡活动时间为农历闰五月初一至初五，第一天在"迎神"的爆竹声中拉开序幕。两艘用杉木制成的帆船，5米长，1米宽。船头画着虎头，船舷两边是水蛇的图腾。甲板上放着绳索和轱辘，舱内炊具食品一应俱全，泥塑的水手在紧张工作，一切情形都跟真的一样。船身布着五颜六色的彩灯，插满色彩斑斓的旗帜，最大的一面写有"文武太平王"字样的旌旗高悬船头，迎风招展。这就是传说中文武太平王的"王舟"。文武太平王是马祖列岛、台湾岛及泉州、福州等沿海地区民间信奉的水手爷。他们和临水夫人、妈祖一样都是沿海老百姓的民间信仰神。马头村男女老少相信太平王能给他们带来平安幸福，100多年来，世代祈求。两艘"大王船"载着文武两位"太平王"，由村里几十位小伙子敲锣打鼓护送，走街串巷给乡亲祈福送平安。每到一家，犹如喜从天降，人人笑逐颜开，连忙敬香鸣炮，一起大声叫好。每到这时，马头村都是一片欢腾。

闰五月初五，在马头村郑氏宗亲的集体主持下，闽端午龙舟竞渡活动进入了高潮。"大王船"由村里精心挑选的10名健壮男子抬到浅水沙滩。河两岸早已聚集着从四面八方赶来的马头村村民、他们的亲朋好友和海内外郑氏宗亲。他们虔诚许愿、相互约定，在祈福的锣鼓声和鞭炮声里，目送两艘"大王船"顺水出航，放飞心愿。这个肃穆的祈福仪式，在东南沿海一带流传已久。据连江《太平王宫志》记载："公元925年，连江县筱埕最早建庙供奉文武太平王。为使文武太平王的声威广布，每年都制造文与武两艘'大王船'，由筱埕的宫内护送出行，定好罗盘方向，推向江中，让他们恩泽四海，惠及万民，这成为当地民众的信仰习俗。"

村里的年轻人吃完丰盛的"龙船饭"，意气风发地涌到连接闽江通向大海的河道里划龙舟。马头村长辈及时敲响"夺标"比赛的锣鼓。来自福州沿江郊县的上百艘龙舟，你追我赶，勇夺彩头。成千上万的热情乡亲，扶老携幼聚集到河岸边，簇拥在楼顶窗口，伫立在小山头，为竞渡活动挥手加油、呐喊助威。宽阔的江上一副百舸争流锣鼓喧天的热闹景象。与此同时，村中广场也人头攒动，舞台上的歌舞表演精彩纷呈，获得满堂喝彩；祠堂更挤满了人，戏台上的闽剧演出叫老戏迷乐开了怀。锣鼓声、礼炮声、乐曲声、欢笑声此起彼伏，响成一片。

其实马头村人对"文武太平王"的信仰习俗表达出他们遇难启祥、祈善求真的生活愿望。"文武太平王"生在唐朝，"文"的叫黄助，闽清县人，"武"的叫黄通，泉州人。唐宣宗大中三年（849），黄助中文状元，黄通中武状元。两状元时逢"安史之乱"后的唐室中兴，他们发奋图强，勤辅国事，由于韬略出众又清正廉明，受到朝廷重用。859年，二人受封"大将军"，奉旨一起往海南"代天巡狩"。到了海南，他们体恤民情，减轻赋税，受到百姓的爱戴。第二年归航经闽江口，在连江定海筱埕遭遇强台风，两人同时罹难。由于当时统治者昏聩无能，朝政风雨飘摇，对两位"大将军"遇难，竟无人过问，最后不了了之。倒是连江百姓感念他们勤政爱民的事迹，自发捐资、建庙、立坟，尊为"海神"。当地渔民拜两神为"文武太平王"，出海前必到庙中祭祀，祈求保佑平安吉祥。在过去的岁月里，马头村乡亲从"文武太平王"信仰中，获得了战胜灾难的精神力量。于是，他们用举办闹端午龙舟竞渡活动形式，一代又一代，传承心中对幸福平安的向往。

坊巷深处流溢的五彩民俗

赵麟斌

一、十年梦断后灯街——令人流连的节俗活动

　　三坊七巷的节俗活动，最热闹的当属南后街元宵时期的花灯。据宋淳熙《三山志》记载，福州上元燃灯，是从唐代就开始的。清乾隆《福州府志》载："上元张灯，自十一日起，至晦日止。十三、十四、十五三夜尤盛。"张际亮《福州观灯》曰："明星落天光万丈，万二个一声响。翻空更讶九日行，闪烁仍是千珠晃。裁红缕碧谁为工，为蚌为象为鱼龙。错疑天孙玉手剪云锦十万匹，片片撒在烛光香霭空濛中。金铙玉管导前后，又疑三郎手挝羯鼓，催出百花放唐宫……三街六巷尽作珊瑚色，珠翘翠鬓各垂帘。灯所过处一齐帘卷风雨疾，绛蜡可惜亦有情。独到帘边光彩出，倦客看灯懒看人。"（《张亨甫全集》）在这几日，福州的夜晚明如白昼，街上各色花灯光彩夺目，动物、人物、花果等各式花灯应有尽有，真是宝马香车、游人如潮。

　　而福州灯市，最繁华的地方就是连接三坊七巷的南后街。据说，南后街的花灯始于宋，盛于明清。明清时期后街灯市的繁华，我们从古人的诗歌中亦可略窥一二。明谢肇淛《元夕感怀》曰："春风怀故里，火树锦云蒸。金粟风前月，闽山庙里灯。香尘秾似雾，绮陌直如绳。十载扁舟梦，栖迟竟未能。"（《小草斋集》）清叶观国《榕城杂咏》云："闽山庙里看灯回，火齐冰纨满案堆。怪道临风三弄好，开元寺买纸箫来。"据说南后街的花灯店，比肩接踵，达数十家之多。元宵之前，南后街的各个商铺中，便挂上了各式各样的花灯，有西瓜灯、莲花灯、菜头灯、橘子灯、绵羊灯、猴子灯、关刀灯、麒麟灯、状元骑马灯、观音送子灯、宫灯、走马灯、龙灯等。

这些花灯有用纸、布、竹、木等制作，也有用玻璃、纱、绢、寿山石等制作，品种丰富，制作精美，雅俗兼备，令人叹为观止。灯市之上，幼童少妇、文人墨客、商家艺人，云集一街，摩肩接踵，盛况空前。民国时期，后街的灯市依旧繁华。郑丽生《元宵但看初八灯》曰："火树银花耀眼明，后街风月乐难胜。游人如沸春如海，但看元宵初八灯。"火树银花的景象，此时仍然可见。

三坊七巷的元宵节，除了赏花灯活动之外，还有集中于闽山庙的"看鳌山""斗宝""转三桥"等活动。

"鳌山"之设，由来已久。淳熙《三山志》"彩山"条记载："州向谯门设立，巍峨突兀，中架棚台，集俳优娼妓，大合乐其上。"鳌山的体积颇大，从正月初十起就开始搭建，亭台楼阁、假山流水，甚至是可以移动的人和动物等，都搁置其上。等鳌山顶上的彩灯一亮，更是玲珑飞动，令人赞叹。李彦彬《闽山庙鳌山》诗曰："两行灯火晃玻璃，乡社元宵列炬齐。方信三山鳌背上，满城春拥烛龙低。"乾隆《福州府志》亦载："庙刹驾鳌山，玲珑飞动。又为木架彩棚，妆演故事，谓之台阁。俳优百戏，煎沸道路，箫鼓喧阗，至于彻夜。"

鳌山之外，闽山庙还有"斗宝"的活动。明徐𤊹《与邓道协书》："三山元宵最盛，而神庙各出珍奇，生荔留至春时，往往目击之。家兄《元夕》诗有云：'闽山庙里赛灵神，水陆珍馐满案陈。最爱鲜红盘上果，荔枝如锦色犹鲜。'"（《广群芳谱》）这样的奇珍荟萃，在福州地区估计也只有官宦云集的三坊七巷才举办得起来。

"转三桥"是元宵闽山庙会中的一项特色文化。"转三桥"俗传为祈吉兆，以保一年无病。在十五之夜，福州的闺秀少妇们穿红着绿，簪花佩玉，到闽山庙中烧香拜佛之后，结伴从数座桥上走过，俗谓"转三桥"。宋方孝能诗曰："灯火风摇沽酒帘，月中人数买花钱。少年心绪如飞絮，争逐遗香拾坠钿。"少年们尾随其后，争先抢夺姑娘们撒落在地上的佩饰，心如飞絮般飘扬。明徐𤊹《闽中元夕曲》云："彤槛高揭露妖娇，月色灯光映翠翘。年少路旁虚送目，良家女伴转三桥。"（《慢亭集》）这亦不失为青年男女偶结良缘或传达情意的好时机。

　　喧哗嬉闹的元宵过后，端午节也是一个重要的节日。在三坊七巷间流传着一个关于"午时书"的故事。清代梁章钜《楹联丛话》记载："午时书，盖自前明已然，亦桃符之别调也，相传徐振烈自作门前午时书云：'门幸无题午，人惭不识丁！'曹石仓先生以此赏异之。"曹石仓即曹学佺，徐振烈即徐五，乃是明代一屠夫。旧时午时书的佳句颇多，却只有这一居住在三坊七巷间的屠夫所写的能为曹学佺所赏识，这也说明了此间文风之盛，因此清人董平章《榕城端午竹枝词》有"最是故乡文物盛，屠门也贴午时书"之言。不管端午节贴午时书是否是福州独有的民间传统风俗，因这一则佳话，它与三坊七巷有了千丝万缕的联系。

　　此外，三坊七巷中流传的宋郑性之祭灶的故事，也是这里的节俗文化之一。郭白阳《竹间续话》卷二记载："王应山《闽都记》云：宋郑文靖性之致仕，建耆德魁辅坊，闽俗，腊月念四日祀灶。性之微时，以是日贷肉于巷口屠者之妻。屠者归而大恚，径入其舍，取熟肉以去。性之画一马，题诗其上，焚以送灶云：'一匹乌骓一只鞭，送君骑去上青天。玉皇若问人间事，为道文章不值钱。'后以殿元积官江西安抚使，加宝章阁侍制，昼锦归第，气势烜赫。会鸣驺出，屠者适割肉，睨视之曰：'郑秀才至是耶！'性之令缚至庭，数其罪，捶杀之。至是，出入巷无行人。后坊废，名其巷曰'急避'。嘉靖间，人恶其名，改为吉庇，此亦坊巷之故事也。"

　　"犹是春江花月夜，十年梦断后灯街。"花灯也好，塔市也罢，这些活跃于坊巷间的喜庆鲜动的节俗文化，是那样的让人记忆深刻，那样的让人回味悠长。

二、不让郇厨有八珍——芳香四溢的坊巷美食

　　"民以食为天"，坊巷之中的百姓，自然也离不开饮食。然而，"食不厌精，哙不厌细"，当人们已然摆脱了饥饿的困扰而更进一步去留意佳肴时，美食就成为一种文化了。这样悠长的坊巷间，也曾飘荡着传之后世的美味芬芳。

　　萨伯森《垂涎续录戏咏》之《光禄坊乡绅店》曰："玉尺山边宅第新，旁开小店号乡绅。佳肴二簋休嫌少，不让郇厨有八珍。"据说光禄坊乡绅店可

能是一些书香世家、官宦大户人家常常光顾的一家菜馆。除了这一乡绅店外，光禄坊中的鼎日有肉绒（肉松）也是远近驰名的福州特色美食。鼎日有牌肉绒乃原福建盐运使厨师林振光（别号鼎鼎，今闽侯县上街人）所创。因一次偶然的失误，林振光不小心将卤肉煮成了肉绒，没想到却甚为美味，林振光于是不断地进行改良，这种肉绒便日渐地大受欢迎。后来，林鼎鼎从盐运史家出来，便自己在光禄坊开设了一家肉绒店，招牌就叫"鼎日有"。福建盐运史刘步溪还为此店题写了一幅匾额——"鼎日有肉绒栈在此"，为此店增光不少。之后，林鼎鼎又将其制作肉绒的技术传给子孙，"鼎日有"牌肉绒便得以世代传承，并逐渐成为福建的知名品牌，产品远销全国及南洋各地。该店肉绒色泽鲜艳、颗粒均匀、香甜酥松、油而不腻、入口自溶，实乃佐餐的一大佳肴。萨镇冰曾经为此店撰写对联，曰："酥制肉绒福建第一，宝鼎老牌名震全球。"

闽菜之首"佛跳墙"的发明，与三坊七巷中的杨桥巷有着颇深的关系。关于"佛跳墙"的来历，说法很多，但据郑春发徒弟名厨师强祖淦先生的介绍，"佛跳墙"乃是受到了杨桥巷"钱庄"老板娘的启示而创制的。据《福建菜谱》（福州）附注"佛跳墙"所记："清朝末年，福州杨桥巷官前月'钱庄'老板在家中设宴，请布政使周莲。钱庄老板娘是浙江人，对烹饪技术颇有研究。她与家厨将鸡、鸭、肉等主料放进绍兴酒坛中煨制而成荤厚味香的菜肴。布政使用后赞不绝口。回到衙里，他要厨师郑春发烹制同种菜，几经烹制，结果总是不能满意。于是布政司带郑春发到官前月'钱庄'参观。回衙后，郑春发如法操作，并加进好料烹制，结果还有所发展。后来郑春发与人合伙开设'三友斋'饮食店，以后不断扩大，改名'聚春园'。郑春发又不断研究、充实此菜原料和烹制方法，加进参、筋、翅、鲍等18种主料，十几种辅料，用绍兴酒坛煨制，制出的菜香味浓郁，广受赞誉。有一天，几名秀才到'聚春园'菜馆饮酒。他们尝过百味后都有些腻了，要求上更为别致的好菜。郑春发即捧一坛此菜到秀才桌前，坛盖揭开时，满堂荤香，秀才闻香陶醉，尝之津津有味，拍手称奇。问：何菜也？答：还未起名。于是秀才乘兴吟诗作赋，其中有两句大意是：坛启荤香飘四邻，佛闻弃禅跳墙来。大家齐声叫好，借用诗句之意，名此菜曰'佛跳墙'。'佛跳墙'

就因此得名。"

据说，安民巷34号是福州老字号"观我颐"糕饼商的故居。观我颐糕饼店的传统名点是猪油糕。《福州市名产志》曾记载："猪油糕是观我颐店制作的重糖重油糯米制品，各家糕饼店均有销售。民国时期，福州城、台两家观我颐糕饼店特聘糕点老师傅徐国藩制作，别出心裁地改用红糖代替白砂糖作原料。由于红砂糖价格比白砂糖便宜，在不增加成本的情况下，增加猪油用量，因此观我颐红糖制作的猪油糕油足味香，色泽金黄，糯性强而不沾，入口易溶，不但干食可口，用开水冲调食之，更为清甜油润。一时轰动榕城，成为群众喜爱的名点。"据萨伯森所载，观我颐猪油糕的独特之处在于甜而且香，因为该店改良了制作方法，用炒熟米粉替代传统的蒸米粉，所以它制作出来的猪油糕便与别处不同。

时光荏苒，坊巷间的这些美食，有的并没有随着历史的变迁而烟消云散，它们依旧被代代传承着，抚慰了我们的味蕾。

三、月明水榭客听歌——曲韵间的优美传说

"春暖华堂人衣锦，月明水榭客听歌。"这是有关衣锦坊的一副楹联。观戏听曲，是百姓们所喜乐之事，富贵人家尤甚。水榭戏台，是福州城内唯一保留至今的一座水上戏台。它位于衣锦坊的一处郑氏宅院中，其设计精美，意境雅致，更以隔水听音的效果为人所称颂。衣锦坊中的欧阳氏花厅，有一覆龟亭，也兼做戏台，亭边的大厅、厢房为观众席，玲珑精致、优雅清静，也是听戏的好去处。安民巷鄢家花厅中亦有一戏台，平日常有票友聚会。

这些庭院中的戏台，常常唱演着福州的伬唱、评话等曲艺节目，传播着流动于曲律间的历史掌故和民间传说，给平日幽静的坊巷，添上了"洋洋乎盈耳"的悠扬。而更为有趣的是，台上演绎的扣人心弦的剧情，往往就是发生在坊巷间的真实故事，这种被不断重演的历史，更加激发起坊巷人家深切的情感共鸣。如闽剧的经典剧目《荔枝换绛桃》《甘国宝》《陈若霖斩皇子》等，演绎的便是曾居住于三坊七巷中的人物的英雄传奇、悲欢离合，给闽剧注入了鲜活的气息。

《呵呵道人诗草》中描述了福州戏曲演出的情况："歌风情，心欲醉，歌苦节，涕欲坠。文章自古伦常地，不及'洋歌'入人易，灯杆高揭'儒林'标，傀儡居然登场试。商巷少年朝把臂，一时传遍人麇至；就中闱门粗识字，听词能诵《鸾凤记》。香车逐队无猜忌，搭棚一丈为标帜；棚前众目环相识，歌声未起人声沸。人声沸，何须避，侬自听歌不与旁人事；流连竟夕都充寐，但觉歌词有情致。明朝锓本出坊肆，便买一编藏箧笥。"庭院深深，曲韵悠长。而今，修复后的水榭戏台已经对外开放了，我们期盼着，古老的风华能够在这里重现。

四、晚凉声唱卖花柔——与才女相映成趣的旧时花市

花仓前花市，是三坊七巷民俗文化的又一缤纷体现。花仓前，原称仓前街，位于文儒坊和光禄坊西之间的环城河岸，因此街是制花的手工作坊的聚集地，故又有"花仓前"之称。这些作坊所做的花称为象生花，又称绒绢花、通草花等，色彩鲜艳，形态各异，深受福州妇女喜爱。旺季时，妇女们成群结队地前来买花，热闹非凡，此时的花市，人流如织，繁花似锦，是旧时福州的一道亮丽风景。入夜后，小贩们肩挑担子，沿街叫卖，也别样动听。清王式金《福州竹枝词》："剪草裁绒簇采霞，轻摇小鼓自双槌。冬冬报与深闺晓，知是街头人卖花。"如霞的假花，插在姑娘们的发髻上，便是"人面桃花相映红"了。

于是，我想起了居住于三坊七巷中的诸多才女们。从坊巷中走出的才女，除了我们所熟悉的冰心、庐隐、林徽因这些书写近现代历史的名字之外，"福州八才女"也在闽中流传着芳名。"福州八才女"有王真、王德愔、刘蘅、何曦、薛念娟、张苏铮、施秉庄、叶可羲，她们与冰心同时期，是曾居住于光禄坊的诗词名家何振岱的女弟子。"八才女"们时兴雅集，吟诗作对。行走于三坊七巷间的才女，为三坊七巷增添了美丽与诗意。昔日鲜艳的花儿，也曾在这些才女们的发髻上争奇斗艳过。若没有坊巷中才女们的映衬，这繁盛的花市，怕是有几许失色了。

与这些人造绢花相媲美的还有街上叫卖的鲜花。刘心香先生有诗云："七巷三坊记旧游，晚凉声唱卖花柔。紫菱丹荔黄皮果，一路香风引酒楼。"

如今，花市虽然消失了，但夏秋时节，飘动于福州大街小巷的茉莉、玉兰的芬芳，仍会提醒人们想起这昔日的花和与花相媲美的女儿们。

五、衣锦坊前南后街——书卷香中的繁华古街

如果说与才女们相映成趣的仓前花市给三坊七巷增添了一份别样的清柔，那么，坊巷中的才子文人则促进了南后街书市的繁荣。

三坊七巷不仅是旧时官僚缙绅、文人学者的聚居之地，省内各州县在这里也都设有试馆，每天文人、学者、生员来往不绝，南后街的书铺业便应运而兴，并逐渐形成一条专营线装古书、碑帖字画和文房四宝的文化古街。

南后街的书坊，始于明末清初，那时这里书坊林立，多达二三十家，居福州之首。作为福州古籍书店的集中地，南后街的许多古书铺买卖孤本、善本、古旧书籍和历代名人字画，成为当地和外地名流学者经常光顾流连的地方。清朝时，广州旅闽的文人王国瑞逛完三坊七巷后，写了一首诗道："正阳门外琉璃厂，衣锦坊前南后街。客里偷闲书市去，见多未见足开怀。"把南后街比作北京正阳门外的琉璃厂，可见当时的繁华景象。时至清末，南后街较为著名的书坊还有14家，如醉经阁、聚成堂、陆记等。

三坊七巷的这些书铺，除了从事古旧图书、字画的销售、裱褙外，其中一些书铺则兼营刻书，前店后坊，集图书的出版与销售为一体。南后街的刻书坊，继起于宋明时期"天下客商贩者如织"的闽北建阳刻书坊衰竭之后，为福建古代刻书业点亮了最后的辉煌，也为近现代福建出版业向省城福州的集中奠定了基础。

三坊七巷中的民俗与福州文人的诗词相融合，是坊巷中文人情致与民间风俗相映成趣的一种体现。当精英文化与市民文化相碰撞，当文人意趣与世俗百态相融合时，三坊七巷中的民俗文化便显得那么的活泼生动、异趣纷呈了。

闽剧中的福州民情风俗

邹自振

福州话是闽中方言的代表，从六朝历经唐宋，逐渐扩展至今。福州方言历史悠久，积淀深厚，地方色彩浓郁，是珍贵的非物质遗产之一，在福州方言的基础上才有了闽剧等地方文化精髓，才有了丰富多彩的地方民间文化。以福州方言为载体的闽剧，是闽江的音符，表现了福州人的思想、生活与性格，也表现了特有的榕城民情风俗与城市精神。

一

南宋淳熙六年（1179），晋江人梁克家出知福州。他在福州为官期间著有《三山志》，计42卷，其中第10卷详细描绘了千年前福州城的民俗风尚。例如"彩山""观灯"所记载的元宵节万民同乐的繁华热闹。书中写道，辛苦了一年的百姓们，要借盛大的歌舞杂戏好好地乐一番，于是高高的棚台架起来了，"俳优娼妓，大合乐其上"，入夜"群伎杂戏"，"新妆歌舞"，使州人士女却立观望，排众争睹以为乐。我们之所以要回首千年前的歌舞杂戏，是因为这些从唐宋就开始兴盛的福州民间歌舞是闽剧形成、生长的沃土。福州元宵灯节的习俗也一直传承至今。明代典籍中也记载了福州新春的戏曲演出。

闽剧中土生土长的平讲戏所演剧目讲述的大多是闽江畔人家的喜怒哀乐，如《讨眠鞋》《红裙记》《苏百万讨亲》《和尚讨亲》等，说的都是福州本地发生的事。请看闽剧传统经典剧目《红裙记》的剧情：闽人王成龙，嗜赌潦倒。岳母诞辰之日，妻弟送红裙来，请王妻柳氏穿着回家拜寿。王家此时恰好无钱断炊，就将红裙典当，欲换柴米度日。不料王成龙当裙回

家，路过赌场，又把银子输光。柳氏气极，骂他"锏头"。王恼怒离家，遇兵痞索债而投江，被来闽经商的西安富商所救，带回西安，招为女婿。13年后，王成龙成了富商，贩货到福州，遇其子王达官，询问家境，留下田园房屋契据及银两。柳氏惊疑，未敢相认。王上船时，才将真情告诉儿子，达官苦留不住，奔告其母。柳氏赶到江边，王因西安妻室年少多金，已开船而去。

后来平讲戏承袭了傀儡戏部分剧目，又移植了江湖班的剧目，变得逐渐丰富起来，也有"七双""八赠"等本头，然而最亲切的仍旧是老平讲剧目。这些戏剧故事从舞台直接进入福州寻常人家的日常生活，人物的唱词演变为人们的日常用语，至今仍在使用。如"达官弟买光饼""招姐做新妇——茫茫形"，这样的话在菜场、在巷口都能听到。因为这些剧目是闽剧所独有的，其中的唱词、对白集中了福州方言的智慧，因此也最能体现福州地方特色，是闽剧最贴近百姓的戏。

二

闽剧自明代万历年间起，就在八闽这块古老的土地上，以其独特的艺术魅力演绎着普通老百姓的悲欢离合。在众多剧目中，一出极富地方特色、充满浓浓闽味的讽刺喜剧——《贻顺哥烛蒂》，自其搬演之日起就颇受福州老百姓喜爱，成为闽剧中的保留剧目。

《贻顺哥烛蒂》是根据民间故事演绎的9场方言讽刺喜剧。其风格乐而不淫，谐中寓庄，继承了中国古典喜剧的审美品格。20世纪50年代初，由闽班四赛乐上演，名丑林务夏饰演贻顺哥，轰动福州城。《贻顺哥烛蒂》的故事发生在清道光年间"五口通商"的福州港。年关将至，船工陈春生被逼出海，途遇海难，传言货、人无一幸存。马贻顺是福州南台义洲地区一家丝线店老板，年近四十，仍未娶妻。马贻顺早就羡慕春生妻林春香的美貌与贤惠，在得知春生罹难之后，趁其家贫，暗中放高利贷谋娶春香。新婚之夜，春香自杀未遂，无奈之下，与贻顺约法三章，若春生生还乃返陈家。贻顺假装应允。十年之后，春香与马贻顺已生得两子。此时，被流放到南洋当"猪仔"（苦力）的春生受人资助回到福州，得知春香改嫁原委，愿出重金赎回春香。贻顺不肯履约，于是春生诉于海防分府。此时春香因"前夫有恨，后夫有义"，左右为难。海防分府官员王绍兰命春香装死，智断此案，马贻顺终因吝啬失去贤内助，仅得到一截无用的烛蒂。该剧搬演之后，"贻顺哥烛蒂"成为福州话中"吝啬鬼""奸狡利""十绝哥"的代名词。《贻顺哥烛蒂》也被称为中国的《吝啬鬼》。

1962年，田汉、老舍、张庚等著名剧作家来到福州观看《贻顺哥烛蒂》，对它大加赞赏。老舍先生欣然提笔赠诗林务夏："十年尚忆钗头凤，今日欣看烛蒂哥。宜喜宜悲情更切，轻愁微笑漾春波。"正是高超的喜剧创作水平及其对福州传统风土人情的深切关怀，造就了这出讽刺喜剧的辉煌。

《贻顺哥烛蒂》这部喜剧所讽刺的对象贻顺哥，既不是真正意义上的下层平民百姓，也不是王公贵族、达官显贵。贻顺哥是福州五口通商时代，资本主义和封建制度并存的社会条件中孕育出的一个独特的社会阶层的代表。此剧在成功塑造人物形象的同时，还力图在"五口通商"后福州开埠的背景下，反映市民文化以及福州人独特的人际关系和生活方式。

五口通商之后，台江成为闽江流域货物、商品集散地，商贾云集，商业日趋繁荣，有福州市区的"黄金宝地""聚宝盆"之盛名。台江义洲地区有一段河下街，西接白马河上的河下桥，东连延平路，作为台江汛商业古街，驰名一时。河下街有一段石狮兜，商店鼎立，生意红火。马贻顺的丝线店就开设在石狮兜的河下口。复杂的社会历史时代背景，高度发展的商品经济，造就了一批以马贻顺为代表的市民阶层，并逐渐形成了这一阶层独特的性格和伦理道德观念。马贻顺出身于平民阶层，是个小小丝线店的老板，兼做经纪人得一点佣金，放一点高利贷，夙兴夜寐，锱铢必较，积攒起一点钱而起家。从他身上，我们可以看到福州近代社会市民阶层的精明和勤俭、算计与善良。

在剧本第五场"马贻顺结婚"中，作品将福州婚嫁习俗同马贻顺的吝啬放在一起，极尽嬉笑怒骂，在结婚这个特定的喜剧情景中构筑喜剧情节，塑造人物形象。

中国人喜欢热闹，讲究喜庆气氛，福州人更是如此。福州传统婚庆习俗，从请媒人说合到"起贴"，从"三查六问"到"过大礼"，再到纳彩（俗

称"答贴"），都有一定的程序，绝不可轻易减省。就连订婚时男方付与女方的礼金都有严格的规定："不论数字多少，都要有个'三'，以示吉利。'三'在福州方言中与'生'谐音，希望男女双方结婚后早生贵子。"纳彩（男家请媒人向女家提亲，获同意，便举行这一仪式）为福州婚俗"六礼"之一。纳彩时，不论是挑担还是抬杠，都要有鹅相随，鹅成为双方联姻的象征。结婚当日，男方多在家中宴请亲朋好友，好好热闹一番。

马贻顺趁陈友德（陈春生之父）家贫，春生音信全无之时，仅用了3块"光番"（银圆）就逼娶了春香，且这3块礼金还只是他当日收数讨息得来的，更别说"起贴"这些既费时又费力的提亲程序了。马贻顺作为生意红火的丝线老板，在结婚当日竟不摆筵席，家里冷冷清清，毫无办喜事的热闹场面。福州人其实特别重视接亲的程序和礼仪。按福州民间习俗，鞭炮在接亲过程中必不可少，具有招财讨吉的象征意义。逢年过节，福州人都要在适当时间点燃鞭炮，毕剥有声，家里人称为"连连发"，这是大吉大利的喝彩。鞭炮不响，或响不成声，都成禁忌。

结婚当日，夜幕将至，迎亲队伍和新娘的轿子姗姗来迟，贻顺家"也没吹金鼓，也没挂伞灯，冷冷清清"，甚至连鞭炮的响声都没有。被贻顺逼着充当其外甥的八弟向贻顺要"百子"（即长串鞭炮，可连响许久），贻顺这样回答："有、有、有。你忘记了，正月开假我买一挂，掏半挂给你放，还剩半挂放在横头掉，去掏嘛。"不值几个钱的半挂鞭炮，贻顺哥却宝贝似的保存了一整年，竟还在结婚当日得意扬扬地要伙计拿出来放。

在整个结婚场景中，马贻顺的种种吝啬行为，均遭到伙计和媒婆的冷嘲热讽，令观众开怀大笑。这种喜剧情节的设置，既符合生活逻辑，又不符合生活逻辑，它往往在具体细节上极为夸张，荒唐可笑，有失真实，但在总体上却绝对真实，而且符合喜剧人物的性格。

在《贻顺哥烛蒂》这出颇受市民阶层欢迎的剧目中，剧中人物所说的福州方言是其成功的关键性因素。剧作中通俗易懂、幽默风趣的语言不仅构成了众多的喜剧效果，同时还承载了旧时福州市民阶层的人生观和价值观。马贻顺首次出场的唱白，就是极富个性特征的语言："这一只依嫂，伊厝就住在这间，人生漂亮，年纪后生，鼻刀做卓卓，眉毛做弯弯……头发做青青，嘴㑽做瓮瓮，我痛伊入肝。身架生平答，股川做摊摊，给讨来传种，这仔是包生……"马贻顺的首次亮相便马上抓住了观众的注意力，冲淡了前一场因春生出海遇难而形成的悲戚气氛，同时也道出了以马贻顺为代表的小市民阶层的审美情趣。

马贻顺是地地道道的福州人，福州的普通老百姓在贻顺哥身上或多或少地都能找到一点自己的影子，对他的精明、算计和市侩有某种程度的认同感，贻顺哥的形象也因此变得亲切起来。我们也能从这点暧昧中体会到福州独特的社会文化，以及福州市民阶层复杂的价值取向。

三

如果说，《贻顺哥烛蒂》是福州方言剧的喜剧代表作，那么，《荔枝换绛桃》就是闽剧中撼人心肺的大悲剧了。

闽剧一向以其平民化、世俗化的审美观照和浓郁的乡土特色为广大民众所喜闻乐见。其中，闽剧《荔枝换绛桃》就是具有福州特色的中国式悲剧模式的典型。它被誉为"罗密欧与朱丽叶"的福州版，并应验了"一粒橄榄丢过溪，对面依妹是奴妻……"这句福州古老的爱情歌谣。这个凄美的故事来自《闽都别记》，故事写艾敬郎和冷霜婵一对有情人，以福州特有的水果荔枝与绛桃定下好姻缘，后为反抗闽王的恶势力，双双殉情，化为鸳鸯。因为是福州本地的传说，这出戏特别受欢迎，久而久之成了经典剧目，主人公的坚贞爱情成了福州西湖的一个美丽传说。

剧本叙述五代后唐时福州城内利涉坊书生艾敬郎与邻女冷霜婵相爱，用福州特产荔枝与绛桃互赠，交换爱慕之情。结果冷霜婵被闽王掠入宫中，艾敬郎冒死闯宫，闽王百般威胁，二人拒不相从。闽王无奈，将二人锁入柴塔以死威胁，二人临危不惧，双双跃入火中化作一对鸳鸯腾空而去。《荔枝换绛桃》是民间理念型的优秀剧目，整出戏在扣人心弦的故事中，在艾敬郎与冷霜婵这一对鲜活的人物里，在福州三坊七巷特定的民情风俗中去体现人民的理想，在观众的强烈共鸣中完成了戏剧的审美过程。用福州戏演福州人，说福州事，因而受到福州方言区人民的热烈欢迎。

《荔枝换绛桃》故事发生在端午时节的福州西湖，第一场《邂逅》中，艾敬郎与冷霜婵就是在端午节的龙舟竞渡中初遇的。冷霜婵对艾敬郎颇有好感，却因为女儿家的矜持不敢向邻居归大娘打听有关艾敬郎的消息。归大娘看在眼里，嘴上却不明说，一再装傻，这就苦了冷霜婵，使她陷入了欲言而又不敢言的境地。而读者也完全知道归大娘在装傻，因此充满了淡淡的喜剧味道。

在《荔枝换绛桃》的第五场《巧遇》中就体现了这种"喜"的运用。七夕时节，冷霜婵与艾敬郎隔河巧遇。两人诉说真情，以解相思之苦。虽有一河之隔，但已私订终身，百般恩爱，让人如沐春风。这种喜悦感受的情节，确实一时会令人忘记了这是悲剧，但却丝毫无损整部悲剧所带给人的强烈的震撼力。关键在于这种由喜转悲的突然。七夕相遇的美好还未完全消退，冷霜婵就被闽王强行征选入宫，随后二人双双投入烈火之中，为爱殉情。

第二场《投荔》情节发生在福州三坊七巷的桂枝里。桂枝里河沿与吉庇巷平行，河北岸的吉庇巷人家将后门埕的建筑对准了小河，以便充分利用河道的便利，欣赏小河的风光。大多数人家都沿河驳岸撑起了木柱，搭盖起的小楼延伸到了河水的上方，成了沿岸而居的吊脚楼。吊脚楼往往是书生读书作画的地方。河南岸的桂枝里在河沿留出了一条植有古树的小街。街的南边也朝北搭盖着不少木构小楼，楼上大多住着未出阁的小姐。这种特殊的建筑结构使得艾敬郎与冷霜婵能够隔河相望，又不暴露于人前，让误会与巧合的发生成为一种可能。《投荔》一场中，艾敬郎欲将荔枝收入画幅之中，却被冷霜婵误认为"莫不是口干思饮"。艾敬郎下楼之际，冷霜婵欲"采摘荔枝与他止渴"，"表我一片情义"。可见霜婵有情。如果没有这次误会，也不会造就一段姻缘。紧接着，艾敬郎得知冷霜婵投给他荔枝，感动不已。这时，艾敬郎母亲舒氏拿绛桃上，见画中荔枝，追问："这是什么？荔枝？"艾敬郎以为心事被发现，颇为惊慌，手忙脚乱地急把画遮盖住，造就了第二个误会。艾敬郎将唐人李商隐的诗句"身无彩凤双飞翼"题在绛桃上，投向冷霜婵以表心意。而冷霜婵由于矜持，假装刺绣，见无动静时，正要上前拾起绛桃，不料母亲容氏走上阁楼。冷霜婵急中生智，将裙子罩在绛桃上，并催促容氏快点下楼，形成了第三次巧合。冷霜婵又投给艾敬郎荔枝，并题上"心有灵犀一点通"。艾敬郎拾荔，颇喜，心不在焉地说道：

"荔枝，荔枝，这荔枝心有灵犀一点通呀。"舒氏以为艾敬郎中暑而看着荔枝说胡话，却不知此荔枝非彼荔枝。这又造成了第四个误会。《投荔》全场都是在误会和巧合中度过的。容氏和舒氏频频出现，使得两人原本埋藏在心里的情感慢慢地明朗化起来。

《荔枝换绛桃》毕竟是一部悲剧，尽管在它的前半场描写艾敬郎、冷霜婵两人的爱情，在涉及民情风俗时，不乏喜剧的场景，但它的结局却是"化蝶双飞"。请看《荔枝换绛桃》全剧的结尾（第七场《火殉》）：

> 起火——
> 武士应声。殿下火势熊熊而起。
> 艾敬郎、冷霜婵怔怔地对望。
> 伴唱：夫妻火里化鸳鸯。
> 艾敬郎、冷霜婵投入柴塔，烈焰飞空。
> 火里飞出一对鸳鸯，腾空飞起。
> 王延翰及武士均怔倒。
> 幕落。

这里描写的是冷霜婵不愿被王延翰纳入后宫而遭受火葬的结局。"火里飞出一对鸳鸯，腾空而飞""王延翰及武士均怔倒"等这种"补恨"的方式，是让冷霜婵与艾敬郎追求的自由爱情遭到毁灭之后，以一种虚幻的形式给予了一定程度的补偿。冷霜婵与艾敬郎鸳鸯腾飞的结局，虽带着浪漫主义的色彩，却能在民众之中留下一种信念，即表现爱情超越生死，即使两人的肉体不复存在，却能以一种意象来完成一种重逢，是对这种美好追求的一种肯定方式。

无疑，《荔枝换绛桃》是一幕中国式悲剧，它结合了剧中的福州风俗民情，从而呈现出一种独特的魅力。

福州十邑古代祈雨习俗

杨济亮

最早记录闽越人祈雨习俗的史迹大概应属林浦九曲山岩画了。林浦九曲山岩画，在唐代修建的瑞迹寺后院，其中，幅面较大的高约0.6米，宽约1.3米，纹饰主要以云绘和图画文字为主。中国岩画研究中心的专家考察推测，岩画描绘的是早期人类经济生活中祈雨求福的文化内涵。九曲山岩画年代应为汉唐之间，为一幅祈雨图。岩画上方上幅为云纹，表示乌云密布，中间表示打雷。左下侧两幅表示下雨，左下方雕刻内容还存在争议，有人认为是一个字，也有人认为是三人持物祈雨或持伞遮雨。岩画下侧有一口长宽深均为81厘米的水井（俗称龙井），表示人民在有水源的地方祈雨。云雨纹饰是阳刻，人物为阴刻，表示阴阳结合使祈雨成功。

一、社稷坛

战国以后，中原人民开始将阴阳五行的内容融进祈雨仪式之中。如在汉代，春旱求雨时，地方官要选择水日祭拜社稷山川，在城邑的东门外建四通之坛，谓社稷坛。

明《八闽通志·坛庙一》载："社稷坛在郡城北拜郊山。初，在城南。唐观察使杨发迁于南涧寺东。"唐代之时，礼乐兴盛，至祈报时，地方官都要"备牺牲"，"率戒闽、侯官责办与胥，谨庀权事"，为民祈求境内一年风调雨顺。

到了宋元祐初年，福州城市人口超过20万人，为当时全国六大城市之一。元祐五年（1090）春夏之交，闽江特大洪水，大量泥沙冲积形成楞严洲（又名楞岩洲，今中亭街一带），原本3里宽的闽江北港河道一分为二。福州受灾损失惨重，灾民无数。其时，柯述接任福州太守，他合力赈济灾民、组织灾后重建、发展生产。同时，率人察看坛域，按古代规制重新扩建。第二年社稷坛工程告毕，柯述作《大宋福州社稷铭》及记事镌石。这两段题刻至今保存完好。

凌霄台，乌石山三十六奇景之一，已于20世纪50年代后扩建气象观测台时被夷为平地。现在只能通过清末英国摄影师约翰·汤姆逊的照片了解当年的风貌。近景为乌石山巅凌霄台，台上设社稷坛，登坛通道有石阶22级，史载为清康熙十一年（1672）萧震改建。照片中似为清代一名道士正在做法术祈雨。

二、城隍信仰与东岳大帝信仰

西晋太康年间，福州建起了全省第一座城隍庙（址在今冶山）。《三山志》载："城隍庙，府治之东，古有之……晋太康迁城即建今所。"在全国也仅晚于最早的安徽芜湖城隍神祠。南宋著名诗人陆游于绍兴二十九年（1159）任福州决曹时写有《福州城隍昭利东岳庙祈雨文》和《福州谢雨文》，收入《渭南文集》中。由于遍布各地、深得民众信仰的城隍和东岳大帝同为司命神，人们仿照现实世界皇帝和官僚安排他们之间的关系，以东岳大帝为城隍的上级、冥界的皇帝，城隍比作官吏。古已有之的东岳信仰与唐代以来隆盛的城隍信仰，在宋代被融合在一起，列入国家祀典。

经两宋到明清，福州城隍神信仰影响渐广，城隍庙越建越大。明代立国后确立了各地城隍主祭厉坛的制度。祭厉为祭鬼神。官府祭厉坛礼每年三次，春祭于清明日，秋祭于七月十五中元节，冬祭于十月朔日（即十月初一）。除了祭厉外，官员还有许多临时性的祭祀城隍活动，如向城隍神祈雨求晴、禳灾避祸乃至断案等。

三、龙潭、龙王、龙庙

在民间，对龙王祈祷是江南地区包括福州在内相当久远而且普遍的祈雨方式。唐代李约有《观祈雨》："桑条无叶土生烟，箫管迎龙土庙前。朱门几处看歌舞，犹恐春阴咽管弦。"说明至迟唐代，民间已有向龙王祈雨之俗。福州十邑关于龙潭祈雨的记载充斥史志之中。

于山大士殿，又名观音阁，原为宋嘉福院遗址。殿宇东连护国寺，西接真龙庵。真龙庵，又名龙神庙或龙王庙，建于五代时期，民国十三年（1924）重修，是古代福州人民祈求风调雨顺之地。

龙岭王庙，旧称广施庙，位于官路东侧的甘蔗镇昙石村龙迹山西麓，临龙岭溪而建。这里群山叠翠，绿水缠绕，溪流忽东忽西，如彩练似玉带，蔚然奇观。

龙岭王庙始建于宋太平兴国年间，这个时间是福建历史上第一次禁巫运动的开始。蛇（小龙）崇拜作为福建的传统信仰，属于巫术范畴，是朝廷所不允许的。于是，蛇崇拜不得不改头换面，于庙中奉祀三王。三王是唐时开疆靖乱的将军，因功勋卓著，褒封龙文王，变成会祈雨的三位古代将军。这样才使信仰得以保存下来。

清乾隆《福州府志·坛庙》载："利泽庙在欧冶池南。宋绍兴四年，有龙昼见池中，郡为立祠。乾道二年，参政王之望以祷雨有应，为请于朝，赐额。今废。"又载："会应庙在左三坊。旧为灵泽庙，神号五龙顺化王。列位五，配以方色，五代闽时建。宋皇祐中，邑人以旱祷，甘澍大至。北位黑龙，鳞甲尚带池萍。绍圣四年，郡守温益新其庙。乾道三年，郡守王之望请于朝，锡额灵泽。"《三山志》载：会应庙址在通仙门外。南宋诗人陆游写过《福州欧冶池龙溪河口五龙祈雨祝文代》，现欧冶池有碑曰"三皇庙五龙堂欧冶池官地"。也许陆游在南宋时祈雨对象就是五龙顺化王即龙神，但不知此五龙堂是否就是神号五龙顺化王的灵泽庙？

古田杉洋镇杉洋村三井龙潭瀑布岩石有南宋淳熙十一年（1184）大型摩崖石刻。这方高3.1米、宽3.7米的摩崖石刻，刻的是一篇集叙事、写景、抒情于一体的优美散文《龙井记》。全文456字，描写宋代流传于杉洋民间的祈龙求雨风俗。有"会岁旱，乡民始即祷雨，随扣则应"的记录。《龙井记》的作者杉洋人余宋兴，宋乾道五年（1196）郑侨榜进士及第。

明末何乔远《闽书》卷1"方域志"详细记载福州闽县双髻山（今马尾区亭江东岐村附近）祈雨的做法，颇为滑稽："双髻山，上有龙潭，削岩夹立，飞流七十丈。祈雨者束缊（乱麻）系铁于屏上，缊尽铁落，龙怒，碎其屏而去，久之归，则雹大如拳。有祈见者，见一物，色如枯藤，张口向瀑，群鱼环之，时或露爪以示。"这位祈雨者大概是巫师。

2010年，福清镜洋镇齐云山龙潭瀑布附近发现一处珍贵明代摩崖题刻。据题刻内容可知，此为福清人、明代内阁首辅叶向高当年祈雨所刻。全文是："天启五年三月二十九日邑人少师大学士叶向高同太学生吴需静安□□来此祈应。"另一处摩崖题刻是更早的南宋时期题刻，内容为："淳祐辛亥三月十八日知县事方楀祷雨至此，住山慈榕立。"

关于祈雨，《连江县志》"礼俗"记载："祈雨，多在七月秋旱之时。乡民延巫设醮，自祈不应，则舁其土神，各契竹竿，竿缀蓝白色布，群集公署，邀集全城文武官员，徒步拈香，乡众随之。官民均衣素服，鸣锣伐鼓，先祷于城隍，以次至金钏潭。或有乡民自赴深山大泽，以为有龙能致雨也。时知县辍刑名，禁屠宰，即不勤民事之官，值此亦无或拂舆情。否则，喧阗公署，虽欲深居简出，不能也。"除了金钟潭、松皋龙井，连江的见龙台最为著名。《连江县志》记载，"见龙台在江侧。宋淳熙间，知县傅伯成筑。祈雨有验。尝有舟泊其下，正是急浪腾涌，烟雾晦暝，有龙蜿蜒江中。（见龙）台圮已久"。

长乐芦蓄潭在江左里芹山溪，是与近邻的首石山和六平山龙潭齐名的滨海长乐祷雨圣地。有瀑布，岁旱祷雨。相传宋熙宁间，知县事的徐世英就曾因旱而祷雨成，人以为德政。

隆兴二年（1164）七月旱，又有县令王奉议投诗龙井、祈借龙神与怀海禅师神盂请雨慰苍生的传奇。到明成化年间，治邑7年的知县罗叙，志书也有他祷雨的记载。由隆庆进士来任的韩绍，亦曾"虔祷息雨，邑以有年"。《长乐金石志》《蕉雨山房随笔》载，明崇祯十三年（1640）岁旱，"知县夏允彝率下属为民祈雨。上香时，潭中忽现龙爪。归半路，浓云四起，山雨欲来。允彝祝曰：'神果有灵，暂停云此山，俟回县时与吾民共赏之。'果然，因勒'停云'于石。"

向龙王祈雨习俗一直延续到了晚清。

四、闽越王等闽越族神明

到了唐代，闽越先祖成为还未完全汉化的福州土著祈雨的对象。

除了汉闽越王无诸，同样是闽越先祖的白马三郎（郢第三子）在唐代已开始成为祈雨的对象，并成为流传至今的福州地区的一个重要神灵。据《闽都记·卷之十一·郡东闽县胜迹》和《榕城考古略》记载：鳝溪广应庙初名鳝溪。在桑溪里，鼓山之北，大乘寺之南。峡有二潭，下潭广六尺，深不可测，距上潭五里。相传闽越王郢时，有大鳝长三丈，为民害。白马三郎者，郢第三子也，以勇力闻，射中之。鳝缠以尾，三郎人、马与鳝俱死，其害遂绝。邑人立庙祀之。唐贞元十年（794），观察使王翃祷雨有应，新其庙。唐咸通六年（865），观察使李瓒奏封白马三郎神为"龙骧侯"。五代闽王王审知又奏封为"宏润王"。宋庆历六年（1046），旱，守蔡襄自为文祷之，读毕，大雨，修葺其庙。

从白马王庙西侧进山，跨越溪涧，拾级而登，有射鳝台、六角亭、祈雨台诸胜。沿途还有自宋至清的摩崖题刻，溪之西临水处有一摩崖题刻"鳝溪"，擘窠大字，凝重端方，是清康熙年间的作品。在下潭的东侧有一巨岩，突怒偃蹇，如壁斯立，有宋元丰六年（1083）福州太守刘瑾等人的祈雨石刻："守刘瑾、倅张知古、令叶宗古、法掾雷尧，元丰六年癸亥季春十六日，祈雨至此灵渊。"宋代福州郡守、《道山亭记》作者、著名的唐宋八大家之一的曾巩也曾为白马王庙写过祈雨文。

五、佛僧系统的祈雨神明和活动

宋代，陆游曾写有《闽王闽忠懿王庙祈雨祝文》。宋代福州祈雨的神庙见之于史志的还有永惠庙（竹林通应庙）、螺江显应庙、青口灵济宫、马仙庙等。宋代是中国的造神高峰时期，佛僧、仙道成为老百姓祈雨所拜的神明。

五代后梁贞明元年（915），福州久旱无雨，僧义收玩幻术，用油烧手指，没下雨，后"积薪通衢，期七月自焚，炬举而后雨"。后他又出现在洪州（今江西南昌），将回福州时，百姓挽留，义收砍下左臂，说："我去后，天不下雨，祷告必应。"人们塑其像，以手臂附着。宋代，义收真身还在万岁寺，人称"祈雨僧"。后来人们就建法雨堂纪念义收。道光十七年（1837）重建。法雨堂还曾是清朝福建船政学堂的校舍，严复读书处。

民间信仰观音菩萨，认为观音菩萨法力无边，有千手、千眼功能，可以救苦救难，可以送子送女，还可以保佑平安，赐福消灾。观音菩萨像一般为一手执净瓶，一手以柳枝普洒甘露，故成为人们消灾、祈雨的对象。《闽侯县志》载："护国禅院，在九仙山，清康熙四年建，有檀佛像（后毁于火），有大士殿。乾隆四十四年，总督三宝塑大士出山像，并镌于石。"大士殿壁上嵌有一块宣统庚戌年重修大士殿的碑，碑上也有记载："大士殿为全闽寺宇之冠，祈晴祷雨有感于斯通，历经官绅鸠全修葺，以妥神灵，奈何年久风霜剥蚀，昔之丹□者，今而朽蠹矣，昔之黝垩者，今而圮毁矣，幸前殿依然屹立易于补苴，后殿祀男相大士廊庑楼倾颓尤甚。"该碑在当时是"祈晴求雨"所立。

鼓山灵源洞摩崖石刻也有供奉观音祈雨的记载。南宋时已开始鼓山祈雨，但不知是求什么神明。徐鹿卿《请雨记》："绍定壬寅夏六月不雨，至于秋七月，遍走群祀未效。大师番阳李公以石鼓闽重镇，其下众水所汇，必出云为风雨，乃命属吏南昌徐鹿卿致祷。丙申诣寺斋宿，丁酉黎明登岊巅，礼毕而雨，是夕大雨。戊戌又大雨，己亥雨止。槁者获，涸者流。刻而识之，侈神之休。"镌鼓山大顶峰。

清代福建官员首选的祈雨处当然是鼓山，相传鼓山为黑龙蛰居的地方，龙能腾云降雨。从乾隆《鼓山志》卷12"艺文"得知，乾隆九年（1744）前后，江西新健人周学健任福建巡抚期间，一年夏季福州大旱，周学健带病率领官员上鼓山祈雨，满洲人、福建布政司参政雅尔哈善也参加祈雨，写有《陪周中丞鼓山祈雨》诗："双旌冉冉拂云过，晓寺疏钟散薜萝。喝水有源声淅沥，岊峰如画碧嵯峨。清癯带疟忧民切，慷慨陈词罪己多。伫看丹城来澎雨，千秋佳话在岩阿。"后来，碰巧下了一场雨，雅尔哈善又写了《喜雨》诗："岊峰峰顶晓云生，暮雨滂沱遍郡城。自是天心垂悯恻，敢言人力有裁成。百千里路禾苗润，十万人家暑气清。幸值年年词讼简，小臣何以答休明。"

鼓山灵源洞有几段关于清代祈雨的摩崖题刻，很有意思。如"灵泉法

雨"旁刻有小字："鼓山向奉大士磁像，素著显灵。殿之东有喝水岩，志载：高僧讲经时，因水声澎湃，喝退逆流。岁辛卯六月，雨泽愆期，祥玺、托浑布奉檄诣请灵像，并取岩水，奉安于山，文武祷二日，遂得甘霖，年登大有，用撰'灵泉法雨'四字，以志显应。时道光辛卯岁，分巡延建邵道祥玺书，知福州府事托浑布撰。"

光绪四年（1878）七月，福州府海防同知、广东人欧阳骏就在鼓山搞祈雨仪式，"奉檄祈祷，即赐甘霖，秋则大熟"。欧阳骏特在喝水岩刻了《喜雨碑》。福州百姓也认为祈雨很有"效果"，竞相模仿，发生不少纠纷，于是欧阳骏又在喝水岩刻告示："福防分府欧阳示：为晓谕事，照得鼓山喝水岩奉祀观音大士石像，每因乡民求雨，争迎滋事，兹本分府增塑金像两尊，嗣后各乡求雨，只许迎请金身，不得再迎石像，其各遵照，特示。"

六、道教系统的祈雨神明和活动

历史上福州城时常发生火灾，夏季水量分布不均，常有连续几十日甚至百日不雨的情形，真武大帝镇北方、主风雨的职能正好迎合了百姓的需求，传入福州后声势不断壮大，绵延至今。福州比较出名的供奉道观是仓前望北台的真武祖庙。真武大帝还曾坐镇鼓楼前的狮子楼，意为压制南面主火的五虎山。坐镇屏山上的镇海楼，是人们祈求他保佑海不扬波，一帆风顺。

陈靖姑，又称陈夫人、临水夫人、顺懿夫人、通天圣母、顺天圣母、陈太后等，是福建地区最有影响的信仰女神之一。陈靖姑，福州下渡人（今福州市下藤路），生于唐天祐元年（904）。相传闽王鏻"永和二年天大旱，四月夏旱七月秋"。女神陈靖姑在台江龙潭角祈雨，果然天降大雨。（龙潭角，也叫龙潭窟，《榕城考古略》载："相传有龙蛰此，大旱祷之辄应。"）此后千余年间，每遇严重旱情，便由道士设坛，请"临水陈太后"来施雨。

作为福州民众祈雨对象的道教神明，除上述唐宋时期的陈靖姑、玄天上帝外，还有王天君、拿公爷、张真人张慈观、白玉蟾等。

相传南宋时期，闽清六都平原（今天的坂东镇）遭遇旱灾，百姓邀请回乡偶居的道教南五祖白玉蟾（原名葛长庚，祖籍闽清县奉政乡宣政里葛陂村，今闽清县城附近）祈雨救灾。白玉蟾遂带领弟子在六都平原最高处的柯洋山众峰之巅，筑坛祈雨，由于法术高明，祈雨成功。后人为感念他的恩德，将白玉蟾在柯洋众峰之巅所筑祈雨高坛，改建成柯洋仙阁。今天乌山广场旁还有一个白真人庙，即祀白玉蟾。

古人诗云，"天下苍生待霖雨"，"化为霖雨泽苍生"。"霖雨苍生"，恩泽广被于民。民国时期，连江县县长张国键曾写道："我愿闲云出岫，化为霖雨慰苍生。"忧国忧民，一片公仆之心。祈雨，表达了老百姓一种朴素而善良的愿望，希望风调雨顺、五谷丰登。今天，我们虽然有了发达的科技，但面对夏季酷暑之时也是无计可施，这也许会让我们对古人的祈雨行为多一些理解吧。

福州民俗"过关"杂忆

彭世柽

　　"过关",并不是所有家庭,也不是某个家庭中所有的小孩过生日的时候都举办。一般是信仰陈靖姑的家庭,经济条件相对优裕,在家中特别受长辈疼爱的孩子过生日时,才举行这种活动。其目的就是通过这种祭祀、诵经仪式,祈求临水陈太后(陈靖姑,也称临水奶,民间传说是专门庇佑妇女能够怀孕生男,保护儿童平安的神灵)保佑,使这个小孩能够渡过各种关卡(如疾病等),顺利长大成人。

　　20世纪20年代末,我出生于南后街的一个中医师家庭。小的时候,每逢生日,家里都要为我举办"过关"的道场。当日会邀请一些亲戚带着年龄与我相近的子女,一起来参加我的生日"过关"活动。早上,家中请来了四五个"道士"(他们不是庙宇、道观的道士,而是社会上专门为民间举办各种道事服务的职业者)。他们在厅堂上,将横案、几张方桌和小腰桌摆成"丁"字形,桌子前面用各色桌裙围着布置成祭坛。桌子的背面架设有画着临水陈太后、三十六婆官(36位女官,每人手中都抱着一个婴儿)以及文武百官神像的图板。桌上摆有祭祀用的香炉、烛台以及各种礼器和供品。在大厅的前方,还单独放着一张八仙桌,也是祭拜用的。上午开始,这些人穿起各种颜色道袍,为首的是穿红色的袍子。除了一个是坐着打鼓、敲钟外,其余的人分别手持木鱼和大、小钹等铜制响器,围着桌子在神像前诵经,有时边敲打响器边唱词。下午是重头戏,就在厅前那一张方桌上,除了摆放香炉、烛台、花瓶、酒杯、筷子以及供品外,当中还放了一个红漆描金的四方倒形木斗,中间装着米,四周插了10双筷子、鲜花和四件东西:尺子、厘秤盒、剪刀和一把长柄圆铜镜。在木斗的背后,用大米平铺在桌面上，构成蝙蝠形状；在上面放上7个小碟，装上油和灯芯，点燃起来象征着北斗星。让我站在桌子的后侧，先烧香跪拜，然后手捧着一个长方形木漆盘，上面放着一件为我准备的长衫。三个"道士"边念经文边敲打乐器，领着我沿着桌子四周绕圈。接着进入最后一个节目，就是"过关"。这些人带来竹子做的一个可以站立的门框，用彩色剪纸糊成了一道城关门。我就穿了先前祭拜过的那件长衫，手握三根点燃的香，站在关门的后侧最前头，我的妹妹和其他的小朋友，也同样持香依次列队跟在后面。那个为首的"道士"头戴法冠，一手拿着法号，一手拿着摇铃，站在关门前，边念咒边吹边舞。然后引我们这些小孩从关门穿过。东、南、西、北、中，五个方向都穿过一遍，最后要许多"金""银"纸箔。那个关门和小孩子们手持的香也放在一起烧掉，宣告仪式结束。晚上，那些被邀请参加的大小客人，也都在我家用餐后才回去。

要是老人家过生日，除供奉祭拜祖先外，也要举行祈福祝寿道场。小型的叫"禳太岁"：在大厅沿走廊当中放着一张八仙桌，上面摆放着香炉、烛台、花瓶和供品，只请一个道士站立在桌旁，一边摇着法铃一边念经。这是每年都做的。大型的叫"拜斗"。也是请道士来家里设坛、念经，搞祭拜活动。规模大，仪式更加隆重，可能是逢五逢十的寿辰才举行。

我们家还有一个祭神活动叫"上座"，时间是每年的秋末初冬，这是面对上天和世上更大范围的神灵，是为了祈祷保佑全家人平安的。规模比"过关"更大，请来的"道士"更多。道坛摆设比较复杂，要搭起三层桌子，连天井两侧走廊都摆了。图板上神像有天上的玉皇大帝、太上老君、太乙真人、文武百官等，也有地下的阎王爷和小鬼，诵经的时候，有的在底下，有的坐在高台上。配用的乐器除了打击乐器外，还用了笙、洞箫和笛子等。仪式是从下午一直到晚上，到了快结束阶段，坐在台上当中为首的那位道士边念咒语边把许多小包子从台下往下扔。小孩子们都争着捡地上的包子，以为吃了它会保平安。附近邻里的一些小孩也会来参加"抢"包子。

另外，我记得，中华人民共和国成立前，南后街一带商铺，还有做"火醮"和"普度"等民俗，报刊上好像还未见介绍过。这种道场是带有地域性的活动，由某个街道商家捐款筹办。做"火醮"，一般是雷阵雨的时候，这一带某家发现"火球"（其实是球状闪电）在室内转，认为出现这种现象，本地区会发生火灾。所以要举行"火醮"祭祀火神，祈求避灾。"普度"一般是在农历七月左右，传染病流行时期祈求平安，同时也有"送瘟神"的意思。

前面所说的一切，其实都是迷信活动。过去因为科技落后，医疗条件差，人们患病或发生天灾人祸，遇到难解、无助的时候，往往想起的就是祈求上天神灵保佑，消灾灭祸，逐渐形成一种民俗。当然，随着科学技术的进步，这种"过关""上座"的民俗活动早已淡出人们的日常生活。它们只是作为一种历史印记，留在悠久的岁月中，成为民间文化的一抹色彩。

话说 "半旦节"

翁梓健

福州方言"做半旦"在年长者耳中一定是再熟悉不过的词汇。"半旦"其实也称为"半段"或"半丈"。福州"半旦节",是福州地区一个特有的村庆节日,也是福州地区一年之中最隆重的节日之一,其热闹程度不亚于春节。福州民俗专家方炳桂曾介绍,"做半旦"即为"夏收夏种",一年时间过半之后庆祝上半年的丰收,答谢农忙时亲友的"换工"等帮助。"半旦节"的周期较长,但有个特点,一定是在农历七月之后,并且各家各户轮流操办。"半旦节"闹得最有名的应属福州市闽侯上街一带,那里流传着"九月起,不买米"的俚语,说的便是闽侯上街这一地区从农历九月起,就天天有村庄"做半旦",村民们可以轮流请客吃饭,不用在自家做饭。这也说明了"半旦节"其实就是一个食俗节庆,更准确点说,其实"半旦节"是一场庆丰收、农工总结的农事活动。

有人认为,"做半旦"其实就是福州人口中的"菩萨诞",他们认为福州方言发音的"半旦",也可称为"半诞"或"搬蛋"。在宗亲观念较强的地区,"做半旦"一般都是由村落中德高望重的长辈组织族人或村民在宗祠里共同祭祀祖先,每年在先祖生日的这一天,全村人共同祭祀"神诞",祈求平安,同时,也祭土地,以庆丰收。但实地调查中发现,许多村落甚至一条马路之隔的邻村在"做半旦"时,并没有祭神仪式。这便与人们所说的"半旦节"就是"菩萨诞"相违背。

笔者就这个问题咨询过许多村民,连一些老人家都只能用"都是这么传下来的"来概括。也有的人认为"半旦节"其实就是中元节。中国自古将正月、七月、十月之十五日分别称为上元、中元、下元。正月十五日称为

上元佳节，即元宵节；农历七月十五日称为中元节；农历十月十五日称为下元节。福州民俗专家方炳桂曾表示，中元节，俗称"七月半"，即农历七月十五。因为"七月半"又叫"鬼节"，在这一天家家户户都要烧香祭鬼、谨言慎行。相对国内其他地方，福州少有人过"鬼节"，多数人把这天当成尽孝之日。因为中元节的起源与佛教的"盂兰盆会"有着密切联系，在佛教中被称为"盂兰盆节"。"盂兰"是梵语，有倒悬之意，盆是指供品的盛器。他们认为供此器可解救已经逝去亲人的倒悬之苦。相传，目连为减轻其母亲的罪孽，邀十方僧众做盂兰盆，用以普度超生其母，因此"中元节"又有"孝子节"之称。2010年，香港特别行政区申报的"中元节（潮人盂兰胜会）"入选了第三批国家级非物质文化遗产名录推荐项目。也许正是因为中元节为农历七月十五，并且越来越受人们的推崇，而福州有的地方的村民也在这一天操办"半旦节"，久而久之就有了"半旦节"就是"中元节"这一说法。就福州"半旦节"是否是"菩萨诞"或是"中元节"，还有待更多的学者们考究与论证。

但在对现有资料的检索中，笔者发现了一个与福州"半旦节"极其相似的节日——"半年节"。

浙江省杭州市萧山区的佳山坞村，流传着800多年历史的"半年节"。早期在福建闽南地区的漳州人和泉州籍的同安人，也保留着"半年节"的习俗，就连台湾早期的漳州籍、同安籍人士，也都保留吃"半年圆"的习俗。而最具特色的，便是分布在中国西南一带的瑶族，他们的"半年节"，也叫作晒衣节，是瑶族重要性节日中仅次于过年的第二大节日。瑶族人将年中间的六月初六这一天定为"半年节"，并将"半年节"定于早上过。因为早年间的生活条件差、生活水平低，人们只有在特别重大的日子里才会多准备一些好吃的，甚至只有在那个时候才能吃到荤菜。同时，当时的医疗水平低，许多老人挨不到过年就已病逝，据传他们很想过一个年，阖家团圆，却不能得偿所愿。瑶族的年轻人们为了满足老人们过年的愿望，就将六月初六定为半年节，在这天准备好吃的东西，和过年一样。也正因为过去生活水平落后，每逢过年，大家为了阖家团聚，才会将食物准备得异常丰盛，但也招引土匪山贼们伺机抢劫。人们为了躲避土匪，赶在大早上把年过了。

后来，在早上过年的风俗就延续了下来，也影响着"半年节"。瑶族人最具特色的风俗习惯应属在"半年节"晒衣，在这一天，瑶族人没有任何忌讳，都将自己的衣服拿出来晾晒，甚至老人过寿时准备的寿衣等各式各样的衣服也都晾晒于阳光下，吸引着小孩嬉戏其间，也为这个节日增添了一番热闹与风味。

"半旦节"究其根本，还是以宴请亲朋好友相聚吃喝的"食俗"为主。"半旦"亦是"半丈"，而"半丈"即为"五尺"，"五尺"在福州方言里是"有喝"的谐音。因此"半旦节"在民间有一个不成文的规定，就是操办"半旦节"的家庭邀请的宾客，可以携朋带友，因而，便有许多陌生面孔聚焦东家"做半旦"，场面十分庞大热闹。久而久之，年过半载，闲暇之余的村民们相互庆丰收、总结交流农作经验就演变成了以宴请吃喝为中心、炫耀自家经济财力的场面。再后来，许多村落借由"半旦节"演变出攀比、浪费、赌博陋习，渐渐失去本味。福州民俗专家方炳桂曾说道："民国时期至中华人民共和国成立初期，做半旦招待都比较简单，吃的拌面扁肉，喝的家酿的青红酒，同样其乐融融。"而现在的"做半旦"，文化气息少了，攀比性质的请客风气却逐年高涨，有的人家中更是摆上几十桌，花重金请来一些商业明星在饭宴上表演，像是在给认识的或不认识的朋友"炫富"。在田野调查中，也有一位老人家表达了心中的无奈："邻家的年轻人在深圳工作，每一年的9月份都会拖家带口回老家操办'半旦节'，因两家关系好，常年都宴请他们。可近几年，邻家的'半旦节'越摆越奢华，规模越来越大，导致自家的年轻人在'做半旦'回请时，需要节省日常的开销甚至向亲戚借钱来操办。"这种"面子"上的礼仪被放大，扭曲了原本"半旦节"的初衷。

"半旦节"这一村庆活动，作为一种社交活动的载体和形式，是一个以"友情亲情"为主题、"饮食"为内容、"交流"为目的的民俗节庆活动，村民间呼朋唤友，不论认识与否都热情相聚，图的就是一个喜庆热闹，分享喜悦。"做半旦"的经久不衰，体现出福州人骨子里的热情与好客，福州人虽不善表达，但他们借"半旦"这样豪放的习俗表达心意，这才是应该让后人传承、保护的优秀民俗文化。

从"三旦"哺"满月"酒谈起

——福州乡间民俗记忆

安仁里

"三旦哺"与"满月酒"

人出生也叫"诞"。现代汉语有"诞生"一词，即是"诞"的最好注脚。诞之三日，福州人谓"三旦"。这里的"旦"仅是一个时间的概念，与诞生之"诞"是否有音义的关联，就无从考据了。但不管怎样，在"死生亦大矣"的时代，生当然要庆祝一番。最好最便捷的庆祝，就是"三旦酒"，福州话亦叫"三旦哺"，因为这酒是在晚间办的。

"三旦酒"一般规模不大，请的只是同族至亲，叔公婆婆等而下之，以及参加"送生"活动回来的人，连孩子母亲的"外家人"都没请。但席间出席的，往往有孩子的外婆。因为外婆经常在孩子出生前后就被请来侍候"月子"。席面也很简单，一般多为年节时的食材，鸡鸭鱼肉等，喝的是本地酿造的青红酒。这青红酒是糯米红曲酒，坐月子时，女人喝的鸡汤，大都是纯酒或半酒的，为的是去"湿气"，虽然没有太多的医学根据，但福州人的这一月子风俗至今仍然保留着，只是酒量渐少水量渐多了。

由于"坐月子"的女人不能出房门，所以无法享受由她的生产带来的觥筹交错的乐趣了。而参加宴席的男宾，大都也都无法见到小孩的"真身"，只能在席间听见孩子哇哇的啼哭，断断续续的，与席面的热闹合成一首生命的交响曲。

孩子顺利满月，说明生命顽强，也标志着度过了人生最脆弱的时光，要庆祝一番，得"大碗喝酒、大块吃肉"了。于是杀猪、宰羊，宴请宾客，郑重其事。这时的席面是讲究的，十八大碗是起码的，大户人家还上"全家福"。最讲究的是谁上主宾席的"大位"，一般是由孩子外公家的辈分最大的人坐。参加宴席的宾朋还得"落人情"（即包红包），送鸭蛋太平面、小衣袜子等。

号　酒

人一出生，就得取名字，阿猫阿狗地叫着，那是小名。这名字，想怎么叫就怎么叫，爱叫什么就叫什么，怎么贱怎么叫，都无关紧要。到了上学阶段，就得有名有字，当然，起这名与字，可以是家长，也可以是有学问的人，比如私塾的先生等，一般都文绉绉的，按辈分来。

古人修族谱时，都预先请修谱的先生排下辈分，如"诗礼传家、聿招祖德……"。有名还得有字。一般情况下，字的取法就比较讲究了。先父名招琳，字璧明，璧明是用来释"琳"的。毛泽东，字润之，"润"是就"泽"而说的。

这样，就出现了一个问题，在"文学"修养有限的乡村社会，要想取个好名好字，非一般人可以胜任。怎么办？最好的办法就是全村等着起名字的小孩子家集中起来，一起办酒席，请三五个有学问的人，在酒足饭饱之际给取个名，号个字。这种酒席就叫号酒。号酒一般在祠堂里举办，有时规模很大，几乎大半个村的都参加，那也是乡村社会的一个文化景观。

20世纪60年代之后，随着教育事业的兴盛，家家都有"读书人"，为求一个好名好字而办号酒之俗就渐渐退出了人们的视野，这一风俗也就渐渐淡化了。

顺便说一下，有了号酒上起的名与字之后，原先的小名就不怎么叫了，有的就成了"号"。这么说来，起名字的酒席叫"号酒"，也不算文不对题。再者，福州话问人家名字，也有问"号什么"的，给人家起个名起个字，也可以用"号"，只是这"号"已经是动词了。

"十酒"

办了号酒之后，紧接着就是订婚酒、结婚酒，这两类酒席现在还很盛行，在乡间还保留着完整的风俗，我们可以不去叙述。现在再说一个"十酒"。

古人平均寿命短，上了70岁的人，算是古稀，而上了50岁，即称为寿。上了寿的人死亡，就不算夭折，死后还可以入"厅中"后的寝厅入殓，此所谓"寿终正寝"。凡是没有上寿之人亡故，是不得入寝厅的，这在"死生亦大矣"的社会里，是最大的禁忌之一。所以，古人十分看重寿的。男人49岁、女人50岁那年的春节前，就会隆重地庆祝一番。祝贺的方式就是"送十"：或是镜框，或是画轴，再加上太平蛋面、猪腿等。这风俗在20世纪70年代还很盛行，每到年前时节，乡间的道路上挑着各色"送十"担子的人络绎不绝，甚是热闹。

来而不往非礼也。接受了人家的祝贺，就要答谢人家。答谢的方式之一就是在来年的春天大办酒席，广宴宾朋，同时再次接受晚辈跪拜祝贺，是谓"十酒"。

十酒可以逢十办。只要有财力，六十、七十、八十、九十都可以办。（只是福州人禁忌给老母亲办八十的"十酒"，因为不祥，福州话骂人的话有一句是"你奶做八十"，意含诅咒）办酒的时候，不再收人家的礼仪红包，席面也要很讲究，要二三十道菜肴，水陆杂陈，还要给每位跪拜祝寿的人寿礼，如荷叶包、寿桃等方便携带回家的小食物。"十酒"场面越大，席面越精致，主人家的面子就越大，受到尊敬的程度就越高。

改革开放之后，正儿八经的"十酒"已经很不常见了，平常人家过生日的大小聚会倒是参加了不少，只是与办"十酒"的性质、意义都不相同了。

闽都家庭的守护神

谢　冕

　　那时家里的厅堂正中，供奉的是吕洞宾的神像。神像是彩瓷制成的，很精致，外面配有玻璃罩，每到年节，家里人总虔诚地为之擦拭除尘。

　　吕洞宾是八仙之一，为什么八仙中单单供奉他，而不是别的仙人？幼时不解。供奉吕仙的是父亲，我没有问过他。从厅堂供奉的位置看，父亲是非常敬重这位仙人的。厅堂，在福州民居中是最重要的场所，是家人团聚或接待亲友的活动中心，而厅堂正中的条案，正中是神位，两边是烛台、花瓶、果盘等。吕洞宾的神龛，就安放在条案的正中，即这个家庭最显眼、最核心的位置，是重中之重。除了年节的大扫除，要为吕仙的神龛除尘以及日常敬香之外（父亲总是选用最好的龙涎香），我不记得还有什么特别的祭祀仪式。

　　记得父亲和母亲大抵是每个月的初一和十五要吃斋，即此日素食，以示对神的敬重，此外并无其他的拜祭仪式。我常说自己家是信佛的，其实家中并没供奉过佛祖的圣像。观音菩萨是诸佛之一，也并没有获得吕仙这样的礼遇。她（这里用女性第三人称是民间习惯，民间认为观音是女身）仿佛是家里的一个成员，我们敬重她，但并不把她当神来敬，她仿佛是家里的亲人，遇到困难时，我们便会呼唤她保佑我们。我们请她来时，一般也不用烧香，只需口中念念有词，类似"菩萨保佑"之类的敬语即可。观音菩萨也真是贴心，几乎有求必应，"救苦救难"是她的唯一道理。

　　此外，还有弥勒佛，就是那位挺着肚皮，整天嘻嘻哈哈的快乐神仙，他似乎并不管些什么，他的职责是带给我们快乐。弥勒也不专供，那神像在我家，多半也是作为艺术品而存在的。但观音也好，弥勒也好，还有八月中秋为敬月而请出的自太上老君以至托塔天王、哪吒太子等的天上诸神，我们心中都敬，也都没有专门的礼拜仪式。在我的家庭里，周边的邻居也一样，好像是神就敬，是佛就拜，不论有形还是无形。在闽都福州，神是无处不在的，也不管那神是属于哪个"系统"的。就我所知，吕洞宾就是道家系统，而与如来等不同。但在我们家庭，他们都是神仙，都是法力无穷，护国佑民，不论是佛、是道，我们一样膜拜。

那时大人告诉我们，天上有雷神，家里有门神，厨房有灶神，土地爷爷虽然不住家里，却是管我们的，还有土地奶奶，都是管我们这一片的。下雨了，天上打雷，大人们会说，雷公发怒了，要整治那些坏人，凡是平常作恶的，雷电便要打他。这种警示，在幼小的心灵中很有威慑力。母亲是不识字的，但是她非常尊重文化，她常告诫我们，要爱惜字纸，不可涂污，也不可踩地，否则雷公要打的。于是我们也就养成了不随手乱扔废纸的习惯。记得雷公不光管识字，也管爱惜粮食。吃饭时，米粒不可随处抛撒，否则，雷公也是要打的。我们也就因此养成了尊重和爱惜粮食的习惯。

所以，福建家乡的那些神灵，有的是管庇护众生的，有的是管惩治坏人的。长大了才知道这些仙佛之事，大抵都在劝善惩恶，以慈悲心造福万民。福州这地方，民俗中似乎是"多神教"，即到处都有神灵，山有神，水有神，树也有神。福州城遍地榕荫覆盖，那些长着胡须的榕树也是神。幼时家住仓山程埔头，那里有一座庙，庙前有一棵老榕树，香火很盛。后来发现，不仅程埔头，福州城里几乎所有的有年头的榕树都成了神。这种信仰让人敬畏自然，保护生态。当时年少无知，耳濡目染，心灵却是受到净化。我们知道，这些无处不在的神灵总在庇护着我们，也警示着我们。先前都说信教落后，无神论进步，现在发现心中有神灵，便有了敬畏之心，人的内心和行动就会受到一种无形的规约，神也好，教也好，冥冥之中，总有一个声音在提醒，什么是善，什么是恶，不遵守这种规约的，就要受到惩罚。我们把它叫作"报应"。所谓的善有善报，恶有恶报，警示人们要为自己言行担责。这种"报应说"深入当年少年的心，这未必是宗教，也不是什么信仰，但就是"有用"。有一年，我写一篇有关生态保护的文章，篇名用了"报应在天"，编辑觉得太尖锐，不敢用。其实我指的就是，人们破坏了自然，自然就反过来惩罚你。这个用词并不涉及宗教的。

都说佛在人心，心中有，佛就在。佛学是深奥的，它的道理凡人未必懂，但重要的是心中要有，这当然是一种念想。但有无这个念想却是至关重要的。在福州，因为神无处不在，于是你就要随时检点自己的行为，这种"受压"的、被动的"自律"，有效地促进了人心的向善，社会因之良性互动。没有了信仰就失却了约束，失去约束的人心，想怎么来就怎么来，结果是社会失衡，人心变坏。

旧时福州有个习惯，遇到孩子发烧哭闹，便外出贴"告示"："天皇皇，地皇皇，我家有个夜哭郎。"是向着路过的神灵求助的。这证明，神在民众心中是"有用"的，他们都是千家万户的保护神。家里有了诸多的神，恶鬼就不会进来。仁爱的是观音，快乐的是弥勒，善良的是土地爷，仗着长剑的是威严的吕洞宾，他们都是家庭的成员。家里有了他们，困难时有慰藉，危急时有援助，家居有平安，平时有欢乐。这就是闽都民间盛行的宗教观。我自己不信教，少年时代读教会学校，接触了基督教，也没入教，但知道"上帝爱人"，受到好的影响。教人向善，远离邪恶，要说这就是信仰，那么，有信仰总比没有信仰好。

齐天大圣与福州猴神信仰

徐晓望

一、海峡两岸的齐天大圣庙

2004年下半年，我有缘去台南市的一所大学担任客座教授，一直到过完春节才返回大陆。由于研究课题的缘故，我在福建省就经常跑庙，因而，在台南的半年里，我经常骑着自行车在市内转圈子，查看台南大大小小的庙宇——一座庙宇就是一本书，从中可以看出台南与福建的文化渊源。

台南万福庵齐天大圣庙是一个十分有趣的庙宇，庙内祭拜的是齐天大圣孙行者。一般人认为：齐天大圣是吴承恩《西游记》小说中的人物，台湾怎么会有齐天大圣庙呢？其实，吴承恩并非《西游记》的原创者，早在元代，即有《西游记平话》一书在民间传播，再往前推，宋代的东南已经出现了《大唐三藏取经诗话》一书，在《大唐三藏取经诗话》与《西游记平话》二书中，都出现了孙行者的形象。据明代前期的《西游记杂剧》，孙行者出场时自报家门，他有三个兄弟和一个姐妹，三兄弟为齐天大圣、通天大圣、弥天大圣，姐姐是泗州圣母。我在福建顺昌县看到一块通天大圣之碑，其年代约为明代中期，当时吴承恩的《西游记》尚未问世，这说明福建民间早就有对通天大圣及齐天大圣的崇拜了。应当说，不是《西游记》诞生之后才有了齐天大圣庙，而是齐天大圣早就是福建等地的民间信仰，《西游记》故事系列的早期作者将民间传说吸收进小说，才创造了齐天大圣孙悟空之类的小说形象。

福建的齐天大圣庙很多，在福州城内，到处都有齐天大圣的小庙，它的祖庙在福州城内的乌石山下，据野史笔记的记载，当年福州的齐天大圣庙宏伟壮丽，香火十分旺盛。可惜的是，民国时期在乌山半腰修路，将庙宇拆毁殆尽，今日的乌山上，只有一座白猴洞是当年庙宇的遗迹。

庆幸的是，福州的郊区还保留着许多齐天大圣庙，其中，闽安镇的齐天大圣庙相当漂亮。闽安是福建古镇，宋代与清代都在这里设置过海关，收取往来船只的通关税，此地的迴龙桥建于唐末五代，是福建著名的古桥之一。而齐天大圣庙就建在迴龙桥的桥头，说明这座齐天大圣庙已经相当久远。闽安大圣庙还是传统的古建筑，全木结构，门额上题"齐天大圣"四字，十分刚健有力。

可惜的是，庙内的神像毁于"文革"中，"文革"后重塑。由于在"文革"中，人们看惯了大型的雕像，所以，重塑的神像较大，与真人差不多。实际上，按照福建古代的习俗，重要的神，其雕像都较小，而大的雕像多为小神。例如，每个庙宇中都会有充当走卒的"七爷"与"八爷"，每当游神之时，都会有人头上套着七爷与八爷的神像。他们的神像比人还要大一些，但他们的地位却是走卒。当今福建重建的庙宇都将神明的像雕得很大，古风不再，令人感叹。不过，闽安镇大圣庙内的猴王像是两位，这保持了福建猴王庙的传统，二猴王中，大的是齐天大圣，小的应是通天大圣，至于他们的又一个兄弟——弥天大圣，则从未在福建的庙宇中见过，其中原因何在尚值得研究。

台南市的万福庵齐天大圣庙相传建于清代乾隆年间，该庙中有一棵大树，树的底部虬根纠结，像有上百个猴子在跳腾，我想，这棵树才是万福庵建于此地的原因。不过，此树不像有200年的历史，因而，该庙真实的创建年代有待研究。但该庙自称台湾的开基齐天大圣庙，虽然台南的庙宇都爱称自己的庙是开基庙宇，但我相信，该庙的历史至少可以追溯到清代中后期。这是因为，福州人到台南贸易的历史悠久。在台南郊区，我看到一大片福州人的公墓，说明早在清代前期，即有福州人到台南做生意，他们在台南的历史相当久远。

台南原为台湾的首府，而在清代，台湾府属于福建管辖，所以，台湾官员的幕府中，要聘用一大帮福州幕僚，以便与福建巡抚打交道。大量福州幕僚到台南市以后，又带来了他们的亲戚到当地谋生。福州人号称"三把

刀"，即厨刀、剪刀、剃刀，他们在台南垄断了厨师、裁缝、理发三大行业。其实，福州人的其他手工业也相当有名，以刺绣来说，明清时期福州的"榕绣"是相当出色的。台南市的刺绣庄，至今仍被福州人的后裔垄断，他们的刺绣庄大门，都要挂出"正宗榕绣"的招牌。我在福州城生活20多年，研究过一段手工业史，常常遗憾当年的"榕绣"风韵已经无处可寻，但在台南市却看到自称为正宗榕绣的刺绣庄，不禁令人感叹再三。

对福州人来说，齐天大圣孙悟空是商业之神，凡是经商的人，没有不拜齐天大圣的。记得在蒲松龄的《聊斋志异》中，还记载了一段山东人与齐天大圣的故事。说的是这位山东商人到福州进香，跟随同人到大圣庙里参拜，一看神明为一只猴子，不禁大笑，他认为福州人将小说的人物当真，建立了齐天大圣庙，其实，齐天大圣怎能保佑发财？在小说中，这位商人因不信齐天大圣而受惩罚，但也因此与齐天大圣结识，后来发财回家。齐天大圣在福州人的神明世界中占有如此重要的地位，福州人到外地经商，当然要在当地建齐天大圣庙，这应为台南出现大圣庙的原因。

令人遗憾的是：台南的大圣庙现在已经是一座钢筋水泥建筑，尽管建筑样式仍然是中国传统建筑，但万福庵之名给人带来的无限遐想，却停止在水泥森林包围的场地里。万幸的是：庙中的神像还是小型的，两座不大的齐天大圣与通天大圣的形象，尽可让人回想当年大树下的小庙。当年的福州人将神像抱在怀里带到台南，而后在台南建立了小小的庙宇，历尽风雨，小庙在台南人的心中扎下了根，伴随着台南市长大。今天，小庙已经成长为大型庙宇，那是信众们虔诚的心意而铸造的。想到这一点，又对现代化的台南大圣庙感到释然，毕竟，变的只是庙宇的外形，庙宇的文化内涵是永恒的，香火缭绕中，永续不变的是历史沉淀的两岸缘分。

二、闽人与齐天大圣祭祀

齐天大圣是福州人最崇拜的神灵之一，它的祖庙在乌石山宿猿洞（今省气象局一带）。民国时期，此庙尚存，宫殿巍峨，香烟缭绕，十分热闹。今日，此庙踪迹虽然不存，但福州的各个角落都有一些不起眼的齐天大圣庙。在许多人看来，齐天大圣是小说中的形象，闽人将小说的形象拿来祭祀，实在不可思议，甚至是荒唐。其实，闽人所祭祀的猴王原来不是齐天大圣，它的历史也远比孙悟空的传说要早。如，在连江隋代开辟的东湖畔，有一座配祀"猴西姐"的庙宇（参见郭柏苍《竹间十日话》），而宿猿洞的祭祀起源于唐代。当时，有一隐士住在此洞，养一大猿，出入随行。隐士死后，百姓立庙祭祀之。按照闽人的习惯，他的随身伴侣——猿也会得到祭祀，以后香火不断，猿反客为主，成为百姓主要祭祀的对象。总之，在隋唐时，闽人已在祭祀猴精。

宋代福州下辖的永福县已有了猴王的传说。南宋文学家洪迈的《夷坚志》一书记载了一则故事；永福县能仁寺的庙宇中，有一尊猴王生塑。它是民众将一只生捕的母猴用泥封死而成。久而久之，猴王成精，经常施放瘟疫害人。所以每当村里瘟疫发生，老百姓都会请巫作法，与猴王作战，寺中僧人也敲钟。寺中住持宗演和尚不胜其烦，一日，他下令毁去塑像，念经为猴王超度。夜晚，他梦见猴王来致谢，此后当地不再有猴王施疫的事发生。宗演是唐末的人，这说明，早在唐代，永福县即有猴王的故事流传，而当地县志所揭示的材料，永福县民众对猴王的祭祀一直延续到明清时期。在这一故事中，我们看孙悟空故事的梗概：一只闹事的猴精被高僧收服，改恶为善，这对《取经诗》故事的形成，是很有意义的。

明清时期，福州人祭祀猴精丹霞大圣。据这一时代的福州平话《临水平妖传》，丹霞大圣是一只浑身红毛的猴精，它曾在民间为非作歹，后被福州地区保护神临水夫人收服，改邪归正，成为临水夫人手下大将之一。它的尊号是"丹霞大圣"，祖庙在乌石山宿猿洞。遍及福州各地的"齐天府"实际上是他的庙宇，与齐天大圣不是一回事。福建地方小说《闽都别记》第291回解释道：丹霞大圣"乃千年猴精，神庙处处有之，其本元神在乌石山宿猿洞，神通变化，不亚孙行者"。可见，这是两种猴精。但是，自明中后期《西游记》流行后，百姓越来越分不清二者的区别，现在笔者在福州城乡做田野调查，所见"齐天府"皆是祭祀齐天大圣，二者形象已混为一体了。但是，历史渊源来说，闽人对丹霞大圣的崇拜实比齐天大圣更早，丹霞大圣应是小说孙悟空的原型。

临 水 夫 人

章 武

风波浩荡的台湾海峡，自古以来，就是神仙的家园，神话的故乡。

在众多神灵之中，临水夫人陈靖姑是最受两岸人民崇仰的女神之一。

临水夫人姓陈名靖姑，在古书中有迹可循实有其人。传说，唐大历二年（767），陈靖姑出生于福州市仓山区下渡十锦祠的一家农户，幼年时曾在闽江古渡龙潭角的闾山大法院学习道家法术。18岁时，她嫁到古田县临水村（今大桥镇）刘姓人家为妻。婚后，她在闽江上下游各地除妖镇邪、扶危解厄、保胎救产、送子护童，闻名遐迩。唐贞元六年（790），闽省沿海大旱，田地龟裂，禾苗枯黄，饿殍遍野，26岁的她，不顾身怀六甲，奋力祈雨抗旱。不久，果然天降甘霖，万众欢腾。然而，过度劳累的她，却因此受了风寒，动了胎气，难产而殁。据元末明初古田籍学者张以宁《临水顺懿庙记》一文所载，陈靖姑弥留之际，曾高呼道："吾死后，不救世人产难，不神也。"此后，其"英灵著于八闽，施及于朔南"。人们感其恩德，在古田，在福州，在闽东、浙南及台湾宝岛，乃至南洋诸国，陆续建起数以千计的临水宫加以祭拜。与此同时，历代帝王也不断对她加封，其封号由"夫人""太后"，一直上升到了"天仙圣母""顺天圣母"。中华人民共和国成立后，特别是改革开放以来，对陈靖姑的民间文化信仰越来越得到重视和保护。2008年，"陈靖姑信俗"被列入国家非物质文化遗产名录；2013年，她的祖庙——古田县大桥镇临水村的"敕赐临水宫"，也实至名归，被国务院公布为第七批国家级重点文物保护单位。

有关陈靖姑的神话传说，是福建民间文学的一大瑰宝，也是闽剧、评话、歌舞、壁画、雕刻及影视艺术创作的一大资源。其中，有相当一部分故事，被清代乾隆年间一个名叫"里人何求"的文人，编入《闽都别记》一书。我早年曾翻阅过，对此略有所知，但对其祖庙的参拜，却是近几年的事了。2007年春，我前往古田采风，这才有幸亲到大桥镇临水村瞻仰。这是一大片始建于唐、历代不断加以重修的古建筑群，依山就势、高低起伏，充满神圣、神奇与神秘的氛围。

当时，有三点印象最为深刻。一是站在溪边，往山上远远望去，但见天际轮廓线上，重重叠叠的飞檐翘角，映着天光云影，有如许多矫健的蛟龙，正从波涛汹涌的海面上冲浪而起，又如争鸣的百鸟，正从巨树的树冠上展翅齐飞。整个画面，充满动感，充满生生不息的活力。二是进了大殿，仰观头顶上雕刻精美的木质藻井，其颜色之黑、之浓重，仿佛随时会滴下墨汁来。显然，这是千百年袅袅升腾的香火熏烤出来的，由此可见信众之多，香火之旺盛。其三，神龛前之案桌，里外三层，数量众多，其中有一张大型的石雕香案，居然长达4米以上，且厚重无比，即此一端，足见其礼器与供品之多、之重、之丰盛……据说，她在海内外的信众已达8000多万，每年来此进香者都在10万人以上。

时隔6年之后的2013年夏，当我再次前来此地时，祖庙业已晋升为"国保"级文物单位，来此的香客和游客就更多了。为安全起见，焚烧香烛已迁往殿外，于是，这里空气清新，光线充足，原先在烟雾弥漫中半隐半现的各种楹联题匾也一一清晰地展现于眼前。其中，钟鼓楼上的两副楹联最为引人注目。其一，"辅弼除邪功不朽，保婴救产佑黎民"；其二，"身赴云端佑产妇，莅临凡间保婴儿"。由此可见，慧眼独具的古人，早已把"保婴救产"视为陈靖姑丰功伟绩的重中之重。而今，人们进一步把陈靖姑明确定位为大力倡导"优生优育"的"妇幼保护神"，堪称古为今用，古今一脉相承。

我还特别注意到，祖庙右殿有36宫婆像。这36位宫婆，传说原是闽王宫中为白蛇精所害的36名宫女，经临水夫人拯救死而复生，后拜夫人为师，一一成为她的得力助手，并修炼成神，在此陪祭。有趣的是，她们各司其职，各有封号，如安胎婆、催生婆、救产婆、抱仔婆、报喜婆、养生婆、度男婆、引女婆等，几乎涵盖当今妇幼保健院中妇产科及儿科的所有医护人员。

这还不止，听说随着时间的推移，这36姑婆发展到后来，又扩充成72姑婆。我想，36也好，72也好，她们，其实都是临水夫人的化身和分身。在缺医少药的古代社会，人们太需要临水夫人这样的医生和助产士了，但她一个人忙不过来，太辛苦了，于是，便在想象中为她配备出这么多助手来。实际上，这是古代人民对建立健全城乡妇幼保健医疗卫生体系的一种美好愿景。这种由民间丰沛的想象力所创造的独特文化景观，不能不让我浮想联翩。

普天下的丈夫，谁不希望心爱的妻子平平安安！普天下的父母，谁不祈求自己的儿女健康成长！普天下的爷爷奶奶、外公外婆，谁不想早日抱上孙辈！妇女是世界的一半，儿童是人类的未来。对妇女儿童的珍爱与保护，不论何时何地，都是天经地义、顺应民心的大好事。但与此同时，我们又不能不清醒地看到，从古到今，妇女与儿童又往往是最容易受到伤害的弱势群体。在古代，就连贵为皇帝的康熙，其所生的32个儿子和20个女儿中，也有12个儿子和9个女儿夭折，更何况社会底层的芸芸众生！时至今日，尽管妇女的社会地位大大提高，医疗科学高度发达，妇幼保健事业也愈来愈受到全社会的重视，但医院妇产科的床位仍然供不应求，剖宫产的比例居高不下，拐卖妇女儿童、残害幼女的案件时有发生，含毒的婴幼儿奶粉也接连在媒体上曝光并激起公愤……因此，对妇女儿童的保护，仍然是深化改革中保障民生的一大重要课题，对陈靖姑精神的弘扬，也仍然有其现实意义。

当然，其意义还不仅仅如此。作为海峡两岸共有的"神缘"之一，它还是紧密联系两岸同胞情感的桥梁与纽带。据2010年在香港出版的《古田临水宫志》统计，仅在台湾宝岛，就有专祭临水夫人的宫庙400多座，另有陪祀的宫庙3000多座。我看过一套录像带，是2009年秋古田临水宫祖庙陈靖姑金身巡游台湾的现场实录。从10月23日起，前后历时12天，夫人金身乘坐八抬銮轿，在声势浩大的仪仗队护驾下，环游岛上15个县市和15座宫庙，有129座宫庙前来分香敬香，有不下100万的信众前来瞻仰朝拜。

观赏录像带，最令人感动的是，有一天，台湾宝岛天降大雨，数千信众从四面八方冒雨前来为临水夫人金身接驾。其中，既有身穿盛唐服装的宫廷贵妇，也有西装革履的当代绅士；既有演奏十音八乐的民间老艺人，也有吹洋号敲洋鼓的摩登少女；既有羽扇纶巾的道士，也有打着观音堂旗号的尼姑；既有喷火跳神的传统舞蹈，也有舞龙戏狮的杂技表演。礼花在空中怒放，鞭炮在地上炸响，一盏盏红灯映照着一张张笑脸，一条条雨丝冲刷着一行行热泪……大开眼界的我，终于恍然大悟：台湾民众对临水夫人的崇拜与信仰，是祖祖辈辈对唐山大陆的文化记忆，是不分男女老少，不分贫富贵贱，最自发、最民间、最普及、最广泛因而也是最持久的民俗文化活动。

闽都文化与千年摩尼教

林秀玉

福寿宫是福州地区目前所见唯一的摩尼教寺庙遗存。

浦西福寿宫又称明教文佛祖殿，现坐落于福州市台江区浦西村，乃1986年修建福州味精厂时搬迁至此。福寿宫历史悠久，最早可以追溯到北宋嘉祐年间（1056–1063）。民国《霞浦县志》载："嘉祐年间，闽县前津门火，郡人望空中有人衣素衣，手持铁扇灭火，遂灭。遥告众曰：我长溪上万林瞪也。"史料中的林瞪是当时摩尼教在闽传教的"度师真人"。2009年在福建霞浦发现的摩尼教文献中记载，林瞪灭火后，"三山"百姓为纪念他的救火功绩，"乃立乌山下、闽县右边之庙以祀之"。福寿宫原址坐落在乌山之下和闽县的右边，可以判定这座庙宇是福寿宫的前身。

一、构建与布局

从台江宝龙城市广场旁的宁化路中段拐进浦西路，行进100多米，就会看到写有"浦西境福寿宫"字样的庙宇，即福州浦西福寿宫。从外围看这座寺庙：朱红外墙、飞檐翘角，和福州地区中小规模的道观寺庙无甚差别。福寿宫坐北朝南，两层结构，总面积1200多平方米，包括前后殿、偏殿、戏台等。正殿外门枋上镶"明教文佛祖殿"匾额，门前左右柱上分别题有对联"真神赐福数浦西有多，明教遗迹普天下无几"，是当时迁建后的新联。大殿正门前放有一座刻有"明教文佛祖殿"的方鼎。进入正殿，正中匾额"雄风远播"，两侧石柱上刻有楹联"朝奉日乾坤正气，夕拜月天地光华"与"悟彻灵机群沾法雨，参来妙谛普荫慈云"。正殿正中供奉摩尼光佛与度师真人，两侧分别奉有道教三十六天尊。左侧偏殿供奉临水夫人，右侧偏殿分别供奉光华大帝马天君、南海观音和浦西大王神。可谓东西宗教共存，外来本地神明同处。

现今的福寿宫除了宫庙构建和布局与中国传统宗教建筑并无二致外，其信仰内涵也与摩尼教原教义有较大差异。

二、源起与传播

摩尼教又称牟尼教、明教、明尊教，公元3世纪中叶由波斯人摩尼创立，是在波斯拜火教理论的基础上吸收了基督教诺斯替派和佛教等教义思想而形成的宗教。因摩尼教崇尚光明、憎恶黑暗，所以对民众具有吸引力。摩尼教约在公元4世纪前后，经西域传入中原。该教拜日月为特征，在中国又被称为明教。明何乔远《闽书·方志域》载："摩尼教以其法属上首慕阇。慕阇，当唐高宗朝，行教中国。"自唐高宗起至明朝初年，摩尼教在中原的传播几起几落直至衰败。尤其明朝建立后，朱元璋下令禁止一切异端宗教，浙江按察司检事熊鼎以明教鼓俗眩世，且名犯国号，上奏朱元璋没收其财产而驱其众。摩尼教此番被禁后，在中原地区渐衰。

摩尼教传入福州时间很早。《闽书》所载"会昌中，汰僧，明教在汰中。有呼禄法师者，来入福唐，授侣三山，游芳泉郡，卒葬郡北山下"，文中的三山正是福州。

两宋时期福州摩尼教得到了进一步发展，信众之多、影响之大均超过了前代。北宋真宗朝修《大宋元宫宝藏》时，曾将摩尼教经书甄别收录，令福州地区官员搜集《明使摩尼经》，福州士人林世长将收录的经书呈送朝廷后，真宗还授予他"福州文学"官职，反映了宋代对摩尼教的政策还是比较宽松的。南宋文学家洪迈著《夷坚志》中载："吃菜事魔，三山尤炽。为首者紫帽宽裳，女人黑冠白服，称为明教会，所事佛衣白。"南宋《佛祖统记》载："皆假名佛教以诳愚俗，今摩尼尚扇于三山。"南宋诗人陆游在绍兴年间曾担任福州宁德县主簿和福州决曹，对明教在福州地区的活动有深刻见闻和感受。《老学庵笔记》中载："闽中（福州）有习左道者，谓之明教。亦有明教经，甚多刻版摹印，妄取道藏中校定官名衔赘其后。信教之人烧必乳香，食必红蕈，故二物皆翔贵。至有士人宗子辈，众中自言今日赴明教会，予尝诘之：此魔也，奈何与之游？则对曰：不然，男女无别者为魔，男女不亲授者为明教。明教，妇人所作食则不食。然尝得所谓《明教经》观之，诞漫无可取。又或指名族士大夫家曰：此亦明教也。"摩尼教的传教及其蓬勃发展也使陆游感到担忧，他指出："其神号曰明使。又有肉佛、骨佛、血佛等号。白衣乌帽，所在成社。伪经妖像，至于刻版流布，假借政和中道官程若清等为校勘，福州知州黄裳为雕监。以祭祖考为引鬼，永绝血食，以溺为法水，用以沐浴。其他妖滥，未易概举。"王国维《摩尼教流行中国考》载："大中祥符重修道藏，明教经典乃得因缘编入。东都盛时，其流盖微，南北之交，斯回复炽。寻其原起，别出三山，盖海播贾胡之传。"信众社会身份广泛，不但有秀才、士兵、吏人等，就连部分贵族士大夫也信仰摩尼教。可见两宋时期摩尼教在福州的发展和规模很可观。

元朝，福州地区依然是摩尼教在南方兴盛的主要区域之一。

朱元璋建立明朝后，鉴于明教与其国号相冲，遂禁止摩尼教传播并毁其经，捣其宫院。明何乔远《闽书·方志域》载："皇朝太祖定天下，以三教犯民，又嫌其教门，上逼国号，杀其徒，毁其宫。"经过这场浩大的灭教行动，绝大多数地区的摩尼教基本灭绝，只有极少数地区以秘密方式保存、延续发展至今。如福建泉州晋江的草庵、福州浦西福寿宫等。

三、变异与依存

经过数百年岁月动荡朝代更迭，遗存下来的福州浦西福寿宫还保留了多少摩尼教的基本教义和仪轨？田野调查资料表明，福寿宫的庙祝和信众对摩尼教的基本教义"二宗三际"并不知晓，对教规也是不甚明了，对摩尼教重要宗教节日庇麻节更是全然不知。显然，岁月的流逝，公开宗教活动转为隐蔽的民间信仰进程中，与原发性宗教的长期隔绝导致了现在摩尼教的变异。

然而，在变异中，通过信众手口传承延续至今的福寿宫，却隐藏着摩尼教的基本基因。其一，福寿宫原名"明教文佛祖殿"，而明教是摩尼教在中国的别称。2009年在霞浦发现的摩尼教经文中对摩尼教祭祀的主神也有"文佛"的称谓；其二，主神神像特征以及楹联内容都明确体现了崇尚光明的摩尼教核心教义。该庙正殿供奉的主神为摩尼光佛和宋代在闽传教的度师真人林瞪。福寿宫正殿楹联是"朝奉日乾坤正气，夕拜月天地光华"，崇尚光明正是摩尼教教义的核心。其三，该庙信众的服饰也保留了摩尼教的遗风。据庙祝介绍，一直到数年前，信众进行宗教活动的时候还保持穿白衣长袍的教俗，近年来，白衣长袍才简化成了白色上衣。其四，福寿宫信众虽不能完整陈述摩尼教的教规，但是摩尼教的教规对教徒的约束不同程度地保留下来了。

此外，殿内存有清朝明教文佛像、清朝明教文佛祖殿全景图以及多件铁香炉，画、灯笼等实物上均刻有明教文佛和度师真人字样。

四、包容与融合

摩尼教早在唐会昌年间甚至更早时期传入福州并在当地得以发展，反映出闽都文化具有悠久的开放性。闽都文化的开放性生长于福州独特的自然环境土壤之上。福州地区三面环山，南部向海，"面海背陆，山海兼备"。旧时陆路崎岖难行交通不便，海洋便成为福州人向外发展的重要通道，福州人对海洋的熟悉、依恋与热爱古即有之。历史上，福州造船业和对外贸易发达，海外移民频繁，都是福州人向海发展的表现。宽阔的海洋不仅仅为历代福州人提供了走出去的途径，也为闽都接纳外来事物打开了窗口。福州排外色彩历来淡薄。以外来宗教的传入为例，异域的佛教、伊斯兰教、摩尼教、天主教、基督教先后传入福州并在当地扎根发展至今。开放性既是闽都文化的基本属性，也是闽都文化对外来文化包容性、融合性等文化特性的先决条件。

闽都文化的包容性形成于南北交汇的人文历史脉络间：远离中原腹地、地处东南一隅的福州，自古以来便成为中原的世家贵族逃离动乱的落脚地，千百年来一拨拨中原移民不断涌入。随移民带入的外来文化逐一融于福州上古闽越本土文化中，且以其优势改造提升了本土文化，催生了闽都文化的多元性和多样性。闽都文化对摩尼教的包容表现为对传入和发展的包容。摩尼教传入闽都，除了摩尼教本身具有的吸引力和初始官方不排斥因素之外，最根本的还是区域文化影响下的民间信众因素，正是长久的开放特质，

使得福州民众并不固着于单一的宗教文化而是对异域宗教持有包容的心态，方使摩尼教进入福州落地传播。

摩尼教传入福州后，尽管也曾遭受过官方多次禁止取缔，但在民间则能够一直保存持续发展至今，跟本土宗教文化与之融合，使之由显性转为隐形的过程分不开。浦西福寿宫正殿供奉的是摩尼光佛和宋代时期在闽传教的摩尼教度师真人林瞪。正殿两侧供奉有道教三十六天尊，侧殿则分别供奉有临水夫人、照天君、观音以及浦西村大王神。这种寺庙神灵布局是闽都文化包容性特质的外在表现。

福寿宫自明朝改建后一直以这种形式发展至今，毋庸置疑，明政府取缔摩尼教的政策使当地信众想方设法保留福寿宫以维持他们的摩尼教信仰，这才产生了披着道教外衣信仰摩尼教的福寿宫。但这种原因只是停留于在外部压力作用下摩尼教信仰的外表变化上，实际上，摩尼教在随后的历史岁月中受闽都文化融合性的浸润，在保留摩尼教自身独特的教义内核的同时，由被动转为自觉地吸纳了闽都诸多信仰的内容与形式。浦西福寿宫摩尼教遗存正是闽都宗教文化在包容基础上相互融合的重要特性的写照。

福寿宫摩尼教遗存体现了闽都文化历史悠久的开放性、对异域文化如海洋般宽广的包容性和固有区域文化强大生命力的融合性。摩尼教作为闽都宗教文化的组成部分，进一步丰富了闽都区域文化。

福州神明在纽约

何绵山

　　改革开放以来，福州市所属的马尾、长乐、福清、连江的许多乡镇人口以不同渠道持续不断进入纽约。特别近几年，大量的依亲合法移民使纽约的福州人急遽增加。据美国不同方面的统计和估算，中国改革开放前在美国的福州籍华侨华人仅3万人，目前已超过100万人。随着人数的增加，影响日盛，纽约有关方面人士对福州新移民频频示好的现象已屡见不鲜。仅以2014年春节为例，在福州人社团支持下当选的新纽约市长白思豪，2014年2月8日带领全家人到福州人聚集的法拉盛参加华人春节游行，向新移民喊出"纽约就是你们的家"的保证，并将此日定为"纽约市法拉盛农历新年日"，还许诺次年定为纽约市公立学校公定假日。纽约布碌仑区的区长亚当斯于2014年2月10日在参加春节晚会时宣布，将建造八大道牌楼作为新年礼物赠送给福州人社区。

　　福州新移民进入美国的第一个落脚点往往在纽约。那些漂洋过海来到纽约的福州人，生活在一个迥异的世界，语言、工作以及许多生活习惯都发生了大变化，熟悉的一切都已远去，陌生的事物扑面而来，精神时刻紧张、寂寞，内心需要寻找寄托，心灵需要得到慰藉。因此，福州人在纽约的聚集推动了纽约华埠宗教场所的勃兴，纽约闹市区出现众多的福州宗教场所，可谓21世纪以来这个世界大都市的新景点。而福州人的宗教信仰也引起美国有关方面的关注，如纽约布鲁克学院柯广仁教授等有关专家曾对以福州人为主的纽约唐人街上的46所华人宗教场所进行调研考察，取得了丰硕的成果。

　　福州人在纽约主要参与的宗教，有基督教、佛教、道教，而福州人将

家乡本地神明移植美国，也是纽约福州新移民寄托乡思、祈求平安常见的方法。福州新移民来美喘息稍定后，为了共同的心理需求，往往合力把家乡供奉神明的宫庙堂馆缩小比例后在纽约兴建，以便可以随时进香祈福。这些供奉家乡神明的福州人，有不辞辛劳的打工者，多是祈求时来运转、早日发财；有商海沉浮的经商者，多是祈求投资对路、经营顺利；有为家人申请依亲移民者，多是祈求移民局顺利批准、亲属早日团聚；有已在美国立足者，认为是家乡神明的庇护，必须前来还愿。一些已安下家的福州人则将福州家乡的一些宗教民俗活动（如小孩"过关煞"）带到美国，希望能在异国他乡按家乡习惯延续这些活动。福州新移民在纽约所奉的家乡神明有许多，本文仅以最有代表性的陈靖姑、照天君和何九仙为例。

陈靖姑，也称陈十四娘、临水夫人。一般认为她是唐代福州南台下渡陈家之女，相传她因身殉产厄，故立誓"吾死后不救世人产难，不神也"，灵魂赴闾山恳请许真君再传救产保胎之法，以救女界之难产，因此她具有"护胎救产，催生保赤佑童"的神力。女人临产时，常供临水夫人神像于家中，婴儿生下第三日，要煮糯米供于神像前。陈靖姑信仰后传入浙江南部，因善于"医病、除妖、扶危、解厄、救产、保胎、送子、决疑"，护国佑民，功德无量，在温州民间广为传诵和崇拜。因此，陈靖姑在纽约不仅被福州人奉为神明，也被温州人视为保护神。最有代表性的如位于纽约皇后区法拉盛金城发超市对面供奉陈靖姑的宫庙"陈氏圣母太阴宫"，就是以温州新移民为主集资修建的。与一般纽约窄小的华人庙宇不同，纽约的"陈氏圣母太阴宫"较为宽敞，宫庙为两层建筑，沿石阶而上，两座石狮威严雄视前方，宫前大柱分别镶有黑底金的对联"龙飞沧海国泰民安歌盛世，虎跃深山风调雨顺乐丰年"。宫门为上下两层，上层挂有竖写"太阴宫"的匾额，两边分别高挂大红灯笼，下层镶有白底字的中英文对照"纽约陈氏圣母太阴宫，供奉陈十四娘娘、观世音菩萨"，并注明本宫电话和街区号码。一层供奉的陈靖姑居中，头戴凤冠，身披红衣，坐像前精致的牌位上写着"敕封护国十封十敕陈十四圣母娘娘之位"，两边为各路神仙。案前排满红烛，两边布满长明灯，灯下用红纸写着祈福者姓名。二层供奉观音菩萨，正中的观音盘腿趺坐莲花座上，手持净瓶，眼睑低垂，给人一种安详、镇定之感。整个宫庙建筑的外观富丽堂皇，宫内也明亮干净，在纽约的华人寺庙中可算别具一格。特别是此宫庙建在华人开的大型超市对面，而超市前面配有大型停车场，寸土寸金的纽约停车不易，这就给人们参拜提供了极大的便利，人们购物后如有时间，往往前来宫中顶礼膜拜，或敬香祈福，或念经求安，或合掌静默。除固定的节日和庆典外，宫庙内常年有一至两位懂福州话的老年妇女在值班。福州人烧香时往往口中念念有词，向神明陈述自己的心愿，以求神明护佑。求神程序结束时，宫中值班的老年妇女就会拿出一个大本子，让求神者登记姓名和捐款数额。捐款数额不多，多为10元，也有20元，故一般来求神者都乐意从之，人来人往的也颇为热闹。

照天君是福州南门兜、茶亭一带百姓信仰的主神之一，在民间有各种不同的传说。传说之一：唐朝末年，福州有个名叫照天柱的人得知部队要攻城的消息，为拯救百姓免遭战火，便连夜赶到城门，将红灯笼高挂在榕树上作为信号，提醒百姓迅速逃离。攻城部队见榕树上挂有红灯，以为树下四周有伏兵，不敢贸然进攻，便掉头转向东门而去，于是避免了一场灾难。事后，福州南门一带的老百姓平安返回家园，却见照天柱已坐在大榕树下羽化了。为了纪念舍己为民的照天柱，此后当地人便在榕树上挂起红灯，建造了一座照天君宫，同时也表达乡民祈愿国泰民安、和平幸福的心情。传说之二：鸦片战争前后，南门兜澳尾巷一带河塘交错，有一条用石条铺成的小路穿过河塘进入帮边村，在这小路中段有4棵古榕树。因地势凹凸不平，此处夜里常有人掉入河塘溺死。一天夜里，有人走到榕树下，面前突然出现一团火光，照得路面隐约可见，此后夜夜如此，因而不再有人跌入水中溺死。百姓以为是神火照路，就在大榕树下搭一座神龛，供奉一男性神仙塑像。最初神无名号，后乡人众议命名为天君。为了区别于福州其他地方的天君神，乡人又议为天君加一姓氏。因天君以亮光照耀路面，使乡人免于落水，故取"照"为姓，名照天君。至20世纪末，由于福州城市建设的需要，及照天君宫香火旺盛，已经不适合处于人口密集的居民区内，曾一度搬往乌山上，后再次移驾至金鸡山公园至今。现在每逢农历初一和十五，前往烧香祈福的香客络绎不绝。纽约的照天君宫不止一处。有的设在公寓中，仅在公寓外立一个大的广告牌以昭示于人；有的设在自家楼下，

将楼下空地圈出挂牌。最有代表性的为位于纽约布碌仑的南天照天君宫，这是一座联排公寓底层改建的宫庙，宫前有一显眼黄底红字牌子"南天门"，下面则为红底黄字牌子"南天照天君宫"。主持者为美国福建道教联合会会长、美国道教联合会会长、福州人陈春康道长。美国的联排公寓一般都有空地作为后院，故此宫分两进，前面的主宫即原公寓一层建筑，主奉照天君，后面次宫利用空地再搭建案桌供奉各路神仙，如西王母娘娘、九天玄女、石竹山九仙君、仙君舅、何仙姑、华光大帝、临水陈太后、天上圣母妈祖、督暑裴仙师真人、协惠将军等，大多为福州家乡的神明。主宫上挂有红底金字的横幔"金玉福满堂"，两边挂着绣有红字"南天照天君宫"的金色布幔，布幔上分别绣着金字"富贵""兴旺"，这4字也许道出了所有祭拜者的共同心愿。案桌前摆满时鲜水果、红烛，墙上挂着多幅大型财神像，信众赠送的题有"有求必应"的锦旗、"大展宏图"匾额、"乘风破浪"镜框。平时道务活动，宫中主持或应邀至事主家，或在照天君宫内中进行。照天君宫的活动除了道教的大型法会外，还与民俗活动结合起来，如每逢立春一过，照天君宫就要举行"拜斗禳太岁"活动。此外，每逢重要的传统节日和神诞日，照天君宫都照例进行庆祝活动。最隆重和最热闹的莫过于每年农历七月十九南天照天君寿辰日，那时宫内红烛高照，香烟缭绕，先是道长诵读道教经，接着举行敬拜仪式，祈求照天君神保佑所有海外华人生活顺利，身体安康，生意发财。当日信众从各地陆续赶来，大家虔诚地敬香行礼，祈求神仙庇护自己的家人和亲友平安。又如每年农历九月初九是道教的石竹山仙君的生日，南天照天君宫也组织活动，信众纷纷前来行礼祝寿。再如天官大帝的诞辰日、临水陈太后的生日等，照天君宫内也会举行法会，大家在庆祝神诞的同时也许下各自的美好愿望。

何九仙是福清石竹山九仙阁所供奉的神，相传九仙祖籍江西临川，为汉代何氏之子，兄弟九人皆瞽，只有老大微露半只眼。遇父宴客，兄弟拉扯衣衫鱼贯入厅，丢人现眼，被父痛打，后离家出走学道，在福州于山炼丹，经福清石竹山，到仙游九鲤湖羽化。又传说九仙原是玉皇大帝御花园湖中的九头仙鲤，因犯戒被贬下界投胎，得道后分别管人间治病、生意、五行、气功、托梦、送子等职责。福清市石竹山的九仙阁的祈梦活动有悠久的历史，明代王世懋《游记》载："闽人祈梦，以秋往九鲤湖，春往石竹山；石竹是九仙离宫，为行春治所耶。"前往石竹山的祈梦者在九仙阁中席地侧卧，强令自己进入梦的幻境，然后由庙祝对梦进行研判和解析。纽约的"福清石竹山何仙君寺"虽然占地面积不大，但因为福清石竹山九仙阁在福州太有名气，所以不少福州人（特别是福清人）一遇到难题，都爱到这里寻解。寺中亦有专职从事解梦的人，祈梦者一进入寺内，专职解梦者便会迎上寻问所求何事，以便引导。祈梦者拈香祈告，以求解惑。

福州神灵在纽约受到的供奉和热捧，不仅延续传承了福州民俗，丰富了节庆，也慰藉了福州新移民的心灵，增强了海外华侨华人的凝聚力。

转角遇见神

唐　希

漫步福州，不经意间常常会遇见神。几乎是在各个社区的街头巷尾，神便在转角之中，千百年地等待，等待你的邂逅。

福州是个多神的城市。它几乎包容了中国大地上现存的中外宗教神灵，还保存着大量来自远古的本地民间信仰。这习俗与闽地千年古风有关，与中原南迁入闽的开明统治者融合闽地血缘、接纳闽文化有关，更与百姓生活息息相关。

一

从我居住了半个多世纪的芙蓉老屋出来，站在叶向高宰相的芙蓉园前，向东百步便是"罗山曾公祠"。数百年前，曾公是典狱长，就坐在花园弄口闽县的衙门旁牢狱中管理罪犯，那花园弄口的地名，民间至今还称"牢堆口"。曾公心善，同情封建强权下因贫困而犯法的囚徒，春节放假让囚犯回家过年。几天后，因有囚徒不能按时归牢，上方问责时曾公自尽了。后来，人们在他办公的地方建祠纪念，那地点就在今天福州警备区门口的老樟树东侧。祠如衙门临街，门栏上钉满了百年老鞋，据说有人失踪了，此法可让曾公找到他的行踪。20世纪50年代因扩建当时的市委大院北门而将祠迁移到花园弄原"罗山境"废墟上，即现址。由此保留中国独特的"典狱长之神"。

我们一家人有幸与曾公跨越时光为乡里邻居50年。母亲健在时，曾公每有喜庆，她必往祝贺，口嘱我们要学习曾公宽厚待人之心。看来人们造神的深层次目的之一是要让后人学习神的精神，而不仅仅是为了求神保佑自身平安。

从芙蓉园沿花园弄一路向西，穿府学巷，转角还有个麻王庙在等候。

要说麻王庙，得从"五帝"信仰说起。

"五帝"又称"五灵公"，是福州本土诞生并在平民生活中产生广泛影响的神灵。福州俚语中有"五帝不抓"一词，其含义有两种解读。一是你这家伙这么坏，"五帝"还没将你抓走？还有一种理解，你这家伙坏到连"五帝"都怕，都不敢抓。两种说法只能证明"五帝"是凶神，谁被抓了就没救了。

福州自古气候潮湿瘴气盛行，在巫医时代，人们只能以巫术与医术并行来防治疾病。对疾病的恐惧、对健康的追求，使人们把希望更多地寄托在神灵的保佑上。于是有了瘟神崇拜。人们相信凶神收受人间香火便不再处罚世人。而后，专管疾苦的神灵渐变为全科神灵，成为一方境社的保护神。

救病消灾心切的人们常抬出神灵大游行，游行队伍若冲撞了官老爷的坐轿，历史上由官方出面叫停，将它打为"邪教"的事件时有发生。当神灵自身难保的时候，它的信众便想出了众多的护神法。

护神法之一：重塑光辉形象。原本被妖魔化的"五帝"外表形象一时改变不了，于是重编一个有正能量的故事。说"五帝"本是五个赶考的书生，在旅途住店的时候夜半遇见坏人往水井里投毒。天亮之后，当乡亲们不相信井水有毒时，救人心切的五书生，当即服下毒水以警醒世人……于是活着的人们将他们供为神，完成从妖魔到善良之神的转变。

护神法之二：改庙名，添神圣。最常见的是改名"武圣庙"，名义上变成供奉武圣关羽的庙宇，其实还是五帝庙。有的改为"五显庙"，加祀来自中原的华光菩萨。

护神法之三：突出庙宇的行善劝善功能。介入信众日常的医疗卫生防病事务，义诊、施药、扶贫。大庙还设牛头马面、黑白无常等阴间地府的殿堂，劝人生在世诸恶莫做。

福州文庙附近的福涧，尚存有水井，是旧时书生赶考的集散地。在庙宇非要改名不可的时候，搬出了庙中的总管菩萨，专管儿童麻疹的麻王爷，

改名麻王庙。麻王生前为医官，为麻疹、天花的防治鞠躬尽瘁，死后被敬为神。

福州城现存唯一的麻王庙，原本立在孔庙百米外的福涧街，有庙有戏台有井有壁画，开过纸品车间，当过人民公社食堂，"文化大革命"时做过公安干警宿舍。如今，栖身小巷一隅，依然义诊施药，还成了台湾岛五灵公信众来访必到的联络地。

福州中心城区至今有五灵公信仰的庙宇十余座，城市中心区就有汤涧、水涧、复初庵、白龙庵、白泉庵……郊外历史上壮观的应属怀安的五帝庙，另有穆岭的武帝庙、林浦九曲山五帝庙，雕塑都具特色，洪塘的三帝行台被台湾西来庵认作祖庭。

沿着朱紫坊河沿穿街走巷，漫步其间，不期然你还可以遇见更多的宫庙：朱紫达善境、黑化宫、紫霞文昌宫、官贤境六曹司、福涧街镇海楼、嵩山涧五灵公、财神庙……最大的有孔子圣庙，占地数亩，文武官员至此下马步行致敬。最小的庙贴在街边墙上，架在大树杈上，常与可爱的猫犬为伍。古城真是处处抬头是庙，低头还是庙啊。

二

说了男神说女神。

福州本土创造的最著名的女神是临水夫人。她是从真实人物转化来的神灵，其原型是五代十国时，集巫与医于一身的传奇人物陈靖姑。

仓山区的下渡是陈靖姑的出生地，龙潭角是她祈雨和为民殉难的地方，她也曾随夫君在古田县生活过，但始建于北宋的仓山塔亭顺懿庙是临水夫人娘家祖庙。这些地方至今留有她的遗迹，且金碧辉煌、香火鼎盛。

作为妇女与儿童的保护神，她的灵牌几乎进入每个育龄妇女的家庭内室。在妇幼居室的墙上贴张红纸写上夫人大名设个香炉便是她最简约的香位。为了方便家居妇女的祈祷，境社的庙宇大多在侧殿配祀临水夫人。

祈求生育的妇女的"请花"，儿童诞生成长时的"过关"，每年的巡游活动"迎大奶"，已成为有关临水夫人信仰的非物质文化遗产。

临水夫人信仰从福州出发，沿闽江溯源传播到上游的乡镇村庄。当年福州信众舟车担挑向闽北迁徙，遇见山水宜居地，便将载着神灵的担子往地上一搁，再挑时说："好重，起不来了。"神灵示意在这里安居可以乐业，于是便有了闽山水边的一座座临水庙。沿海岸线，向北传入浙江南部，向南传入广东北部。每年节庆时分便有大量的临水夫人信众从省外驱车来朝圣。陈靖姑信仰被渡海传向台湾岛及东南亚各地，最远到达欧美华人家庭，可以说这是被全球华人妇女供奉的女神。

在临水文化传播过程中，被誉为福州民俗百科的《闽都别记》，起到了重要推手的作用。它让临水夫人的传奇形诸文本，流传后世，同时将与临水夫人有关的林九娘、李三娘、三十六婆奶以及丹霞大圣等民间信仰广泛传播。

而民间又将丹霞大圣与《西游记》中齐天大圣孙悟空的形象混合在一起，成为闽江流域非常吸引人们眼球的民俗文化之一。福州城区的丹霞大圣庙原本立于乌石山西南的宿猿洞，古书记载的关于猴王庙齐天府传说就更多了。现存较有规模的猴王庙是闽安镇迥龙桥头的圣王庙。

其实，对于动物的信仰是一种非常原始的崇拜。

都说"闽"是门中有条虫，这虫便是被称为长虫的蛇，因此闽地古有蛇崇拜信俗。保留最完好、有规模的蛇王庙在闽江边的樟湖坂，每年七月七的蛇王节和正月十五的游蛇灯属于非物质文化遗产。其实在闽侯县永丰村便有个青竹境，祀蛇岳尊王。每年开春都会有大量的青竹蛇温顺地出没于青竹境周边。琅岐岛上还有蟒天神王庙和蛇神九使庙。

福州市区的蛇王庙也叫九使庙，位于台江三通桥旁的三通巷口。土木结构，混在民居中，有"玉环境九使庙碑"。它的原始传说是黄檗山蟒蛇精爱上了刘三娘，掠回洞府为妻，生十一子。刘氏兄失去妹妹，学了道法往山间寻觅蛇洞，连杀八只小蛇。其妹领三幼儿出洞求情，称所杀系你八个小外甥。余下的三个外甥后来被玉皇大帝封为九使、十使、十一使。这故事后来又被信众改写为蟒蛇精与刘氏相爱私奔了，赋予蛇神人文色彩。九使庙由此而来，它是台江地区古商铺的保护神。

三通桥星安河沿利发巷拆迁的时候，我走了一趟。连看几座小庙都不是九使庙。连问几次路，再问旧三通弄九使庙，答曰已拆。后有老者遥指

摩天高楼。我开初不知所云，后顿悟，原来迁到了中亭街西北角大楼上了。

我沿之字形楼梯上到三层以上的架空层，空中建庙令人大开眼界。居中坐北朝南有一组庙宇式的神像陈列。一看匾上还是"玉封广利侯"，有"玉环境九使庙"字样。中祀九使，左许总政，右临水陈太后。外侧有李将军、高将军等。找遍四周，未见老石碑旧对联。现有匾联全新，内容也不同了。

据庙叔介绍，当年拆迁时，今天的陈文龙庙尚未建设。曾被安排到河边一块地，建筑时与邻居不和，多次吵架，被损坏，只好迁到架空层上。碑与联，乱中均未被保存，神像还是原有的。旧时在中亭街旁，香火很旺，不少店家前来求平安。现在的空中庙宇较冷清。

三

五虎山对岸的螺洲古称百花洲，是末代帝师陈宝琛家族的世居地。那里的螺女庙为陶渊明笔下家喻户晓的田螺姑娘的神话故事留下了立体建筑的版本，鼓励着后世谢端式的穷书生，耕读为本，相信书中不仅有黄金屋、颜如玉，还会有"神仙如田螺姑娘"。这可能就是螺洲自古文才辈出的秘密"神器"吧。

对于《聊斋志异》里的狐仙，中国百姓敬畏交加。说狐仙可爱，爱他们的侠义肝胆，喜欢他们挑战世俗和官府的言行，期望狐仙的故事也降临自己身上，最好是爱情故事。但是，又害怕，怕狐仙不按人间常理出牌，连累自己，留下凡夫俗子无从收拾。所以，狐仙在民间信仰中是一个特殊的神。

三仙姑信仰是福州人对狐仙的信仰。三仙姑就"镇守"在城北屏山的镇海楼上。

民间传说，女娲补天余三块彩石，千万年修炼成精为三狐仙。一日三狐仙路遇福州道教神灵白玉蟾，拜白真人为师，学得善行并造福百姓，后炼成人形，为朱、白、刘三仙姑，经白真人点化，在屏山镇海楼上设香位受人间香火。历史上镇海楼多次修建，今越发宏伟气派，是福州标志性建筑。福州三坊七巷、中选等地均有三仙姑分炉。

其实，民间信仰大多是确有其人，做了善事，被百姓供奉为神。

白玉蟾是宋元之交时的闽清人，周游天下修炼行医。晚年在福州乌山南麓凯凝铺悬壶济世。当年福州瘟疫流行，他从山间采来草药浸泡在屋旁的西丹井中，为百姓提供免费的保健服务。羽化之后，百姓在丹井旁他生前行医处建造了"护道白真人庙"。

20世纪七八十年代，我在凯凝铺见到庙宇时，它已是民居杂院，留有大庙的建筑结构，因屋大而成居民的聚会议事处。西丹井的石碑还立在凯凝铺与南街的交叉路口。1997年乌山南凯凝铺乡约所一带拆迁，建了冠亚广场商圈。经信众的努力，白真人庙文物暂移乌塔下保存。百姓自发挖出西丹井石碑，现出"同治丁卯八月濬"的字样。同时被保留的还有神像、楹联板、清皇亲国戚那拉氏与地方镇守将军孙尔准题的两块大匾"慈心救世"和"灵参造化"。"十年动乱"时，这些文物被林十一叔为首的信众藏在阁楼上或被包上油布埋在地下而躲过一劫。2005年，我造访乌塔下临时移建的白仙师庙，林十一叔已到了生命的垂危时光，他喘着气，艰难地向我讲述白仙师与西丹井等净光寺周边五井的故事。

福州是闽江入海口的城市，古代海上丝绸之路的重要节点。中国航海的保护神妈祖的信仰必然传播福州。台江的每一个商帮会所几乎都会祭祀妈祖女神。传入福州中心城区郎官巷的妈祖天后宫，更加强了它保护商贸的意义。每年，从闽江上游来的商人尤其是茶帮和木材帮都与福州商人一起举办盛大的拜妈祖仪式。这座修葺一新、金碧辉煌的庙宇，曾经是服装厂车间、麻筋生产作坊、废品公司仓库和民居杂院。所幸古建构件还部分封存在吊顶和隔扇之中。三坊七巷改造工程启动前，住在这里的一位中年女住户自发腾出住房设坛祭祀妈祖，一直到三坊七巷管委会与市道教协会派员接管为止。

今天的日本冲绳县古为独立的琉球国，与福州有着深厚的文化渊源。在琉球作为中国藩属国的时代，明朝廷从福州迁徙三十六姓造船驾舟师傅、各类能工巧匠、文武高人往琉球，定居久米村。从此，琉球从国王礼仪、宗教文化到家居饮食、诗文音乐武功，都与中国尤其是福州保持着千丝万缕的联系。

鼓山下远洋金将军庙便是这段历史的见证。庙中所祭祀的金伯通将军是福州侯官迁徙琉球的行舟、武林高手，任琉球王世子家将，多次护送琉球朝贡船开往福州。一次台风天气行船，在闽江口落水殉职。尸体漂到了远洋，被乡民立为神。那庙宇实际上成了金将军的纪念堂，如今更是福州、琉球人民友谊的见证。

与此相似的还有长乐梅花的蔡夫人庙。擅长刺绣的蔡夫人居琉球，明代曾绣龙袍进贡皇上，得到册封并应召入京。不巧，船被风雨阻于闽江口，在梅花澳登岸，暂住百姓家中，不幸病逝，葬于梅花马鞍山。皇上敕赐建了庙宇，至今香火不断，其故事还被搬上闽剧舞台。

看不完的福州庙宇，说不尽的神灵故事。生前为百姓做了实事的人：无诸、王审知、白马三郎、拿公、董奉、戚继光、李仁达、王天君、照天君、裴仙师……庙宇就是他们的纪念碑。它们是福州传统文化的载体，福州历史文化链上闪光的一环。

福州元帅庙与田公元帅的由来

叶明生

福州元帅庙，位于鼓楼区鼓西路。旧处古枣园里，离三坊七巷很近，门前原来有一条南北走向通达闽江的内河，两岸通称"元帅庙河沿"，1975年，河道被填平为路，因庙取名，称为元帅路。元帅庙地理位置比较独特，经济发达，社戏繁荣，宗教及民俗活动频繁，成为福州音乐斗坛、戏剧演出和道教活动的中心。从庙中保存的乾隆甲子年（1744）"兰桂社"和"兰桂联社"分别赠送元帅庙的"乐管钩天"和"鉴殿"之匾额，以及嘉庆十六年（1811）福州伟人林则徐中进士后即赠送给元帅庙的"恩威显赫"的题匾，足见元帅庙在福州社会中的影响。

田公信俗文化，是福州闽都文化重要组成的一部分，于2011年12月经福建省人民政府公布列入"省级非物质文化遗产项目"名录。福州元帅庙也成为全省乃至全国重要宫庙之一。至于庙中这位田元帅的身世来历，有许多鲜为人知的故事。

一、宋元玄坛祠祀的瘟神赵玄坛元帅

最早的元帅庙约建于宋元间，其名为"玄坛祠"。明代弘治年间（1488-1505）修纂的《八闽通志》称："西河道院在眉寿坊内，元大德九年建，旁有玄坛祠。"虽然未载玄坛祠建造时间，但从中可知元大德九年（1305）建西河道院时，其旁边已有玄坛祠了。玄坛祠供奉的为玄坛元帅赵公明。至于这位玄坛元帅，早期是不受民众欢迎的瘟神之一，晋代《搜神记》即载"三将军赵公明"入瘟神之列。元明《三教授搜神大全》"五瘟使者"中即有"秋瘟赵公明"之名，因降瘟疫无法治之，无奈而立祠祀之。福州地属南方，地气湿热、瘟疫流行，故建玄坛祠奉祀瘟神玄坛元帅，取"以瘟治瘟"之义。而他部下有八王猛将、六毒大神、二十八将，能驱雷役雷、致雨呼风、除瘟剪祟、保病禳灾，还有副元帅昭烈侯为之"掌士定命"，而他即是田太尉，又称田元帅。

早期之田太尉，不仅于科仪本中有其名衔职司之记述，在道坛或民间宫庙中也有神像存在，此在宋元典籍《道法会元》中即有记载，该书说道：

> 冲天风火院昭烈侯田太尉苟，白面笑容，口边黑如意，头戴三山帽，半红半绿，双钱花袍，皂靴，双手执金合；冲天风火院昭信侯田二太尉留，白面笑容，口边黑如意，头戴三山帽，半黄半紫，棉袍，白靴，左手执银锭，右手垂袖；冲天风火院副将郭太尉碧，喜容；冲天风火院窦判官坚，笑容，唐帽，绿袍皂靴，左手执簿，右手执笔，簿上有如意二字。

其中大太尉名田苟，二太尉名田留，是最早出现的田公名字。大太尉形象为"白面笑容"，而"口边黑如意"，应是后世嘴边画蟹之雏形。许多信息在后来的衍化中多少都有些保留，但其中最重要的是田公源于赵玄坛元帅部下，于宋元明间应是同殿之神，此为福州元帅庙源自明代玄坛庙提供了合理的解释。

二、明代元帅祠改祀田元帅

明洪武帝登基，奉赵玄坛为财神，以掌国库。自此之后，这位玄坛元帅已不管瘟疫事了，福州的瘟疫让特供的"五帝"去管了，玄坛庙的香火开始衰退。所以清代侯官人林枫（1798-1864）在《榕城考古略》中说："西河道院、元坛祠，今并废，易为虎婆宫、元帅庙。"也就是说，从明代至清初的一段时间，玄坛祠被改名为元帅庙了。而这位元帅不是别人，就是原先赵玄坛元帅属下的副帅昭烈侯田元帅被"转正"为正帅了。

玄坛元帅又称"玄天上帝"（简称玄帝），福州信众认为其瘟神地位不应取消，因此在福州各县，将田元帅与玄帝共祀情况也常有发生，如明代福清江阴岛翁姓族人所撰《玉屿志》，即记载这种现象，称：

> 北郭，旧名虹溪，上有石染桥，桥头有玄帝堂，又有田帅行祠。郭族始祖肇辟乔居，因名北郭。次祖郭福坊、郭文升偕林元熙、元族创建其堂。

这里的"田帅行祠"，所供奉的即是田公元帅了。至于这位田元帅也不是平庸之辈，宋元间《道法会元》就说他是"冲天风火院昭烈侯二田太尉"，并且手下还有副将郭太尉、窦判官、金花小娘、银花小娘等一班人。田公元帅的来历也很复杂，元明间《三教搜神大全》已载其人其事。《三教搜神大全》云：

> 帅兄弟三人，孟田苟留，仲田洪义，季田智彪……唐玄宗善音律，开元时，帅承诏乐师，典音律，善于歌舞。后侍御宴酣，帝墨涂其面，令其歌舞。大悦帝颜，封之侯爵。至天师因治龙宫海藏疫鬼徜徉，作法治之不得，请教于帅。帅作神舟，统百万儿郎，为鼓竞夺锦之戏，疫鬼出观，助天师法，断而送之。疫患尽销。天师故立法差，以佐玄坛，敕和合二仙助显道法。保奏唐明皇帝，封冲天风火院田太尉昭烈侯，田二尉昭佑侯，田三尉昭宁侯。

在福建民间各地很早就有田元帅为"玉皇三太子"出身的传说，其传说称：有玉皇三太子下凡投胎人间，少年时爱好音乐，有被画蟹涂面的情节，与上述《三教搜神大全》之"风火院田元帅"故事有相同处。但在福州画其面的不是唐明皇，而是田公家中嫂嫂。这种传说在福州地区也很广泛，最具代表性的是福州道坛和傀儡戏班中流传的《元帅咒》。该咒语对田元帅的出身十分明确，称：

> 手执法器响灵灵，拜请九天帅府驾降临，爷是玉皇三太子，金龙太子是爷身。我爷兄弟有三子，自动弹唱七弦琴。能文能武能歌赋，

诗词歌赋件件能。神嫂金容画面蟹，游魂游魄上天庭……

因为田元帅有三兄弟，民间又称其为"三田都元帅"。因其为平民出身，又有神奇传说，故民间无论是社境宫庙，还是木偶、人戏班社，所祀的保护神多为这位"三太子"出身的田元帅。

三、斗坛会乐宗师与雷海青

福州自康熙十二年（1673）平定耿精忠叛乱，及后二十三年（1684）沿海复界，至清乾隆年间，社会安定了近百年，由于承平日久，经济复苏，城市中开始弥漫享乐玩世、堕落腐朽的社会风气，一时间抽大烟、嫖娼妓、花会赌博、戏园酒肆遍布城市。许多官宦之家、缙绅门第，都怕其子弟在书院、塾馆就读之余，无所事事，堕落风尘，玩物丧志，贻误前程，败坏家声。于是便加强社会伦理的教化，其重要的选择就是让子弟到佛寺宫庙去参加法会，接受宗教的惩戒教化。这些纨绔子弟出入寺庙多了，便对佛道经言、法曲音乐产生浓厚兴趣，于是出现大户人家延师授徒、习学禅音法曲及吹弹演奏的现象，而这种原本为转移子弟陋习、填补娱乐空间的行为，却意外地促成了"禅和"斗堂在市民中的风行。福州元帅庙的斗堂为"一心堂"，因地处城市中心，特别引起上流社会关注。斗堂供奉的神亦即庙中田公元帅，但其称号却有很大变化，称他为"会乐天尊""会乐宗师""会乐真人"，从社境保护神、驱瘟逐疫神、戏剧行业神而衍化成音乐神，其神名也被衍化为"乐神雷海青"了，此在元帅庙《霞府会乐天尊说启化经》中得以验证。该经称"昭烈风火院"的田元帅是以"会乐真人"的身份在说法演道，其道号为"九天会乐天尊"。如其"开经"云：

> 霞宫掌篆，乐部推尊，逍遥游戏赞乾坤。启化授真言，返本还原，悯念拯元元。皈命九天会乐天尊。

《福建通志》解释这种信仰神格转换时说："一说田元帅为天上翼宿星君，故其神头插双鸡羽，像翼之两羽，田姓像翼之腹，共字像两手两足。

故其神擅技击。羽又为五音之一，故其神通音乐。俗又谓之会乐宗师，故又有以为雷海青，殁而为神者。"为什么斗堂会把田公元帅衍变为雷海青呢？这里有一个社会大背景值得说明。

16世纪中叶，自明王朝覆灭及入清以来，在相当长的一段时间里满汉间的民族斗争依然十分激烈，此一现象也突出体现于田公信仰上，田公元帅被文人塑造为唐代反抗叛贼安禄山、维护中华民族崇高气节的宫廷乐师雷海青。清代浙江人王锡其编《小方壶舆地丛钞》，引汪鹏《袖海篇》云：

> 乾隆甲申，余客东瀛，寓居山馆……闻馆内有敬神演剧之事，习梨园者因共构相公庙，相公之传自闽人始。旧说为雷海青，而祀以其姓，去雨存田，称田相公。此虽不可考，然以海青之忠，庙食因宜，而伶人祖之亦未谬。

文中所述"习梨园者因共构相公庙，相公之传自闽人始"，指的是日本"东瀛"（长崎）的相公庙。把三田都元帅顺理成章地诠释为音乐神——会乐宗师，并进而演绎为以琵琶击唐叛将安禄山的民族英雄——雷海青，田都元帅的地位无疑上升，得到上流社会的推崇。这种趋势并非乾隆间形成，而早在清初已成气候。如清雍正八年（1731）长乐籍进士林琼蕤（字光可），曾给福州元帅庙题了一副对联："意气俨然今学者，风流原是古忠臣。"其所指的这位"古忠臣"，舍雷海青而其谁？

因而当清中叶以来，表演佛教梵呗和道教法曲"禅和曲"、寓教于乐的斗堂兴盛时，田元帅这位人所熟知但原先并不起眼的戏神，被重新打造成英雄雷海青，成为斗堂音乐之神——会乐真人（或称会乐天尊），理所当然地成为上流社会缙绅、纨绔子弟云集的斗堂中被尊崇的"会乐宗师"。

将原来民间戏神、俗神的三田都元帅神圣化、英雄化，进一步附会、打造成具有崇高民族气节的英雄雷海青，于是在这样的冠冕下，宗教音乐的斗堂，不仅是社会上层人士及纨绔子弟的娱乐场所，还成为"醒世教化"的地方。这种以雷海青为"会乐宗师"的文化认同，是一种"借神自重"的现象。

福州元帅庙，自元明清以来，其"田公元帅"虽然"三易其身"，但各个时代神格的社会功能并非完全被后者覆盖或替代，而是呈累积现象，至今庙中每五年之普度、田公元帅诞等仪俗活动仍在举行，体现田公元帅信俗深厚而丰富的文化内蕴的传承与沿袭。

来自凡尘的显应宫神灵

林 枫

多年以后，面对显应宫，长乐市民还是会津津乐道于古宫出土之际，千百只彩蝶闻香而来、翩跹起舞的那个遥远的下午。

1992年6月22日，长乐市早已迎来了它的酷暑时节。夏至刚过，漫长而又高温的白昼正笼盖着这座城市。一个爆炸性的新闻很快便让这个海滨小城兴奋起来。漳港镇仙岐村的一位村民在沙丘中无意间挖到了一堵古墙！经考古人员挖掘，一座埋于地下许久的古宫奇迹般地呈现在了世人面前。更富兴味的是，伴随着50多尊神态各异的神像的出土，有数百只彩蝶朝圣一般聚集，久久不肯离去。这一奇特的场景，仿佛是梁祝化蝶的动人传说再现人间。因此，显应宫也有了蝴蝶宫的美名。

《长乐县志》载，显应宫始建于宋绍兴八年（1138），迄今已有800多年的历史。清光绪年间因海啸而埋于地下，1992年方才重现于世。现在人们看到的显应宫，是根据古建筑专家规划设计重建的，分地面新宫和地下古宫两个部分。

如果说地面新宫的构建带有鲜明的现代色彩，那么地下古宫则保有了浓郁的历史风味——古意盎然的墙面，古迹斑驳的匾额，一尊尊来自久远年代的泥塑神像。这些神像，基本制作于明代中晚期，少量为清代，是截至目前福建省发现的数量最多、年代最远、艺术价值最高的彩绘泥塑群。它们或面如满月，表情慈祥，坐姿优雅；或五官清秀，宽额圆脸，头束高髻，上戴花冠；或面相丰腴，亲切端丽，衣带飘洒，自然生动；或气势雄伟，形象健劲，赳赳威武。凝望它们，仿佛能够想象出几百年前人们对它们顶礼膜拜的盛况。

据介绍，这些神像分别为妈祖、巡海大臣（郑和）、勾陈大帝王夫人与阮高大王薛夫人、临水夫人、马将军。其中位于前殿左侧神台上的，是根据民间传说定名为"巡海大臣（神）"的一组彩塑，共有10尊，与前殿右侧的天妃彩塑组群置于完全对等地位，颇为引人注目。专家学者们从塑像形成时间、雕塑手法、人物特征、服饰特征，以及当地历史、庙内供奉诸神的特点等各方面因素综合分析、考证，一致认为，这尊塑像大约形成于明万历年间，头戴嵌金三山帽，身着簇新蟒龙袍，腰系玲珑白玉带，脚穿文武皂朝靴，完全是明代宦官特有服饰，确实就是统率庞大舟师七下西洋的三宝太监郑和。这是目前国内首次发现，也是国内外造像时间最早的郑和塑像。

在历史上，郑和七下西洋的壮举仍将跨越时空而继续熠熠生辉。然而，郑和到底只是一个凡人，缘何他能享有神仙般的礼遇，受万世香火呢？原来长乐是郑和七次下西洋的开洋之地，当年庞大舰队曾屡次驻扎于此，伺风下海。这里不仅有郑和当年亲自竖立、保存完好的"天妃灵应之记"碑，而且有下西洋影响下形成的"十洋街"。长乐人对郑和的崇拜之意由此可见一斑。显应宫所在的仙岐是一个临海的村庄，滨海的地理环境使当地居民与海洋结下了不解之缘。出海谋生的艰辛和苦难，使得当时人们膜拜与海洋相关的神祇以求平安、如意，也在情理之中。郑和七下西洋安全归来的传奇事迹，想必会是每日在海上艰苦谋生的渔民们所赞叹称奇的，故将郑和塑像供奉在寺庙中，与天妃并列，似乎也就顺理成章了。

郑和下西洋七次，历时近30年，涉沧溟十万余里，往返于太平洋、印度洋和阿拉伯海，历经千辛万苦。他下西洋时，乞求保护的主要神祇是海神天妃。然而，他大概没有想到自己百年之后，竟也成了沿海居民膜拜的守护神。这些神灵多是来自人间的凡人，他们或积德行善或有功于民，因此慢慢地被老百姓奉为神明。大概是因为这个缘故，这些神像表现出的更多的是人情味和亲切感。神像的发式、服饰和骑马、抱子的场景，无不溢满浓郁的生活气息。他们大多显得极为慈祥和蔼、宽厚仁爱，似乎极愿走入人间，庇佑大众。他们不复是超然自得、孤高凌世的思辨神灵，而是救助苍生的权威主宰。

如今，民间仍然流传着关于妈祖、郑和与临水夫人的诸多神话，然而在真实的历史中，他们却是实实在在的凡人。积德行善或为民造福的人逐步升格为神，神的世界也就变得通情达理、平易可亲。也正因为有了这样一些"由凡入神"的神灵，神灵开始走向了实际，幽深的精神天国，一下子贴近了大地，贴近了苍生。

在中国，很早就有"祭神如神在"的思想，神像的设立无疑可以使神的观念具体化。通过崇拜神像，信徒会更"接近"神灵，并激发起虔诚的宗教情绪。在科技文明高度发展的今天，当我们以科学的眼光回望这些被赋予颇多神秘色彩的宗教神像时，它们已不单纯是仅供膜拜的对象了。它们也许是一段可供钩沉的历史，或者是一种鲜活有趣的文化，甚或是一件精美灵巧的艺术品。

确乎如此。显应宫泥塑神像有着层次太过丰富的景深，让不同的游客可以任意摄取。听故事，学艺术，探历史，寻文化，都未尝不可。一切伟大的艺术，都不会只是呈现自己单方面的生命。显应宫的泥塑神像正以自身特有的价值向世人展示着它多维度的生命。

游人对显应宫走马观花式的游赏，也许无法窥得显应宫厚重的历史文化。这些神像是否能以无边的伟力保佑祀奉它的子民，我们也不得而知。但是，它们身上所负载的美学价值和文化内蕴，对于供奉它的子民来说，又何尝不是一笔丰厚的遗产呢？

福州历史文化碑刻概略

杨济亮

福州的历史文化碑刻分布在市区的名胜和寺庙周围，星罗棋布，为古代社会的研究提供了宝贵资料。现简要分类记述如下。

一、政治军事类（德政碑、纪念碑、报警碑、劝农碑等）

官府立碑，往往是宣扬德政，皇帝勉励褒扬官僚，或修祠祭祀，或纪念重大事件，或示禁百姓，或其他军事方面的报警作用。

最著名的德政碑当属恩赐琅琊郡王德政碑。刻碑是唐天祐三年（906）哀帝李柷敕建，在今庆城路闽王祠前院。黑色页叶岩碑身，圭形，高4.9米，宽1.87米，厚0.29米。碑座高0.9米，宽2.14米，长2.71米。座用白色花岗石雕凿成覆莲，四周刻壶门团图案。碑额篆书"恩赐琅琊王德政碑"，侍郎于兢撰文，王倜书。内容详述王审知家世及其治闽期间在军事、政治、经济、文化上的功绩，是研究五代闽国的重要史料。宋开宝七年（974），福州刺史钱昱奉吴越国王钱弘俶之命，就闽王王审知旧府第改庙，祀奉王审知，并立碑纪事。碑额篆书"重修忠懿王庙碑铭"；碑文楷书，叙述王审知的世家、治闽功绩以及庙祀的因由。近代还有陈兆锵德政碑、李世甲德政碑，此二碑对于研究船政文物和船政世家具有重要实物价值。

纪念重大历史事件的碑有反映明代抗倭史事的碑刻：东犬大埔碑刻、定海城堡抗倭记功碑。"大埔石刻"，据林金炎《马祖列岛记》载，1953年驻该岛马祖守军修工事时发现。为明工部右侍郎董应举（琯头镇塘头人）所题，全文41字，每字径22厘米。全文为"万历疆梧大荒落地腊后日宣州沈君有容获生倭六十九名于东沙之山，无伤一卒，闽人董应举题此"。碑刻时间为明万历四十五年（1617）五月十五日。定海城堡抗倭记功碑位于连江定海九龙禅寺内，花岗石刻制，高310厘米、宽140厘米、厚30厘米。碑首为篆字，碑文为楷字，全碑1000多字。后被一群众用作屋内墙体，露出墙壁部分可辨认者有700多字，主要记载戚继光、沈有容等在沿海抗倭事迹。碑刻末款为明万历己未，即万历四十七年（1619）。明嘉靖四十二年（1563）五月初二日，副总兵戚继光率军水陆会剿，用"土橇"大破倭寇于马鼻，全歼400多人。邑人勒石立碑于县城西郊观音阁旁，文曰："明嘉靖四十二年五月二日，总戎戚公大破倭夷于马鼻，歼之，境内遂平。"

古代大量碑刻具有向百姓示禁，维持社会安定的功能。清道光七年（1827）至光绪九年（1883）的56年间，北峰的大小北岭诸村出现烟馆和赌场，恶丐呼群入乡实行强乞，盗贼偷盗家私、牲畜、稻谷、田薯和树木、竹林，歹徒拦路掳勒，更有抛尸置门户或诈死图财。为保护北峰人民生命财产，维护社会治安，福州府侯官知县屡出告示，并立碑示禁。碑文多列举"贼匪恶丐麻疯、强乞、勒索、移尸图诈、聚众赌博、开张烟馆等罪迹"，表示了官府"严拿重惩，决不姑宽"的决心。

二、经济商贸类

这类碑刻是反映会馆、商帮经济贸易、寺庙田契买卖等经济生活信息的重要实物资料。

福州市连江县壶江岛，有一块近400年的散帮认课德政碑，镌刻于明万历四十五年（1618）元月，系南京大理寺右寺丞董司空（应举）撰写，反映商盐帮交官结吏，囤积居奇，抬价杀价，鱼肉渔民，董公深入调研、主持公道的事迹。马祖北竿塘岐村桥仔村各立一块"闽浙总督告示碑"，高217厘米、宽73厘米。台江万寿尚书庙有清乾隆至民国的碑刻14方，碑刻记载清嘉庆间，台江汛有恒盛、开顺、美丰、万泰等13行，有丰美、长胜等十余栈，有青果、香药、铁条、桶店、纸箔等商帮，以及糖商、米商、木商，还停泊有琉球大船等。捐款建天后宫的商帮就有亭头、琅岐、闽侯、长乐、连江、闽南厦漳泉的商户，两浙、山东商帮以及琉球商人，说明当时台江商贸的繁荣和对外交流的发达。台江河口太保埕天后宫，初建于清

道光三年（1823），道光十九年（1839）在旧基上拓宽修建。这一会馆系由从事中琉牙行贸易的"球商"即所谓的"十家排"联合建起的。《闽县乡土志》载："李姓四户，郑、宋、丁、卞、吴、赵各一户，代售琉球之货。"1947年，傅衣凌先生到河口实地调查时，柔远驿已破坏无遗，而球商会馆尚存，并在馆内发现石碑。该碑立于道光十九年（1839）七月，记载了球商重建会馆，疏浚宫前小河，恳请知府示禁附近军民勿将秽物堆塞以及地棍借端滋事等事宜。"兼属福州南台海防总补分府管理水利关课碑"立于道光二十年（1840）八月二十一日，主要内容是保护琉球客商利益，该碑现存福建博物院内。清同治八年（1869）马祖北竿塘渔民因配盐贸易与连江帮盐商发生争执，惊动省垣，闽浙总督出面调停，立碑规定沿海渔业用盐分配和经营办法。当时仅马祖岛从事渔业生产的人就达370多户，旺季配盐3000担至15000担。该碑对研究当时两岸经贸往来，马祖列岛开发、经济发展以及与福建等地关系都提供了极其珍贵的史料。

三、城垣桥梁建筑类

（一）城垣建筑碑

1958年修筑鼓屏路时，在路东侧发掘出一块严重断残的碑石即"毬场山亭记残碑"，现存福建博物院。碑系花岗岩，宽99厘米，残高54~62厘米不等，厚25厘米，碑文刻于元和八年（813），主要记载了唐刺史裴次元于欧冶池山南辟建毬场的过程，描述了唐代福州城市发展方方面面的景象，可补《三山志》之遗。碑文是反映古代福州海外贸易、对外交通、体育、山水园林、产茶饮茶史等方面历史信息的最早史料。该碑是现存闽中金石年代之最，且是全国唯一记述到唐毬场建筑结构、规模的碑文，是闽中现存最早的诗文书法艺术实物。

（二）修桥碑

修桥铺路是被民众所推崇、造福于大众的慈善行为，所以古人往往要立碑记事，记录捐建人名。

闽侯拔仕三路碑是位于闽侯荆溪镇关西村拔仕自然村的北宋出省驿道上的三段摩崖石刻。其一，"拔仕"榜书，南宋"宝庆乙酉秋"（1225）。其二，沙溪修路记碑，嘉祐三年（1058）。碑文记述北宋年间怀安县城至鸡菜岭约有百里之远，"路险石恶"，"行苦之"的状况和怀安县令樊纪上任第二年就修整道路的宦绩，并寄望"继政君子"像樊纪一样，做到道路"缺者能补，陷者能平，断者能接"。其三，募修官路碑，宣和元年（1119）。碑文直下楷书计10行，高1.52米，宽1.43米，字径8厘米。碑主要记录林慈发起修建"官路"寻驿铺捐募情况。驿铺系古代供传递公文、宿会公车和行人憩息之用，置驿丞以总其事。建州、古田到福州的古道系唐末黄巢义军入闽时凿山而建；荆溪关西村这段约3里的古道，正处于这一路段上。此三段宋代"官路"石刻的发现，对于研究福州市古代交通史和书法石刻等都是宝贵的实物资料，有证史、补史之用。

（三）渡口碑

福州的闽江及支流溪河上有许多古渡（古码头），福州方言有时也称"道"或"道头"，现在留下原貌的不多了。在闽侯旗山下南屿坎水保留着宋代锦溪古渡，是在靠岸水中架设石板条砌成的平台，岸边及水中还立有石柱，供泊船时系缆绳用。整个古渡保留原有风貌，十分珍贵。岸边有古渡的碑文："勾当林祐、林稷臣、僧应琛、必言、义端、超升、石匠张遂，处士张初自造。政和五年四月十一日始建，五月二十八日告成。"政和五年即1115年，距今已有896年了。

（四）桥梁碑

飞盖桥碑。闽安村迥龙桥是一座古老的石桥，桥跨邢港两岸，是村里人出入的必经之所。该桥修建于唐末天复元年（901），此后屡经修缮。从桥南的碑刻中可知，该桥在宋代时改为"飞盖桥"，此碑系宋状元郑性之书刻，清康熙年间改称"沈公桥"。1840年此桥重建，重修捐款情况反映在桥北端圣王庙墙上的沈公桥碑中，碑文竖行右读，前半部分说明此桥历代重修时的情况，文后则刻捐款人的名单，其中包括江继芸。在升任金门总兵前，他曾任闽安协镇，并率兵捐建迥龙桥。在名单中还提到"提左副总府谢国标"和"闽左中军府颜鸣亮"，谢、颜二人都曾在台湾任过职。1840年，谢国标任厦门水师游击，任上因抗英作战有功，晋升澎湖副将。1835年，颜鸣亮任"署闽安左营守备事金门镇标左营千总"。4年后，颜鸣亮又主持

闽安村内北坛的重修工作。北坛庙位于邢港钓鱼潭一侧，内奉张巡。现存坛庙内的福缘善庆碑也有"谢国桢"名字。

四、水利环保类

禁止砍伐林木、保护生态碑主要有宋绍兴四年（1134）闽侯石松寺的法真松诗碑、明嘉靖嵩口古渡口的林带植榕碑、咸丰十年（1860）连江横槎清禁伐林木碑、道光二十五年（1845）连江苔菉清护林碑、同治二年（1863）罗源甘厝梨洋村禁止盗砍山林示禁碑等。著名的船政环境保护碑原竖在马尾镇婴脰山通往天后宫的石道旁。石碑发现时间约在19世纪70年代。花岗石质，石碑长0.914米，宽0.3米，厚0.13米，碑文楷书竖写："船政大臣示：山上竹木，栽植多年，不准砍伐，无论军民人等，如敢不遵约束，私行砍取，许即指名禀究，定即从重惩办，毋违，特示。"

疏浚水利碑主要有天宝陂渠道碑、叶向高撰重修天宝陵碑、连江东湖遗爱祠道光十年（1830）重建碑、民国萨镇冰为处理养鱼用水和灌溉用水纠纷的省长令碑。琅岐义湖开湖碑记载明万历年间"杨公仕琮舍田开湖"的事迹，该碑是研究琅岐岛历史以及水利建设的实物资料。永泰嵩口古码头立有清代为处理林陈两姓争水而引出人命案所立的奉抚宪碑。"重立潘敏惠福文襄浚湖河二碑记"碑，位于鼓楼区西门湖头街的湖滨小学（古代西湖书院）操场南边。碑文详细记载了福州西湖所处地理位置、由来、周围环境、功能以及自宋皇祐至清康熙年间开挖疏浚的经过。

五、教育科举类

书院是我国封建社会特有的一种教育组织和学术研究机构，它一般由名儒学士或在野地方官绅私人兴办起来，为聚众讲学之所，地点多设在山水优美、环境清幽之地。书院名始于唐，或称精舍。入宋以来，由于以朱熹为代表的一批理学家倡导，福建各地书院林立，开文化教育文明之风，精英人才辈出。

张经撰文的"福州府四学新立学田记碑"，嘉靖二十七年（1548）立于于山碑廊。早期的书院基本上是由当地士绅集资兴办的，经费来源于私人捐献和学田院产。后来不少书院发展为官办或私办官助，书院经费开支由当地官储审批。张经虽是一员武将，可是自幼饱读诗书，受过良好教育，因而对书院有深刻理解。明正德十二年（1517）举进士，累仕浙江嘉兴知县、右都御、兵部尚书。其为官刚正不阿，弹劾奸官不避权贵，治理两广军务有方，为安定西南边陲多有贡献，故深得嘉靖帝信任，后任七省经略，战功显赫，在抗倭中，被严嵩党羽赵文华诬陷致死。至今洪塘芋坑山张经墓前立有"东南战功第一"碑。该碑文900多字，详细记载福州府四大书院利用鼓山寺田收入的办学经过，对福州四大书院的学田设置的意义和作用做了精辟分析，殊为珍贵。

六、宗教类

（一）佛教碑刻

枯木庵树腹碑。古代木碑刻，在闽侯县大湖乡雪峰寺东南的枯木庵内。相传雪峰开山祖师五代名僧义存初到雪峰就栖宿在这根枯木中。枯木高3.2米，径2.23米，厚7厘米。内壁刻3行楷书，"维唐天祐乙丑岁造庵子及作水池约伍仟余功于时廉主王大王"，字径0.13米，题刻全段高1.32米，宽0.44米。寺僧于唐天祐二年（905）建造佛庵和池子一口。清同治光绪年间枯木一段段焚于火，现仅存19字。此外，尚有宋、元、明题刻26段，其中仅有宋丞相李纲的记游题刻可辨字迹，余均漫漶。距今1000多年，是中国最古老的树刻题记。1985年公布为省级文物保护单位。

（二）道教和民间信仰碑刻

闽侯青圃灵济宫御碑。据清林枫《榕城考古略》记："（灵济宫）祀南唐江王徐知证，饶王徐知谔，皆南唐主知诰弟。晋开运三年建祠，宋太平兴国八年里人方珏定庙于芝屿，祥符元年又定庙于潢溪，政和七年迁今址。明永乐十五年奉旨而新之，春秋致祭。又京师亦立庙。加封金阙真君、玉阙真居。正统成化间累加封号，遣官致祭，御碑亭，由宰相解缙书，竖于庙左。"原为生祠，后发展为庙。该碑通高6.2米，宽2.1米，厚0.6米，碑顶呈半圆形，盘绕青龙图案框边，碑座雄卧石雕龟趺，身长1.2丈，厚高5.7尺，平宽7尺多，中间为篆体阴刻"御制洪恩灵济宫之碑"，字径约12厘米，栩栩如生，雕刻精美，雄伟壮观，堪称一绝。据《明实录》记述，石碑与龟趺是明永乐十六年（1418）御制于南京，相传由三宝太监郑和下西洋船队奉旨护送而来，这座象征吉祥的庞然大物，足有百吨之重。连同巨碑，上盖为亭，为福建省之最，也是全国罕见之文物。2006年被国务院批准核定列入第六批全国重点文物保护单位。

七、戏曲文化类

福州文儒坊闽山巷的明隆庆元年（1567）庙碑，碑文为陈元珂作《重修闽山庙记》。据调查，原庙碑已被有关部门移走保存。碑文："正统十三年，乡民谢雄等请于有司，重新其宇，自是灵应益显，乡人崇奉弥笃，每岁三月三日，则聚富室珍服奇玩，竞为杂剧，前导神像，遍游于市肆，夜则奉小像于委巷，喧呼竟夕。嘉靖丙戌岁，廉宪周公广，禁弗止，怒而废之，仅存应公像，则相与匿焉。"碑记作者陈元珂，字仲声，闽清人，明嘉靖十四年（1525）进士，曾讨倭贼于海上，官至湖广参政，家居福州闽山。此碑刻于隆庆元年（1567），以楷书刻写，原立于闽山庙里。闽山庙位于福州文儒坊闽山巷口，明王应山《闽都记》载："由文儒坊而西，为闽山庙。"庙中奉祀神为卓祐之。"神姓卓名祐之，宋景祐进士，秀州判官。生平正直，精爽过人，自谓死当为神。及卒，果著灵异，乡人即所居庙祀之，号应公大夫，有二神焉。端平间返风灭火，珍汀郡之寇，有司以闻。敕封广利侯，寻加'威显'，赐额'灵应'，祠官领之。国朝弘治四年重建，香火益盛，嘉靖初，里人迎神，金鼓喧沸。"

八、社会风俗类

乞土胜地碑，记载后人缅记王审知重农教谕，每年立春，郡守带领当地官员来祠庙取土，捏制春牛，发动春耕。

古代中国妇女受人歧视，有诸多限制，甚至出现溺死女婴的现象，这在福州石碑刻中也有表现。乌石山望耕台摩崖石刻有"王石。女人不上"，可见一斑。晚清近代，官府对溺女现象屡屡禁止，有文物可证，如台江区台屿发现的一通石碑，花岗石刻，中间直书"奉。永禁溺女"。两边小字刻

"光绪元年"和"杨崎保婴局公立"。"杨崎"也作"阳岐",为严复故乡。嵩口古渡也有清代的"奉宪永禁溺女"碑。

古代福州村头、巷尾、屋前、祠旁等多竖立一块"石敢当"石碑,具辟邪之意。于山碑廊有一块我国最早的石敢当碑,"文革"期间发现于仓山区高湖乡江边村。碑用花岗石刻,横刻"石敢当"三字,直刻"奉佛弟子林进晖,时维绍兴载,命工砌路一条,求资考妣生天界"。"绍兴"为宋高宗赵构年号。南宋王象之《舆地纪胜》记载,唐大历五年(770)"县令郑枏字记"石铭说"石敢当,镇魄厌灾殃。官吏福,百姓康。风教盛,礼乐张"。不知何时,有人又加上"泰山"二字,"泰山石敢当"流传甚广。清福州王廷俊《樵隐笔记》载,石敢当为古时勇士名字,山东泰安人。泰安在泰山下面,故有此说。今鼓楼区西门高桥保存一块清代的"泰山石敢当"碑。马尾镇罗星村村史展览室也有一块"石敢当"石碑。石碑为花岗石质,高2.44米,宽0.25米,厚0.17米。石碑上刻八卦(中央有太极)。八卦之下楷书纵刻"泰山石敢当"5个字。

众多碑刻史料意义重大,但它们中的绝大多数或仍在旷野中栉风沐雨,或沦为民居中的垫脚石,还有的粉身碎骨,踪迹无寻。它们的损毁,是中国历史研究永远不可挽回的损失。我们应该行动起来,把这些"民间的历史档案"保护和传承下去。

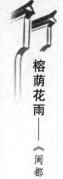

后 记

  在广大读者的关爱中,《闽都文化》改版后已走过10年。每期刊物编辑部均精心策划,期待将最好的作品奉献给读者。在《闽都文化》刊发的1000多篇文章中,有关福州风物的旖旎画卷,总让读者神迷心驰。"福地风采""闽风闽俗"等栏目正是以其鲜明的地方特色,备受读者关注。为此,我们从这一系列栏目中遴选出48篇佳作,汇编成册。举凡榕树、茉莉花、温泉、寿山石雕、脱胎漆器、软木画、角梳、花灯、肉燕、鼎边糊、青红酒以及多姿多彩的民情风俗,尽在卷中。

  囿于编者学识以及篇幅所限,还有不少描绘福州风物的佳篇未能入选本卷。遗珠之憾,或不能免,还请读者谅解。

  闽都文化,源远流长,根深叶茂,风采无限。随着刊物的长卷不断延展,今后,我们还将陆续编辑《闽都文化》精选本第四卷、第五卷……以飨读者。

2021年4月